実務直結シリーズ Vol.3

第2版

行政書士のための
新しい家族法務
実務家養成講座

おひとりさま・LGBT・事実婚…
この本で新しい家族法務のプロになる。

行政書士
渡邉 愛里 著　　行政書士
竹内 豊 監修

税務経理協会

改訂版によせて

　本書は，『行政書士のための新しい家族法務実務家養成講座』の改訂版です。2018（平成30）年の初版出版以降，「新しい」家族のあり方への眼差しや，法制度に大きな変化がありました。ビジネスや教育分野でも，ダイバーシティ（多様性）・インクルージョン（包摂・受容）の視点に立った取組みが進められています。国籍や人種，性別，年齢，障がい，宗教等を理由に排除されることのない社会，多様な個人のあり方を尊重する社会の実現に向けて，既存の価値観が見直されているのです。

　本書も，これまで「常識」とされてきた見方や社会規範を捉え直し，大きく変化する現実に行政書士が対応していくために必要な視点を示しています。

> 「家庭」や家庭問題は，みずからの経験を自明視しやすい領域である。しかし社会のあり方が変われば，「家庭」のあり方も変わっていく。かつては機能していた処方箋が機能しなくなっていくことも少なくない。

本多真隆『「家庭」の誕生―理想と現実の歴史を追う』p21

　私は，家族法務を「士業が提供できる家族に関する法律事務」と定義しています。市民（民事）法務と言われる分野において，遺言作成支援業務や相続業務，後見制度利用支援業務，パートナーシップに関する契約書作成業務等がそれにあたります。これらの業務を，多様な個人のあり方を支援するという眼差しに依拠して取り組むのが「新しい」家族法務です。

　今般の改訂にあたっては，家族法務特有のやりがいや難しさを具体的にイメージできるよう，以下の３つに力を入れました。

1　相談論の追加

　行政書士として「相談」を受ける際の基礎的な技法，依拠する理論を紹介しています。相談者（依頼者）に対してケア的な関わりが必須となる家族法務分野において，特に重要となる姿勢や相談技法にも言及しました。

2　社会状況と法制度の変化・変遷を詳しく解説

　新たな法制度を解説するだけでなく，歴史的変遷や当事者にとっての法制度制定の意義を説明しています。

3　実務知識・コラムの追加

　実務資料や文例を紹介し，各分野の専門家にインタビューしたコラムを追加しました。

　本書が，家族法務を専門分野として開拓しようとしている方，行政書士資格に興味を持っている方，新たな知見を取り入れたいと考えている方にとって，はじめの一冊となることができれば幸いです。

　なお，本書は 2024 年（令和 6）5 月の法令に基づいて執筆しています。実務においては，最新法令の参照をお願い申し上げます。また，各士業の業際問題に関しては，読者の判断で十分に留意した上，業務にあたってください。

2024（令和 6）年 11 月

行政書士事務所メーヴェ

代表　渡邉　愛里

はしがき

　本書は，行政書士に期待される新たな業務領域（ニーズ）を社会背景にも目を向けたうえで紹介した本です。本書が，「行政書士として開業を目指す人」や「開業歴の浅い行政書士」にとって専門分野を新規開拓するための「地図」となれば幸いです。

　本書で紹介する新たな業務領域のキーワードは「家族」です。近年，日本の高度経済成長期に形作られた家族像には当てはまらない「家族」が増えています。メディアは「おひとりさま」や「ひとり親世帯」の増加，「ペットの家族化」といった多様な家族のかたちをリアリティをもって取り上げています。既存の家族像に当てはまらない家族のあり方を生きる人たちは，この社会ではもはやマイノリティではありません。

　本書で取り上げる「おひとりさま」「セクシュアル・マイノリティ」「事実婚・内縁カップル」は，多様な家族のかたちやライフスタイルの実践者です。最近は「多様性（ダイバーシティ）」の視点が広まり，そのあり方や抱える困難が認知されるようになりました。同じ文脈の中で，「親亡き後問題」のリスクがある家庭，「ひとり親家庭」が抱える困りごとにも目が向けられ始めています。

　その一方で，法制度が多様な家族のあり方を生きる人たちの実情に合っていないという問題があります。また，活用できる制度があるにもかかわらず，「支援に繋がれない」「相談できる人がいない」というケースも散見されます。

　そうした問題に対処するには，現行の法制度を最大限活用し，不足部分を「書面」や「契約」で補うといった工夫が必要です。そのような解決スキルを持った行政書士が増えれば，制度からこぼれ落ちる人たちの減少に繋がるはずです。

本書の特徴は「相談者を依頼者に変える方法」が意識して書かれている点です。業務を依頼してもらうためには，リアルな相談者像，社会背景等の前提知識が必須です。本書を読めば，専門分野の新規開拓を考えている読者やテーマに馴染みがない読者も，「どのような人が／どのような生活の中で／どのような悩みを抱えているのか」を面談前に予習することができます。

　さらに本書は，行政書士として「おひとりさま」「セクシュアル・マイノリティ」「事実婚・内縁」「親亡き後問題」「ひとり親家庭」の専門家・実務家になるための「予備知識」が網羅されています。本文中には多くの参考文献が記載されているため，ブックガイドとしても活用することができます。本書が，専門特化のための道しるべとなれば幸いです。本書の「予備知識」をクリアした後は，各テーマの専門書に進み，さらに専門知識を深掘りすることをおすすめします。

　なお，本書は 2018 年 (平成 30) 9 月の法令に基づいて執筆しています。実務においては，最新法令の参照をお願いいたします。また，各士業の業際問題に関しては，読者の判断で十分に留意したうえで，業務にあたってください。

平成 30 年 9 月

行政書士事務所メーヴェ

代表　渡邉　愛里

監修のことば

　本書の初版が発売されてから6年が経ちましたが，その間，著者が掲げる「新しい家族法務」の各分野（「おひとりさま」「セクシュアル・マイノリティ」「事実婚・内縁」「親なき後の問題」「ひとり親家庭」）は，新しいが故に，行政，判例，社会情勢等に変化がありました。本書には，その「変化」を反映することはもとより，著者がその間に培った知識と経験知が余すことなく公開されています。

　新しい家族法務の各分野の需要は，社会情勢を踏まえると高くなる一方であることは間違いないででしょう。

　「需要が高くなる」ということは，「行政書士にとって仕事につながりやすくなる」いということを意味します。しかし，だからといって，周到な準備を怠ってアプローチ（営業行為）をしたり受任したりすると，依頼者との間にトラブルを抱えたり業際違反をしてしまったりする危険が高くなります。そのような事態を引き起こしてしまえば，当然に，行政書士の国民からの信頼を損ねてしまいます。

　本書は，新しい家族法務の分野を，「業として行っていこう」と考えている行政書士・行政書士有資格者，そして既に業として行っているが「より相談者・依頼者に充実した法務サービスを提供したい」と望んでいる行政書士に，相談者が抱える切実な悩みを速やかに解決するために求められる心得・知識・技を，体系的に提供しています。そこで，どのように体系的に書かれているかを，「本書の特長」を5つ述べることでご説明したいと思います。

1　実務脳の習得

　新しい家族法務の各分野について，「知識の確認→相談者像の明示→相談者が抱える悩みとその解決のヒント」といったように，実務に臨む流れに忠実に書かれています。加えて，新しい家族法務に関する法論理と実務の内容が，絶

妙の割合で調合されています。

　このように，本書は，「実務直結」の絶妙な構成となっています。本書を熟読すれば，読者は，新しい家族法務の実務に即応できる思考回路，すなわち「実務脳」の基盤を構築できるでしょう。

2　相談者像の明示

　実務経験がない，もしくは乏しい行政書士の最大の弱点は，「相手」となる「相談者」についての知識が乏しいことです。なぜなら，すべての仕事には「相手」が必ずいて，相手に受け入れらなければ，仕事は成立しないからです（反対に，相手がいなくても成立するのは「趣味」です）。

　本書では，新しい家族法務の各分野において，相談者像を明らかにしています。本書で，新しい家族法務の相談者像を把握したうえで面談に臨めば，高い受任率，満足行く報酬，及び速やかな業務遂行の実現の可能性を高めることができるはずです。

3　面談の重視

　実務のプロセスにおいて，相談者との最初の出会いの場である「面談」は極めて重要です。なぜなら，面談の出来いかんで，高い受任率，満足行く報酬，及び速やかな業務遂行の可否がほぼ決まるからです。

　著者は，面談の成否のポイントとなる相談業務について，熱心に取り組んでおり，その成果を本書に詳細に公開しています。本書を参考に面談に臨めば，相談者を魅了する面談を実行できるはずです。

4　業際問題の対策

　家族法務に関する業務の難しさは，依頼者との「間合い」（距離）です。「悩みを解決してあげたい！」という気持ちが強すぎると，他士業の独占業務に踏み込んで行政書士の業務範囲を逸脱しかねません。

　本書は，行政書士法に基づいて，行政書士の立ち位置を明確にし，さらに，他士業や士業以外の専門家との連携を提示することで，業際違反の回避を促しています。

5　失敗の予防

　本書には，相談者・依頼者との間にトラブルを抱えてしまう等の失敗を回避

するための，心得・知識・技が網羅されています。また，実務で行政書士が直面すると予測される問題解決のヒントにも言及しています。

　このように，読者は，新しい家族法務の実務に潜むリスクとその対策を事前に知ることができるので，失敗を極力回避することができます。

　冒頭で述べましたが，新しい家族法務に関する悩みを抱えている方は，社会情勢等を踏まえれば，今後も増え続ける一方でしょう。私は，"街の法律家"を標榜する国家資格である行政書士には，これらの方々の悩みを解決できる実務家を輩出する責務があると考えます。本書は，その責務を果たすに足りる存分な内容となっています。

　最後になりましたが，培ってきた知識と経験知を「実務直結」の形に結実させた本書を世に送り出してくれた著者・渡邉愛里行政書士に心より敬意を表し，監修の言葉とさせていただきます。

2024 年 11 月

行政書士　竹内豊

CONTENTS

改訂版によせて
はしがき
監修のことば

凡例 ……………………………………………………………………… i
　1．本書を読み抜くキーワード ……………………………………… i
　2．テーマ別「基本用語」 …………………………………………… ii
　3．法令名 ……………………………………………………………… v
　4．条文 ………………………………………………………………… vi
　5．判例 ………………………………………………………………… vii
　6．参考文献 …………………………………………………………… vii
インデックス …………………………………………………………… viii
本書が想定する読者像 ………………………………………………… viii
本書の流れと活用法 …………………………………………………… ix
本書の鳥瞰図 …………………………………………………………… x

序 章　家族法務における相談

1　行政書士と「家族」 ───────────────── 1

■1 「家族」とは ──────────────────── 1

■2 日本の家族制度 ─────────────────── 2

2　行政書士と「相談」 ───────────────── 3

■1 相談業務とは何か ────────────────── 4

　① 相談の意味 ──────────────────── 4

　② 相談に必要な要素 ───────────────── 5

■2 家族法務特有の視点 ───────────────── 6

　① ポストモダニズム（脱近代）の眼差し ──────── 6

　② 家族の機能と構造 ───────────────── 7

1

3	相談のセオリー	8
①	望ましい援助姿勢	8
②	面談で豊かな対話を実現するために	11
4	表現の学び直し	14
①	差別語への理解を深める	14
②	偏見のセルフチェック	16

第1章 受任につながる予備知識

1-1　おひとりさま編　　　　　　　　　　　　　　　　27

1 データからみる「おひとりさま」―世帯構造・類型の変化から　　28

① 世帯数・平均世帯人員数の変化　　　　　　　　　　28

② 世帯構造・世帯類型の変化　　　　　　　　　　　　29

③ 65歳以上の者がいる世帯の家族形態の変化　　　　30

2 データからみる「おひとりさま」―少子化・高齢化・未婚化の視点から　32

① 出生数・合計特殊出生率の変化―おひとりさま増加の要因①少子化　32

② 未婚率の推移と将来推計―おひとりさま増加の要因②未婚（非婚）化　33

③ 日本における高齢化の変遷―おひとりさま増加の要因③高齢化　36

1-2　セクシュアル・マイノリティ編　　　　　　　　38

1 LGBTとSOGI　　　　　　　　　　　　　　　　　38

2「思いやり」から「施策」へ　　　　　　　　　　　39

1-3　事実婚・内縁編　　　　　　　　　　　　　　　42

1 法律婚外カップルの多様なあり方　　　　　　　　42

2 パートナーシップ形態の国際比較　　　　　　　　43

1-4　親亡き後の問題編　　　　　　　　　　　　　　46

1 ひきこもりへの偏見と実像　　　　　　　　　　　46

2 障がい者と当事者主権　　　　　　　　　　　　　48

① 「障がい」とは何を指すのか　　　　　　　　　　48

| ② 障がい者に対する専門家のあり方 | 50 |

1-5　ひとり親家庭編 — 51

1 ひとり親家庭の多様な形態 — 51

2 離婚理由から配偶者間暴力を考える — 55

3 女性支援新法を理解する — 62

第2章　面談前の準備「おひとりさま」編

2-1　おひとりさま詳説 — 67

1 おひとりさまって？ — 68

2 ジェンダー視点でおひとりさまを捉えると？ — 69

3 おひとりさまとセルフ・ネグレクト — 70

① セルフ・ネグレクトの特徴 — 72

② セルフ・ネグレクトのリスクファクター — 73

③ セルフ・ネグレクトをめぐる法制度 — 75

2-2　類型と相談者像 — 78

1 思いがけずおひとりさま（離別／死別） — 78

① 充実セカンドライフ型 — 78

② セルフ・ネグレクト型 — 80

2 選択的おひとりさま（非婚） — 81

3 余儀なくおひとりさま（未婚） — 83

2-3　抱えている悩みと解決のヒント — 85

1 思いがけずおひとりさま（死別／離別） — 85

① 亡夫と同じ墓に入りたくない — 85

② 夫が亡くなったのを機に義実家とは関係を解消したい — 87

③ 一人暮らしになった父が家にゴミを溜めて捨てさせてくれない — 90

2 選択的おひとりさま（非婚） — 92

3

①	遺産を社会貢献に使ってほしい	92
②	高齢になったとき保証人はどうしたらよいのか	93
③	遺品整理を友人に頼みたい	97
④	「おひとりさまの老後」に必要な法的な準備を知りたい	98
⑤	医療同意や終末期医療に関して準備しておくべきことを知りたい	102

3 余儀なくおひとりさま（未婚） ——————————————— 109

①	親に介護が必要になったらどうしたらよいのか（息子の場合）	109
②	親に介護が必要になったらどうしたらよいのか（娘の場合）	111
③	困りごとに対応してくれそうな知人・友人が思いつかない	115
④	ひとりで賃貸物件に住み続けられるのか不安	117
⑤	経済的にゆとりがなく葬儀・埋葬がどうなるか不安	119

第3章　面談前の準備「セクシュアル・マイノリティ」編

3-1　セクシュアル・マイノリティ詳説 ——————————— 129

1 基礎用語を知る ———————————————————— 130

①	割り当てられた性	131
②	身体的な性	131
③	性自認／性同一性（Gender Identity）	131
④	性的表現（Gender Expression）	134
⑤	性的指向（Sexual Orientation）	134

2 社会と法制度の変化 —————————————————— 136

①	LGBT 理解増進法の成立	137
②	トランスジェンダーをめぐる論点	140
③	自治体の施策	148

3 婚姻制度とパートナーシップ ——————————————— 155

①	法律婚できないことによる不利益	155
②	法律婚・事実婚・同性カップル・養子縁組の権利義務の比較	157
③	パートナーシップ制度をめぐる論点	161

3-2 類型と相談者像 ———————————————— 168

1 同性カップル ———————————————————— 169

2 トランスジェンダー ——————————————————— 171

3 性分化疾患 —————————————————————— 173

3-3 抱えている悩みと解決のヒント ———————————— 174

1 同性カップル ———————————————————— 174

① パートナーと同一世帯で住民登録したい ——————— 174

② パートナーと家族として賃貸住宅や公営住宅に入居したい ——— 176

③ パートナーシップ合意契約にはどのような事項を記載すれば
よいのか ————————————————————— 180

④ パートナーの「もしものとき」病院で説明を聞きたい／
意識がなくなったときパートナーに医療同意を頼みたい ——— 183

⑤ 外国人の同性パートナーと海外で同性婚をしたい
（海外のパートナーシップ制度を利用したい） ——————— 189

⑥ 認知症など老後の健康面の不安に備えたい ————————— 195

⑦ 自分の死後はパートナーに遺産を渡したい ————————— 196

⑧ 同性のパートナーと共に子どもを育てるために必要な準備 ——— 201

2 トランスジェンダー ——————————————————— 206

① 性別変更前だが被保険者証の性別記載を拒否したい ————— 206

② 住民票の性別記載を拒否したい ———————————— 207

③ 保険証で通名を使用したい ——————————————— 208

④ 性別変更をしなくても名前の変更は可能か ————————— 211

⑤ 性別変更後の戸籍の記載について知りたい ————————— 215

3 性分化疾患 —————————————————————— 218

① 戸籍上の性別を変更するために必要な手続き ————————— 218

第4章 面談前の準備「事実婚・内縁」編

4-1 事実婚・内縁詳説 ———————————————— 227

1 日本における事実婚・内縁の歴史 ———————————— 228

2 事実婚・内縁の法的保護 ——————————————————— 229

3 選択的夫婦別氏制度 ———————————————————— 233

  ① 日本における氏に関する変遷 ———————————— 233

  ② 選択的夫婦別姓制度を求める訴訟 —————————— 235

  ③ 戸籍制度との関係 ————————————————— 236

4-2 　類型と相談者像 ————————————————— 240

1 非法律婚（狭義の事実婚）カップル ————————————— 240

2 内縁カップル ——————————————————————— 241

4-3 　抱えている悩みと解決のヒント ———————————— 243

1 共通 ——————————————————————————— 243

  ① パートナーシップを証明するために作っておくべき書面について
    知りたい ——————————————————————— 243

  ② 夫婦が別氏の場合も同じ墓に入ることはできるのか ————— 248

第5章　面談前の準備「親亡き後」の問題編

5-1 　「親亡き後」の問題詳説 ———————————————— 252

1「親亡き後」の問題って? ———————————————————— 252

2 ひきこもりと相談支援のあり方 ——————————————— 253

3 障がい者福祉の法制度の変遷 ———————————————— 255

  ① 障がい者福祉の法制度年表 ————————————— 255

  ② 障害者自立支援法と障害者総合支援法の相違点 —————— 258

4 意思決定支援とは何か ——————————————————— 260

5-2 　類型と相談者像 ————————————————— 262

1 ひきこもりの子どもがいる —————————————————— 263

2 障がいを持った子どもがいる ————————————————— 264

6

5-3　抱えている悩みと解決のヒント ——————————————— 265

1 共通 ————————————————————————————————— 266

2 ひきこもりの子どもがいる ————————————————————— 268

① ひきこもりの子に遺産を多く渡したいが他のきょうだいが納得
　　する不安 ———————————————————————————— 268

3 障がいを持った子どもがいる ———————————————————— 270

① 両親の死後にきちんと財産を管理できるだろうか ————————— 270

② どのタイミングで障がいを持った子どもに
　　成年後見人をつけるべきか ——————————————————— 273

第6章　面談前の準備「ひとり親家庭」編

6-1　ひとり親家庭詳説 ————————————————————————— 280

1 ひとり親家庭のジェンダー差 ————————————————————— 280

① ひとり親家庭の就労率の変化 ————————————————— 280

② ひとり親家庭の世帯構成 ——————————————————— 281

③ ひとり親が困っていること ——————————————————— 281

2 子どもの意思の尊重 ————————————————————————— 282

6-2　類型と相談者像 ——————————————————————————— 284

1 共通 ————————————————————————————————— 284

2 シングルマザー ———————————————————————————— 285

3 シングルファザー ——————————————————————————— 286

6-3　抱えている悩みと解決のヒント ——————————————— 287

1 共通 ————————————————————————————————— 288

① 利用できる公的制度について知りたい ———————————— 288

② 未成年の子どもを残してひとり親が亡くなり親権者が不在になった
　　場合に子どもはどうなるのか ————————————————— 290

7

第7章 新しい家族法務の「7つのポイント」

- ■ Point 1　日頃から自分の価値観を問い直す ———————— 299
- ■ Point 2　「教材」は暮らしの中にある ————————————— 299
- ■ Point 3　「ことば」を磨く ————————————————————— 299
- ■ Point 4　知識のインプットだけに時間を費やさない ———— 300
- ■ Point 5　「当事者から学ぶ」姿勢を忘れない ———————— 300
- ■ Point 6　一人で抱え込まない ——————————————————— 300
- ■ Point 7　「まさか」への許容範囲を広げる ————————— 300

第8章 実務に役立つ資料

8-1　テーマ別「読みたい本」 ——————————————————— 301

1 相談論 ————————————————————————————————— 301

2 家族問題 ———————————————————————————————— 301

3 おひとりさま編 ——————————————————————————— 302

4 セクシュアル・マイノリティ編 —————————————————— 302

5 事実婚・内縁編 ——————————————————————————— 303

6 親亡き後の問題編 —————————————————————————— 303

7 ひとり親家庭編 ——————————————————————————— 304

8 家族法 ———————————————————————————————— 305

9 行政書士業務 ———————————————————————————— 305

10 ジェンダー全般 ——————————————————————————— 306

8-2　テーマ別「役立つ Web サイト」 ————————————— 306

おわりに ——————————————————————————————————— 307

索引 ———————————————————————— 309

【ここが受任のポイント】一覧

序章　家族法務における相談
1　「当たり前」を疑う ————————————————— 2
2　「トラウマ」は聴き過ぎない ——————————— 6

第2章　面談前の準備「おひとりさま」編
3　「おさみしいでしょう」は禁句 ————————— 77

第3章　面談前の準備「セクシュアル・マイノリティ」編
4　「アライ（Ally）」であるために ——————— 174

第4章　面談前の準備「事実婚・内縁」編
5　「ジェンダー」の視点 ———————————————— 233

第5章　面談前の準備「親亡き後」の問題編
6　当事者団体から学ぶ ————————————————— 262

第6章　面談前の準備「ひとり親家庭」編
7　「自己責任」ではない ———————————————— 284

【Column】一覧

序章　家族法務における相談
1　男女共同参画センターを知る ————————— 20

第2章　面談前の準備「おひとりさま」編
2　おひとりさまのリアルを知るには ————— 84
3　「自己決定」には怖さもある ————————— 108
4　アダルトチルドレンと依存症 ————————— 114
5　おひとりさまと死 ——————————————————— 125

第3章　面談前の準備「セクシュアル・マイノリティ」編
6　変わる民間企業 ———————————————————— 135
7　トランス排除言説を考える —————————— 139

8	「結婚の自由をすべての人に」訴訟	160
9	在留制度と同性カップル	193
10	結婚の代替としての養子縁組	206

第4章　面談前の準備「事実婚・内縁」編

11	同性カップルと準婚理論	239
12	夫婦同氏は「伝統」？	242

第5章　面談前の準備「親亡き後」の問題編

13	ひきこもり支援のゴール	264

第6章　面談前の準備「ひとり親家庭」編

14	養育費の徴収率	287
15	離婚カウンセラーとの連携	294

【Episode】一覧

第2章　面談前の準備「おひとりさま」編

セカンドライフ型の場合	79
セルフ・ネグレクト型の場合	81
選択的おひとりさまの場合	82
余儀なくおひとりさまの場合	83

第3章　面談の準備「セクシュアル・マイノリティ」編

ゲイカップルの場合	169
レズビアンカップルの場合	170
トランスジェンダーの場合	172

◎凡例

1. 本書を読み抜くキーワード

本書を読み抜くキーワードを紹介する。

キーワード	説明
家族法務	士業が提供できる家族に関する法律事務。
おひとりさま	配偶者と死別・離別した人。非婚・未婚の単身者。
セクシュアル・マイノリティ	性的少数者。社会において「典型的」「多数派」とされている性のあり方に当てはまらない人たちのこと。
事実婚	狭義の事実婚：主体的に（選択的に）婚姻の届出をしない男女関係。 広義の事実婚：「狭義の事実婚」と「内縁」を含む，婚姻の届出をしていない男女関係。
内縁	何らかの理由で法律婚をしていないが，社会的に事実上の婚姻と同様の実体を備えた男女関係。
選択的夫婦別姓（氏）制度	夫婦が望む場合には，結婚後も夫婦が各自婚姻前の氏を称することを認める制度。
親亡き後の問題	ひきこもりや障がいといったハンディを抱えた子どもが，親が亡くなった後抱える様々な問題のこと。
ひとり親家庭	父親・母親のいずれかとその子どもからなる家庭。
当事者主権	専門家による支配や干渉を排し，「当事者」の自己決定権を尊重すること。
DV（ドメスティック・バイオレンス）	配偶者や恋人など親密な関係にある，又はあった者から振るわれる暴力のこと。
セルフ・ネグレクト	自己放任・自己放棄。自分自身のケアを放棄することで様々な問題を抱えている状態。
アダルト・チルドレン	アルコール・薬物・ギャンブル等の依存症，DV，虐待といった問題のある家族（機能不全家族）の元で育った人たちのこと。疾病概念ではない。

ヤングケアラー	家族の介護その他の日常生活上の世話を過度に行っていると認められる子ども・若者。「子ども・若者育成支援推進法」において国・地方公共団体等が支援に努めるべき対象とされた。
LGBTQ＋ （エルジービーティーキュープラス）	L（レズビアン）G（ゲイ）B（バイセクシュアル）T（トランスジェンダー）Q（クエスチョニング，クィア），それらにカテゴライズされない性のあり方である＋（プラス）の頭文字をとった，セクシュアル・マイノリティのあり方（カテゴリー）を表す言葉。
SOGI（ソジ）	性的指向（sexual orientation）と性自認（gender identity）の頭文字をとった言葉。LGBTよりも包括的で幅広い性のあり方を表す言葉。
同性パートナーシップ制度	自治体が同性カップル等をパートナーとして公的に認める制度。日本では東京都渋谷区が先駆けとなった。
同性婚	同性カップルが法律的に婚姻すること。日本は同性婚を認めていない。

2. テーマ別「基本用語」

　面談前の知識として押さえておきたい基本用語（主に法律用語）をテーマ別に紹介します。より詳しい解説や関連用語については，第8章のテーマ別「読みたい本」に記載した専門書等にあたってください。

⑴おひとりさま編

キーワード	説明
①一身専属権	個人の人格・才能や個人としての法的地位と分かち難い関係にあるため，他者による権利行使・義務の履行を認めるのが不適当な権利義務のこと。被相続人の一身に専属する権利義務は，相続人に承継されない（民896）。医療同意権も一身尊属権であり，他者に代理権を付与することはできないとされている。

②家制度	戸主が家族の長として家産を管理し，祖先祭祀を行うといったように，戸主に強い権限を与える明治民法下の制度。その家の財産と戸主の地位は，家督相続によってその家の長男に引き継がれる。1947年（昭和22年）改正の民法で廃止。
③負担付遺贈	受遺者に対し一定の義務を負担させる遺贈。受遺者には，遺贈の目的物の価格を超えない限度で，負担した義務の履行責任がある（民1002①）。
④見守り契約	任意後見契約を締結した際に，本人の判断能力の減退をいち早く察知するために，任意後見契約と併存的に締結する契約。
⑤財産管理委任契約	任意後見契約を締結した際に，任意後見契約の効力が発生するまでの間（本人が判断能力を備えている間），財産管理を委任する契約（民643～656）。
⑥死後事務委任契約	死亡による祭祀等の施行や病院代や施設入居費といった残債務の支払いを委託する契約。死後の事務の委任内容は委任者と受任者で自由に決めることができる。

(2)事実婚・内縁編

キーワード	説明
①氏	人は出生により氏を取得する（民790）。氏は，民法上の氏と戸籍上の氏（呼称上の氏）がある。民法と戸籍法には，生来の氏，縁組の氏，離縁（縁組取消し）の氏，婚姻の氏，離婚（婚姻取消し）の氏の規定が定められている。
②重婚的内縁	法律上の配偶者のある者が他の異性と事実上の夫婦関係をもっていること。法律婚が実体を失い（破綻状態にあり），事実上の離婚状態にあると認められるときは，内縁配偶者は法的に保護される。

③婚姻意思	婚姻が法律上有効となるためには，婚姻の届出（民739）があり，当事者間に婚姻しようとする意思の合致があること（民742①）が必要である。婚姻意思には，社会生活上夫婦と認められる関係をつくろうとする実質的意思説，婚姻届を提出しようとする形式的意思説，婚姻から生じる法的効果を欲する法的意思説がある。
④共同生活	内縁の成立の判断に際して，継続的な同居は不可欠の要素ではない。法律婚カップルも，ライフスタイルが多様化している。継続的な協力扶助関係の有無によって判断される。
⑤女性の再婚禁止期間	かつて女性は，前婚の解消又は取消しの日から6か月は婚姻ができなかった（再婚禁止期間）。2022年（令和4年）12月10日に「民放の嫡出推定制度の見直し等を内容とする民法等の一部を改正する法律」が成立し，再婚禁止期間は廃止された。

(3)セクシュアル・マイノリティ編

キーワード	説明
①里親制度	法律上の親子関係を作る養子縁組とは異なる制度。保護者のない児童や，保護者に監護させることが適当でない児童を家庭にひきとって養育する里親を養育里親という（児福6条の3）。2017年4月には，日本で初めて同性カップルが里親認定された。
②アウティング	他社の性的指向や性自認等を，本人の了解を得ずに暴露すること。重大な人権侵害として条例で禁止している自治体もある。

(4)親亡き後の問題編

キーワード	説明
①扶養義務者	配偶者（民752），直系血族，兄弟姉妹（民877①）は，民法上扶養義務を負う。特別な事情がある場合は，家庭裁判所の審判によって3親等内の親族も扶養義務を負う。しかし，扶養義務者も扶養能力がなければ，具体的には扶養義務を負わない。

②生活保持義務	被扶養者の生活を，自身と同程度の水準で保持させる義務。夫婦間の扶養，親の未成熟子に対する扶養をいう。
③生活扶助義務	扶養権利者が要扶養状態にあるときに，自己に余力があれば援助すべき義務。7-2(4)②にあげた被扶養者を除くその他の親族に対する義務。

(5)ひとり親家庭編

キーワード	説明
①悪意の遺棄	離婚原因のひとつ。正当な理由がなく，夫婦の同居協力扶助義務を継続的に怠る行為。相手方が同居や扶助を拒む正当な理由がある場合には悪意の遺棄にあたらない（民770①二）。
②世帯単位の原則	生活保護は，世帯を単位としてその要否及び程度が定められる。（生10）生活保護の4原則のひとつ。
③配偶者暴力相談支援センター	配偶者からの暴力の防止及び被害者の保護のため，相談・カウンセリング業務，保護命令申し立ての援助，生活支援の情報提供などを行う。センターの設置は，DV防止法によって都道府県に義務付けられている（DV3①②）。市町村における設置は努力義務。2024（令和6）年4月1日時点で，全国のセンターの総数は316。
④不貞行為	離婚原因のひとつ。夫婦の貞操義務違反に反する行為。夫婦の一方が，自身の意思で配偶者以外の者と性的関係を結ぶことを指す（民770①一）。

3. 法令名

以下のとおり略記する。

略記	法律・条例等
民	民法
戸	戸籍法

v

所	所得税法
国年	国民年金法
厚年	厚生年金保険法
健保	健康保険法
入管	出入国管理及び難民認定法
相	相続税法
DV	配偶者からの暴力の防止及び被害者の保護等に関する法律
特例法	性同一性障害者の性別の取扱いの特例に関する法律
刑訴	刑事訴訟法
刑収	刑事収容施設及び被収容者等の処遇に関する法律
犯給	犯罪被害者等給付金の支給等による犯罪被害者等の支援に関する法律
国籍	国籍法
労補	労働者災害補償保険法
雇	雇用保険法
育介	育児休業，介護休業等育児又は家族介護を行う労働者の福祉に関する法律
公補	公害健康被害の補償等に関する法律
母父	母子及び父子並びに寡婦福祉法
渋多	（旧条例）渋谷区男女平等及び多様性を尊重する社会を推進する条例／渋谷区多様性を認め合う社会を推進する条例
渋規	渋谷区男女平等及び多様性を尊重する社会を推進する条例施行規則
世パ	世田谷区パートナーシップの宣誓の取扱いに関する要綱

4. 条文

(1)「DV3③一」は，「配偶者からの暴力の防止及び被害者の保護等に関する法律3条3項1号」を意味する。

(2)同一法令の場合「・」でつなぐ。

(3)異なる法令の場合は「，」でつなぐ。

5. 判例

⑴判例

次のように略記する。

最大判平 27[2015]・12・16 判タ 1421 号 84 頁

＝最高裁判所大法廷判決平成 27 年（2015 年）12 月 16 日判決，判例タイムズ 1421 号 84 頁

※大法廷は「大」，決定は「決」と入れる。

⑵判決

次のように略記する。

略記	判決・審判
名古屋高決	名古屋高等裁判所決定
札幌高決	札幌高等裁判所決定
水戸家土浦支審	水戸家庭裁判所土浦支部審判
東京高決	東京高等裁判所決定

⑶判例集

通常の用法に従い，次のように略記する。

略記	判例集
判時	判例時報
判タ	判例タイムズ
家月	家庭裁判月報

6. 参考文献

本文中の小番号から，引用・参考文献を参照してほしい。

※　引用の場合は本文中に「　」で示し，頁を記載している。

◎インデックス

インデックスは次の順にした。

1　2　3…

1　**2**　**3**…

①　②　③…

イ　ロ　ハ…

a　b　c…

◎本書が想定する読者像

本書は，これから開業をめざす行政書士，開業して数年目の行政書士を対象としている。その中でも，以下のような分野への問題意識，興味関心を持っている読者を想定している。

①行政書士として相談スキルを学びたい

②「おひとりさま，セクシュアル・マイノリティ，事実婚・内縁，親亡き後問題，ひとり親家庭」について…

・新しい分野として興味がある

・今後専門分野にしていきたい

・既に相談を受け，対応に悩んでいる

・ニュース等で目にするテーマだが，何から学べばよいかわからない

◎本書の流れと活用法

> 序章　家族法務における相談

> 第1章　受任につながる予備知識
> 　　　　―おひとりさま
> 　　　　―セクシュアル・マイノリティ
> 　　　　―事実婚・内縁
> 　　　　―親亡き後の問題
> 　　　　―ひとり親家庭

偏見や思いこみを解きほぐす
各分野の前提知識をインプットし，その後の理解をスムーズにする

> 第2章～第6章　面談前の準備
> 　　　　―おひとりさま
> 　　　　―セクシュアル・マイノリティ
> 　　　　―事実婚・内縁
> 　　　　―親亡き後の問題
> 　　　　―ひとり親家庭

(1)詳説
　　各テーマの論点，社会的背景などを整理する
(2)類型と相談者像
　　初めて会う相談者のイメージを掴む
(3)抱えている悩みと解決のヒント
　　類型ごとの悩みを整理し，解決策を提示するための素地作りをする

> 第8章　実務に役立つ資料

各分野の専門書に進む
基本書，実務書を読み，オーダーメイドの解決策を導けるようにする

◎本書の鳥瞰図

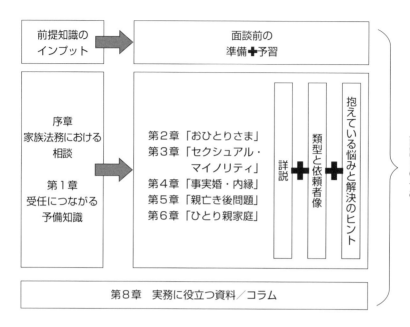

序章 家族法務における相談

1 行政書士と「家族」

まず，本書のキーワードである「家族」について考えます。本書で扱う「おひとりさま」「セクシュアル・マイノリティ」「事実婚・内縁」「親亡き後の問題」「ひとり親家庭」の相談者が抱える悩みを理解するには，多様な家族のかたちへの理解が必須です。

■ 「家族」とは

行政書士という職業は，業務の中で「家族」に深く関わる仕事です。例えば遺言作成支援業務では，依頼者のそれまでの人生や家族への思いを深部まで聞くことになります。依頼者の多くは，「家族」との関わりの中で抱えた不安や心配を解消することを望んで来所します。

行政書士は，依頼者が抱える複雑に絡まり合った不安を「法律」というツールを使って具体的で解決可能なものに置き換えていきます。家族間の悩みや問題は，他者に相談しにくく家庭の中で抱え込みやすい傾向にあります。行政書士に課される守秘義務は，プライベートな事柄を相談できる場が少ない依頼者にとって，大きな安心材料となります。

では，そもそも「家族」とは何でしょうか。「家族」はどのように定義するのが適当なのでしょうか。実は，1994（平成6）年の「国際家族年」には既に，「家族は定義不能」[1]とされていました。国連による国際家族年の小冊子には，「家族の姿には多様な形態と機能がある。家族の役割に対する認識は，社会と文化によって異なる。家族に対する単一の見解はなく，普遍的に適用される定義もない。まさに，家族の主な特性の一つはその多様性である。」とあります。

1

序章　家族法務における相談

　「家族」の定義や捉え方は，その時代や社会によって大きく異なります。誰を家族とするのか，家族に何を求めるのかといった事柄も，個人によって答えはさまざまです。「家族」の要件を血縁のみで捉えず，ペットや同居する友人も含むなど，「家族の範囲」[2]の捉え方も多様です。

　行政書士は「家族」に深く関わる仕事だからこそ，「家族はこうあるべき」といった価値観を押しつけないことが大切です。相談者が家族をどのように捉え，何を大切に思っているかを丁寧に知っていくことは，業務遂行の上で大切な指針となります。

☑ ここが受任の　「当たり前」を疑う
　　ポイント①

　「家族はこうあるべき」「男は・女はこうあるべき」といった決めつけには注意が必要です。「あるべき論」をもって接すると，相談者固有のストーリーやニーズを見落とすリスクが高まります。「当たり前」という規範が，相談者の苦しみの根源にある可能性にも目を向けてみましょう。

---

② 日本の家族制度

　「家族」をさらに深く理解するためには，その変遷を知ることが必要です。以下では，社会史や家族史，家族社会学の研究の蓄積を参考に，日本の家族制度を大まかに紹介します。

　日本で男性が「戸主」として強い統率権限を持つ「家制度」が登場してきたのは中世以降です。家族社会学者の筒井淳也は「家の成立」を，共同体の中で家族に依存する必要がなかった状態から「徐々に『父・母・子』というまとまり（家族）が独立していくプロセス」[3]だと説明します。そしてそれには，「ほぼ例外なく男性優位の社会体制と家族体制」[4]が伴っていました。律令制度以後は，家父長制の広がりの中で徐々に「血縁」を重視した社会が形作られてい

きました。

　明治時代になると，封建的で家父長的な「家制度」は日本全体に浸透していきました。1898（明治31）年には明治民法が施行され，戸主は家族に対し強い統率力を持ち，扶養義務を課されることになりました。明治民法には戸主権が細かく定められており，「個人の尊厳や男女平等の思想に欠ける規定が多数存在」[5]していました。

　その後，産業化の発展の中で雇用労働者が増え，社会の近代化が進むと，「妻や子どもを養う収入のある男性が，『夫は仕事，妻は家庭』という性別役割分業型の家族を形成」[6]し始めます。「家制度」は実質的に基盤を失ったものの，性別役割分業の固定化により，女性は従属的立場におかれることになりました。

　このように「親の家から経済的に自立し，夫は外で稼ぐための労働をし，女性は自宅で家事や育児に専念するという家族のかたち」[7]を，「近代家族」と呼びます。日本で「近代家族」が大衆化したのは，戦後の高度経済成長期（1955年〜1973年）です。こうして家族の変遷を見ていくと，私たちが「伝統的な家族」としてイメージする「男は仕事，女は家庭」というあり方は，実は近代の産物であることがわかります。

　現在は「サラリーマンの夫と専業主婦」世帯は減少し，1990年代には既に共働き世帯が専業主婦世帯を上回っています[8]。「はしがき」でも触れたように，現代の家族のあり方は実に多様です。これまで不可視化されてきた生き方や，時代や社会によって大きく変遷する家族のあり方を理解し，相談者がどのようなライフプランを描いているのか，じっくり耳を傾けましょう。

2　行政書士と「相談」

　次に，行政書士の法定業務である「相談」について考えます。家族法務の相談においては，行政書士も対人援助職の一つであるという認識を持つことが役

序章　家族法務における相談

に立ちます。対人援助職とは，援助を必要とする人々を支える職業をいい，ソーシャルワーカーやカウンセラー，教員等，その専門領域は多岐にわたります。私は，それぞれの専門スキルで人を支援する対人援助職に就く人々は，「人とどのように繋がるか」「他者を尊重するとはどういうことか」「自分はなぜ人を援助しようと思うのか」といった問いに，自分なりの答えを持つ必要があると考えています。ここでは，行政書士の専門性（法務の知識）を活用する対人援助職とはいかなるものか，相談スキルを中心に学んでみましょう。

■1 相談業務とは何か

①　相談の意味

　行政書士法には，「行政書士が作成することができる書類の作成について相談に応ずること」が法定業務として明記されています（行書1の3四）[注1]。私たち行政書士は，官公署に提出する書類・権利義務に関する書類・事実証明に関する書類を作成するだけでなく，その「相談」にのることができるのです。この規定は行政書士の非独占業務を法定業務化したものであり，行政書士に課される法定義務が適用されます。

　私たちは，「一般人に対して現行法規の定めがどうなっているかという"法律知識"を教示するレベル」[9]において，「法規相談・法的しくみ相談」[10]に応ずることができると考えられています。書類作成業務においては，それに付随して相談業務が発生するのが通常です。それにもかかわらず，私たち行政書士は，法務の知識研鑽の機会は多くても，人の話を聴き，問いに応え，不安を解消するというスキルを学ぶ場が少ないのではないでしょうか。

　そもそも「相談」とは何でしょうか。辞典上の定義を見てみましょう。

注1　書類作成と関連性のない相談は，本号の法定業務ではない。

【新明解国語辞典（第八版）】

　自分だけではよく分からない（決めかねる）事について，他に意見を求める（他と話し合う）こと

【明鏡国語辞典（第三版）】

　適切な結論を出すために，他人の意見を聞いたりすること。また，その話し合い。

　英語では，「相談」はコンサルテーション（consultation）といい，コンサルテーションを行う人はコンサルタント（consultant）と呼ばれます。コンサルテーションは，「ある分野に専門的知識や理解をもち，専門的な対処の方法を知っている人が（中略）その分野に関する疑問や悩みについて情報を提供したり，問題を理解するための方法を教えたり，解決の方法を教えたりすること」[11]を指す言葉です。言語的意味を見ると，私たちに期待される相談には，①情報提供，②専門知の教示，③解決策の提案という要素が含まれると考えられます。

②　相談に必要な要素

　行政書士の相談業務は，ともすると法的知識の教示に終始してしまい，相談者の気持ちをじっくり聞けていないことがあるのはないでしょうか。私は，専門職としての解決志向の相談手法を大切にしながらも，専門家モードにひと匙のケアモードを取り入れることが，相談者の信頼を得るためのコツだと考えます。ケアモードとは，配慮・労いの姿勢とも言い換えられるでしょう。相談者が置かれた状況を想像し，感情（苦しい，寂しい，怖い，不安）にも目を配りながらお話しを伺うことが大切です。

序章　家族法務における相談

【4つの必要要素】

1　法的観点でアセスメントすること
　　相談者の語りから事実を抽出し，法的に状況を分析し，解決策を提示する。

2　業務開始から完了までのロードマップを描けること
　　ロードマップを言語化し，資料として提示できることが望ましい。

3　積算根拠が明確な見積書を提示すること
　　何に，どのくらい，なぜ費用が発生するのかを明確に説明する。

4　相談者のニーズを捉え，メニューを提示すること
　　行政書士が相談者の選択をコントロールするのではなく，相談者が自分の意思決定が尊重されたと思えるような選択肢の提示をする。

✓ ここが受任のポイント② 「トラウマ」は聴き過ぎない

　遺言や遺産分割協議書を作成する場面において，相談者の家族関係に起因するトラウマ記憶が蘇り，大きく気持ちが揺れ動くことがあります。トラウマは心の奥底に冷凍保存されているようなもの。心理の専門家でない限り，安易に解凍させるのは危険です。トラウマの箱を開けたときは，その蓋を閉めなければ，日常生活に戻るのが困難になります。相談者が過去の傷つきを想起し，堰を切ったように語り始めたときは，まず相談者の「苦しさ」を受容した上で，詳細な語りを聴き過ぎないようにしましょう。「〜についてお聞きするのは，ここまでにしておきます」と境界線を引くことが，相談者自身を守ることにも繋がります。行政書士がすべての「苦しさ」に対応しようとしないことが大切です。場合によっては，トラウマ治療を専門とする医療機関やカウンセラーのもとを訪れるよう勧めてみるのもよいでしょう。

---

2 家族法務特有の視点

① ポストモダニズム（脱近代）の眼差し

　1970年代を出発点とするポストモダニズムにおいては，近代以降支配的で

あった学問のあり方や世界観，人間観が批判的に再検討されています。それは，私たちが「普通」「常識」と信じていることや，道徳的な規範について，それを当然視せずに，新たな視点から見つめ直す態度ともいえます。

　本書は，ポストモダニズムの視点に影響を受けています。「あるべき像」として形作られた社会規範やマジョリティ基準の法制度について，不可視化されてきた存在の側に立ち，ニーズや支援方法を見直すことが重要だと考えているからです。

　家族法務分野の相談場面では，相談者・行政書士双方の多様な価値観が映し出されます。ここで大切なのは，人によって異なる「思い」をジャッジすることなく，相談者の語りを敬意を持って聴くことではないでしょうか。三世代同居のような大家族に魅力を感じる方もいれば，血縁関係のないオルタナティブな繋がりを求める方もいます。相談に応じる私たちは，自分自身がどのようなものの見方や人間観を持っているのか，意識的に理解しておく必要があるでしょう。専門職と相談者という立場の違いはあっても，人としては対等であるという前提を忘れることなく，相談者の語りを理解する姿勢を身につけていくことが大切です。

②　家族の機能と構造

　家族法務分野の相談では，相談者の家族関係や家族史（各家族ごとに語り継がれる歴史）を伺うことになります。人生 100 年時代の現代において，高齢期の不安や死後の手続きについて相談に訪れる人々の立場は，実に多様です。親，子ども，兄弟姉妹，甥姪，それぞれの立場で家族にまつわる困りごとを抱えています。子どもの立場から「親の介護問題」と表現される困りごとも，親の立場からは「子どもの親亡き後問題」と表現されるかもしれません。「依頼者が誰か」という視点は当然大切ですが，家族を一つのシステムとして，構造と機能を捉える眼差しが重要になります。

　システムとは，「意味のある要素の集まり」のことです。そうすると，「メン

序章　家族法務における相談

バー一人ひとりが相互の関係性や歴史性を共有」[12]し,「ひとまとまりの統合体として機能」している家族も, 一つのシステムと捉えることができます。その家族の権力勾配（パワーがどこに集中しているか）を観察し, 金銭授受の流れ, 世代間の過度な介入といった視点で問題を整理し直すと, 見えにくかった課題がクリアになります。家族法務分野の相談では,「誰が（それは誰の問題か）」「何に（表面的な困りごとの裏に情緒的ニーズがないか）」困っているのかを見抜き, その家族の構造を読み解くことが鍵になります。

　家族心理療法家の団士郎は,「介護問題はいつも, ①誰がするべきか（義務・責任）, ②誰ができるか（能力）, ③誰がしたいか／誰にして欲しいか（感情）の３つがせめぎ合う」[13]と指摘します。さらに相続問題は,「財産に姿を変えた愛情分配」[14]の問題として, 兄弟姉妹間にしこりを残すことがあります。不充足感や不公平感を抱いているのは誰か, ケア（介護）と金銭が複雑に絡んだ支配の構造がないかなど, 家族の構造と力関係を, 少し離れた視点から見つめてみることが大切です。

3 相談のセオリー

①　望ましい援助姿勢

　相談業務において第一に重要なのは,「共感」について理解を深めることです。心理分野では,「相手の視点に立って相手が見えている状況を推測して理解する力」である認知的共感と,「相手の感情を自分のことのように感じる力」[15]である情動的共感を二分して捉えています。私は, 専門職による相談業務では, 単に相談者に感情移入するのではなく, 一歩離れた距離から相談者を理性的に理解する態度（認知的共感）が肝要だと考えます。つまり, 個人としての感情の揺れ動きを自覚的にコントロールし, 専門職としての共感的態度を身につける必要があるのです。

　例えば, 相続業務の相談に訪れた相談者が, 状況を語る中で不意に涙を流したとき, 読者の皆さんはどのような気持ちになるでしょうか。「相談者は, 我

8

慢していた辛い気持ちが溢れたのだな」と観察し，「〇〇さんはとてもお辛かったのですね」で声をかけるのは，認知的共感です。一方，「なんて辛い状況だろう。こちらまで苦しい」と感応し，共に涙を流すのは，情動的共感と言えます。

両者の違いを知ることで，相談を受ける側である自分が，感情的に相談者に巻き込まれるリスクを回避できます。情動的共感のみで対人援助を行うと，共感疲労による燃え尽きリスクが高まります。専門職が冷静な判断力を保ちながら温かい支援をするためには，相談者と一定の距離を保った上で，相手に思いを寄せる態度を身につける必要があるのです。

対人援助職は，親身であろうとするほど，専門職と相談者（依頼者）という対価（金銭）を介する関係に「例外」を許すことになります。例えば，遺言作成支援業務を受任した際に，淋しさや推定相続人への恨み辛みが溢れ出した相談者が，昼夜問わず行政書士に電話をかけてきた場合，読者の皆さんはどのように対応するでしょうか。留守電にする方，迷わず電話に出て話を聞く方，電話に出て不機嫌を露わにする方，別日の相談を提案する方，様々なパターンがあると思います。ここで重要なのは，継続的な関係をトラブルなく完遂するために，自他の境界線を意識し，専門職として自己と相談者双方を守るスキルを身につけ，自分なりのルールを作っておくことです。

境界線（バウンダリー）は，自分と他者の領域を区別するものです。時間，身体，金銭，責任，知識，価値観，感情…境界線は，様々なカテゴリで必要なものです。

「ここまではOK／ここからはNG」と境界線を引くことは，できることとできないことを切り分け，責任の所在を明確にする誠実な態度です。上記の例のように，情動的共感によって共に涙を流す行為は，他者との感情の境界線が曖

味であると言えるかもしれません。援助の場では，境界線を意識することが安心安全な関係を作り，自分自身と相談者両方を守ることに繋がります。以下に，境界線のチェックリストを掲載します。誰もが，境界線が曖昧になりやすい領域（苦手なカテゴリ）があるものです。健全な援助を継続するためにも，折に触れてチェックしてみましょう。

【チェックリスト】相談者（依頼者）との間に適切な境界を築くために

〈感情の境界〉
□相談者（依頼者）の感情にひきずられていませんか
□特定の案件で頭がいっぱいになっていませんか
□自分の感情を偽ったり，打ち消したりしていませんか
□相談者（依頼者）の感情に無理に合わせていませんか
□相談者（依頼者）の気持ちを自分の思うように変えようとしていませんか

〈身体の境界〉
□疲れ切ってしまうほど仕事をしていませんか
□休息をとっていますか
□安心を感じ，リラックスできる場がありますか
□身体のSOS（症状）に対処していますか

〈責任の境界〉
□相談者（依頼者）が負うべき責任や雑務まで引き受けていませんか
□全て一人でやらなければならないと思っていませんか
□パートナーやアドバイザー等の相談先・連携先を持っていますか

〈時間の境界〉
□仕事とプライベートの区切りをつけていますか
□自分一人の時間を持っていますか
□プライベートの時間に相談者（依頼者）と関わっていませんか

〈金銭の境界〉
□正当な対価を要求することができますか

□積算根拠として見積書を提示していますか

□相談者（依頼者）の言うなりに値引きをしていませんか

〈性的な境界〉

□相談者（依頼者）に特別な感情を抱いていませんか

□相手のジェンダーによって態度・対応に差をつけていませんか

□相談者（依頼者）をコントロールしようとしていませんか

(参考) 水澤都加佐『仕事で燃え尽きないために　対人援助職のメンタルヘルスケア』
　　　 (2007) (一部加筆，改変)

②　面談で豊かな対話を実現するために

　行政書士に課される守秘義務 (行書12) は，相談者に安心・安全感を感じて
もらうための重要な要素です。しかし，安心や安全を作るためには，他にも
様々な工夫が必要になります。面談前の準備には，知識・実務の習得だけでな
く，環境整備も含みます。以下に，私が面談時に実践しているコツをまとめま
した。ぜひ，ご自身にフィットする方法を模索してみてください。

イ　面談室の整備

　電気の調光・文具・配布資料の配置・温度と湿度・お出しするドリンク・
時計の位置を確認し，最後に清掃と香りのチェックを行います。信頼感と明
るい雰囲気を両立できるよう，インテリアにも気をつけます。

ロ　面談時の座る場所

　相談者と斜めの位置に座ります。バッジをつけた専門職が目の前で相対す
ると，どうしても圧迫感・威圧感を与えてしまいます。斜め前の位置は，空
間にほどよいゆとりを作ります。相談テーブルには，相談者から見える位置
に時計を配置するとよいでしょう。相談時間の区切りを意識するための工夫
です。

序章　家族法務における相談

ハ　話し方

ゆっくり，はっきり，丁寧な言葉遣いを心がけます。発声については，NHKのアナウンサーのように，低めの落ち着いたトーンを意識すると，堂々とした印象になります。重要な事項を説明したい気持ちがはやって，早口で捲し立てるように話すのはNGです。

ニ　目線

相談者の目を見てアイコンタクト取りながらも，お顔を凝視しないようにします。ふと目線を外すゆとりを持つことで，双方息をつくことができます。眉間の辺りを見るのがおすすめです。

ホ　相槌

えぇ（促し），えっ！（驚き），えぇ…（寄り添い），えぇ？（反発），同じく「え」と発声する相槌でも，様々なバリエーションがあります。相談者の語るスピードに沿って，急かすことなく相槌を入れます。感情を乗せた相槌のバリエーションを豊かにすると，それだけでも傾聴の姿勢を表現できます。相槌は，饒舌にならない方が信頼感に繋がります。

注意したいのは，「なるほど」「わかります」「そうですよね」の使い方。連呼すると，安易に理解を示している印象を与えることもあります。相手の気持ちや状況を100％理解するのは困難であることを自覚しておくことは重要です。私たちは，「わからない」からこそ深く聴こうとし，理解に努めることができるのではないでしょうか。

ヘ　オープンクエスチョンを使う

「はい」と「いいえ」の二択しか回答のないクローズドクエスチョンは，面談最後の意思確認には有効ですが，話を広げる段階では不向きです。オープンクエスチョンとは，「相手に表現する自由（幅）を与える自由回答方式質問」[16]です。これにより，相談者はより具体的に詳細を語ることができ，困りごとの全体像が見えやすくなります。

【オープンクエスチョンの例】

・どんなことでお困りですか？

・〜になった経緯をお話いただけますか？

・○○との間に起きたことについては，どのように感じておられますか？

・〜について，もう少し詳しくお話いただけますか？

・今優先したいのは，どのようなことでしょうか？

・○○とのお話は，いかがでしたか？

・話し足りないことはありませんか？

・この件で，ご不安なことはありませんか？

(参考) 髙山直子『働く人のための「読む」カウンセリング』(2010) (一部加筆，改変)

ト　主語を意識する

　Ｉ (私) を主語にして話す「アイメッセージ」を使って話すようにします。「あなたは」「普通は」「一般的には」という主語と異なり，アイメッセージは専門家としての発言に責任を持つニュアンスが伝わります。You (あなたは) を主語にする「ユーメッセージ」は，非難・批判的ニュアンスが強まります。日本語は主語を意識にしにくい言語ですが，意識的に練習してみましょう。言いにくいことほど，アイメッセージを活用するとよいでしょう。

【ユーメッセージとアイメッセージの違い】

　相談者から，度々時間外に入電があるときの応答を比較してみましょう。

・ユーメッセージ

　この時間は営業時間外だとお話したと思うのですが……。他の案件も抱えていますので，少しはこちらの状況も考えてください。

・アイメッセージ

　弊所は，○時から○時を営業時間としており，長時間のご相談はご予約をいただいています。私としては，その時間内にお電話いただけると，大変助かり

序章　家族法務における相談

ます。ご協力いただけませんか。

　チ　要点を整理する

　相談者の語りを聴きながら，ポイントとなる事実・感情をピックアップします。話の区切りが見えたところで，その都度「○○さんは，◆ということについて，△と感じられたのですね」というように，語りを整理し，テーマを絞り込みます。認識の違いや誤解を防ぐための工夫です。

4 表現の学び直し

①　差別語への理解を深める

　差別語とは，「他者の人格を個人的にも集団的にも傷つけ，蔑み社会的に排除し，侮蔑・抹殺する暴力性を持つ言葉」[17]をいいます。言葉の意味や用法は時代と共に変遷するため，かつては当たり前に使われていた言葉でも，差別的表現となることがあります。差別発言を批判された人が謝罪する際に，「悪意はなかった」「差別的感情はなかった」「うっかりしてしまった」といった言葉を耳にすることがあります。社会的・文化的状況に即して変遷する差別に関する概念は，常に意識をアップデートしなければ，意図せず暴力に加担することに繋がります。「たかが言葉」とは思わず，用語の選択と用法には細心の注意を払わなければなりません。

　2023（令和5）年2月には，当時の内閣総理大臣秘書官のセクシャル・マイノリティ（性的マイノリティ）への差別発言が問題となりました[18]。秘書官は，セクシャル・マイノリティの方々への嫌悪感を表明しただけでなく，同性カップルの権利保障をめぐって「社会に与える影響が大きい。マイナスだ」と発言したことも報じられました。このような発言は，ある属性への典型的な差別発言といえるでしょう。性は男女に二分されるもので，異性間の法律婚により子どもを持つことこそが，自然で伝統的な形であるという信念は，その規範そのものが，それ以外の生き方をする人々を抑圧し，排除していることになります。

14

2　行政書士と「相談」

　ここで，セクシュアリティに関する用語を例に，表現をめぐる問題を考えてみましょう。例えば，男性同性愛者（ゲイ）を表す「ホモ」，女性同性愛者（レズビアン）を表す「レズ」は，侮蔑や嘲笑の意味を込めて使われてきた言葉です。「オカマ」や「オナベ」も同様です。当事者が自嘲的表現として使用することがありますが，他者が当事者を指し示すために使用するのは差別的表現になります。

　さらに，セクシュアル・マイノリティであることを当事者の意に沿わない形で他人に言いふらすことも厳禁です。本人の許可なく，本人がオープンにしていない性指向・性自認を他者に伝えることを「アウティング（Outing）」といいます。2015（平成27）年には，一橋大学の法科大学院生Aが，同性愛者であることを友人Bに暴露され，大学で転落死する事件[注2]がありました。大学院生の遺族（原告）は，大学とアウティング行為をしたBを提訴。大学側の安全配慮義務（教育研究環境配慮義務）とBの行為の不法行為性（民709）の有無が争われました。一審中に原告とBの和解が成立。大学側とは，一審・控訴審ともに原告の請求棄却となりました。控訴審判決においては，アウティング行為に関し，日本で初めて「人格権ないしプライバシー権等を著しく侵害するものであって，許されない行為である」と指摘されました[19]。本事件から，アウティングによる当事者の精神的苦痛と，安易な行動が命を失うことに繋がり得ることが理解できると思います。

　行政書士には守秘義務が課されています（行書12）。セクシュアリティや性自認，パートナーシップ関係といった情報は，同条が定める「業務上取り扱った事項について知り得た秘密」に該当すると考えられます。職業規範の面だけでなく，「カミングアウト（coming out）」の重さもしっかりと認識しておきましょう。相談者からセクシュアリティなどのカミングアウトがあった場合は，まずはその自己開示に敬意を持ち，落ち着いて受容的に受け止めます。さら

注2　東京都国立市では，「国立市女性と男性及び多様な性の平等参画を推進する条例」が2018（平成30）年4月1日に施行された。条例では「性的指向，性自認等の向上の自由は個人の権利」であるとし，アウティングを禁止事項として定めた。

に，カミングアウトしている「範囲・人」を確認し，許可なく口外しないことを約する必要があります。アウティングは，悪意に基づくものだけでなく，善意に基づくものもあります。「良かれと思って」本人の意思確認を取らずにパートナー・アドバイザーの士業に伝えることや，連携先や家族に安易な共有することは，厳に控えなければなりません。

◆カミングアウトとアウティング

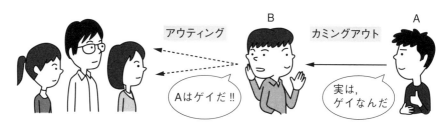

　行政書士法の第10条には「行政書士は，誠実にその業務を行うとともに，行政書士の信用又は品位を害するような行為をしてはならない」と定められています。また，東京都行政書士会倫理規程の第2条には「行政書士は，名誉を尊び国民が信頼を置く品位を保持するために人格を磨き，良識と教養を深めなければならない」とあります。

　どのような言葉を使い，表現をするのかは，まさに「品位」と「良識」にかかわることです。不用意な言いふらしは，相談者に大きな損害を与えるだけでなく，士業への信頼を害することになります。責務が定められた国家資格者という点に信頼と安心を感じて相談を考える当事者は少なくありません。行政書士として，言葉への敏感さを持ち，人権視点から言語表現を学び直してみましょう。わからない言葉や概念，不安な表現については，対話の中で学び合うことも大切です。

② 偏見のセルフチェック

　私たちのものの捉え方や価値観，判断基準といったものは，長い時間をかけて醸成されたものであり，社会的・文化的影響を大いに受けています。誰もが

潜在的に持つこの思い込みは，無自覚なハラスメントにつながることがあります。家族法務に関する相談は，マイノリティの方々の困りごとに寄り添い，新しい家族の形を生きる方々へ柔軟な助言が求められます。固定観念に基づいた表現が，人権への配慮に欠く場合があることを知り，セルフチェックする機会を持ちましょう。「当たり前」と考えていることに対し，「本当にそうだろうか？」と問いかけることが，新しい見方や発見に繋がるのではないでしょうか。

　例えば，ご夫婦で来所した相談者に対し，夫に対してのみ名刺を渡すという振る舞いは，夫を「主」，妻を「従」と見ている対応と捉えられてしまいます。また，ご夫婦の各人を示す際の「ご主人」「奥様」といった表現は，対等な男女のパートナーシップの視点から見ると，旧態依然とした表現ではないでしょうか。私は，両者のお名前を確認し，個人名でお呼びするように心がけています。

【言語表現のチェックリスト】[20]

家父長制や家制度に捉われていませんか？
- 奥さん，家内→妻，連れ合い，パートナー
- 主人，亭主，旦那→夫，連れ合い，パートナー
- 入籍→婚姻届を出す
- 嫁ぐ→結婚する

性別で役割を限定していませんか？
- 保母・保父→保育士
- 保健婦→保健師
- 看護婦→看護師
- 内助の功→協力

法律婚規範に捉われていませんか？
- 庶子，私生児，非嫡出子→婚外子

「自分でも意識していない，目に見えない，ある特定の集団やカテゴリに属

序章　家族法務における相談

する人々に対する否定的な評価や感情」[21]をアンコンシャス・バイアス（無意識の偏見，思い込み）と言います。心理学分野では潜在的ステレオタイプとも言われ，無意識的で自動的な思考を指す言葉です。

　昨今はアンコンシャス・バイアスを測定する調査[注3]が広く行われていますが，ジェンダー・ハラスメント研究家の小林敦子は，自己報告式のチェックシート[注4]は「その人の顕在的意識を問う」[22]ものであるため，アンコンシャス（無意識）の調査ではなく意識調査になっていると指摘します。表層的な差別意識への対策だけでは解消できない問題を捉えるために，誰もが無自覚に持っているアンコンシャス・バイアスについて，正しく理解することが必要です。

　例えば，ある状況下で，「医師＝男性」というように職業と特定の性別を自動的に結びつける連想（反応）がなされた場合，それはアンコンシャス・バイアスにあたります。小林は，ステレオタイプや偏見を弱めるためには「複雑な対象を過度に一般化したり捨象したりすることなく，複雑なまま理解する」[23]認知的複雑性を高めていくことが重要であると指摘します。固定化した単一のカテゴリに人を振り分けて理解しようとするのではなく，個人の多面的なありようをそのまま受け止めることが必要なのではないでしょうか。

　最後に，家族問題やアディクション（依存症）分野で長年様々な困難に対峙してきたカウンセラー信田さよ子の知見を紹介します。信田は，著書『カウンセリングで何ができるか』において，「常識」に依拠することの弊害を指摘しています。

> 「家族愛」にまつわる常識から，いち早く脱却しなければならないのがカウンセラーだと思います。それにしがみついていると，「母を殺したい」というク

注3　例えば，内閣府男女共同参画の「性別による無意識の思い込み（アンコンシャス・バイアス）に関する調査」（令和3年度）がある。

注4　「家事・育児は女性がするべきだ」「家を継ぐのは男性であるべきだ」といった設問に同意するかを答えることでアンコンシャス・バイアスの割合を測るもの。

ライエントの訴えに慌てふためいたり，子どもを虐待してしまうという母親に非難がましい視線を送ったりしてしまいます。いったん，どのような常識もとりはらうこと。そのような姿勢や懐の深さが要求されます。（中略）現実は私たちの想像力を超えるものですから，そんな現実を認識するためには，臨床心理学の言葉だけでは不足してしまうのです。[24]

　信田の指摘にあるように，対人援助職は，専門知（行政書士の場合は法務の知識）のみに依拠すると，専門知や常識のみでは太刀打ちできない現実に突き当たることになります。常識では人は救われない側面があるのです。家族にまつわる問題は，まるでパンドラの箱のように，私たちの想像を超えた闇が飛び出すことがあります。家族法務分野は特に，「当たり前」を脱構築していく姿勢が大切になるのではないでしょうか。

序章　家族法務における相談

Column 1

男女共同参画センターを知る

　男女共同参画センターとは，都道府県や市区町村が条例等を根拠に設置する，男女共同参画のための総合的な施設です。①広報啓発，②講座，③相談，④情報収集・提供，⑤調査研究事業などをメインに，地域の様々な課題に対応するための実践的活動を行っています。配偶者暴力相談支援センター[注5]の機能を持つセンターもあります。

　行政書士は，「国民と行政の架け橋として，変遷する社会の要請に応じてより高い専門性を身につけ」[25]る必要があります。「架け橋」として活動するためには，多岐にわたる行政サービスについての情報収集が欠かせません。行政機能のひとつである男女共同参画センターについても，連携・紹介先のひとつとして，役割や利用方法を知っておくと良いでしょう。

　ここでは，くにたち男女平等参画ステーション・パラソル（東京都国立市）ステーション長の木山直子さん，副ステーション長の川和さと美さんに，現場の視点からお話を伺いました。東京都国立市では，2018年4月，日本で初めてアウティングを禁止した条例「女性と男性及び多様な性の平等参画を推進する条例」が施行されました。この条例の拠点施設である「くにたち男女平等参画ステーション・パラソル」は，どのような役割を担っているのでしょうか。

木山さん「ひとくちに男女共同参画センターといっても，センターごとに力を入れている事業や特色が異なります。パラソルの主軸は相談事業です。まず，原則予約制の専門相談として，弁護士による法律相談，キャリアカウンセラーによるみらいのたね相談，心理カウンセラーによる悩みごと相談，様々なセクシュアリティの相談をお受けするSOGI相談という枠があります。そして，ジェンダー視点を持つステーションのスタッフが，チーム対応で相談をお受けする生き方相談があります。こちらは特に予約の必要もなく，開館時間はすべて対応しています。生きかた相談では，夫婦や親子関係，職場や近隣の方との人間関係の悩み，生きづらさ等，様々

注5　配偶者からの暴力の防止及び被害者の保護を図るための施設。相談や機関の紹介，緊急時の安全確保や一時保護，自立した生活のための援助等を行う。

なご相談があります。相談事業だけでなく，情報誌やパネル作成を通じた啓発事業，居場所づくり事業なども継続していて，これらの事業を通して，多様な性を尊重するまちづくりを目指しています。」

■相談を受ける際にジェンダー視点を持つというのは，どのようなことなのでしょうか。

木山さん「日々相談を伺っていると，その悩みの中に刷り込まれたジェンダー規範(注6)を痛感します。女性らしさや男性らしさだけでなく，妻・夫，母・父，娘・息子といったように，様々な役割規範に縛られて苦しくなっている方が多いと感じます。規範から自由になって，自分のしたいことを選び，自分の人生を歩んでいくためには，ジェンダーに関する知識が助けになると思うのです。それから，ジェンダーやセクシュアリティの問題は，特定の個人の問題ではなく，誰もが当事者となる問題だと思います。専門相談のSOGI相談を「LGBT」相談ではなく「SOGI」相談と名付けたのも，SOGIはマジョリティ・マイノリティに関わらず，すべての人に関わるものだからです。私たち一人ひとりに関わる人権の問題であると考えることが大切だと考えています。」

■家族法務に関する相談では，根強いジェンダー規範が絡んだ悩みを伺うことがあります。例えば，高齢期のライフプランニングを伺う場面では，きょうだい間でケア負担にジェンダー差があったり，親からの期待が子どものジェンダーによって如実に異なったりするご家族が多く見られます。私たち自身もジェンダーに関する知識を得ることで，相談者の規範を緩めていく相談対応が可能になるのではないでしょうか。

　生きかた相談の枠で日々様々なご相談を受けているお二人は，どのようなことに気をつけているのでしょうか。

川和さん「気をつけているのは，相談者さんをジャッジしないということ。私個人の価値観で，「良い悪い」を評価しないことです。何を大切に思うか，何を基準に行動

注6　男性／女性がどのようにあるべきか，どのような外見をし，どのように行動すべきかといった社会的・文化的姿勢や期待のこと。

するかといったことに，基準や一つの正解はないと思っています。相談者さん自身が大切にしている価値観を知る，基準を確認するといったスタンスでお話を聞いています。例えば，ご自身を「障がい者」として見ないで欲しいという方もいれば，「障がい者」としてきちんとケアして欲しいという方もいらっしゃいます。正解がなく，100通りの基準やニーズがあるからこそ，それを知ろうとする姿勢が大切だと思っています。

　それから，お話を伺うときは，自分という存在を一旦横に置いて，「無」となって聴くという姿勢も大切にしています。相談者さんにとっての現実を一緒に確認する，外に出してもらった思いを一緒に眺めるといった感じでしょうか。相談者さんの世界や思いに寄り添いながらも，相談者さんの困りごとに巻き込まれることのないよう，一定の距離感を保ちながら伺うようにしています。相談員は，傾聴力だけではなく質問力も大切だと思います。問いを投げかけることで，それが新しい視点の気づきに繋がり，相談者さん自身で答えに辿り着くことも多いです。」

木山さん「相談者さんの立場を中心に聞きながらも，常に俯瞰して聞くということは大切にしています。そして，私たちは AI ではないので，人として相談を受けるということです。相談者さんに対し，答えや解決策を提供するのではなく，人として対等に考え，つながり続けることを大切にしています。」

■私たち行政書士は，普段の業務では，「解決」に向かって進む相談対応がほとんどです。一方で，相談者との継続な関わりの中では，被後見人との対話や業務終了後のアフターフォローなど，必ずしも「解決」が目的でない相談もあります。そのような場合には，川和さんや木山さんが述べたスタンスは非常に参考になるのではないでしょうか。最後に，行政書士が男女共同参画センターをどのように利用することができるのかを伺いました。

木山さん「男女共同参画センターは，ジェンダー視点を持って相談者さんの困りごとを整理できるところに特徴があると思います。子ども家庭支援センターや学校など，行政の他機関と連携しやすいことも強みです。クライアントの方をご紹介いただくだけでなく，士業の方自身が相談業務で疑問を感じた際にも，気軽に相談してほしいです。例えば，自治体のパートナーシップ制度等の制度利用に関する相談や情報入手の場としても利用できます。SOGIやDV，様々なジェンダー問題に関する

知識を得ることもできると思います。

　今後，男女共同参画センターという施設が，相談の場だけでなく，思いを話せる場所，繋がる場所，学び合う場所になっていけたらと思っています。それから，男女共同参画センターは女性のための場所というイメージを持っている方もおられると思います。性別に関わらず，どなたでも利用できる施設ですから，これまで距離を感じていた方にも来ていただけるよう，きっかけ作りをしていきたいと思います。自分には関係ないと思っていた方にも，考えるきっかけや小さな気づきが生まれるよう，地道に啓発や発信をしていきたいです。」

序章　家族法務における相談

引用・参考文献

序章

(1) 神原文子／杉井潤子／竹田美和『よくわかる現代家族［第2版］』2016，ミネルヴァ書房，p186

(2) 神原文子／杉井潤子／竹田美和『よくわかる現代家族［第2版］』2016，ミネルヴァ書房

(3) 筒井淳也『結婚と家族のこれから共働き社会の限界』2016，光文社，p29

(4) 筒井淳也『結婚と家族のこれから共働き社会の限界』2016，光文社，p29

(5) 比較家族史学会『現代家族ペディア』2015，弘文堂，p33

(6) 永田夏来／松木洋人編『入門家族社会学』2017，新泉社，p17

(7) 筒井淳也『結婚と家族のこれから共働き社会の限界』2016，光文社新書，p58

(8) 永田夏来／松木洋人編『入門家族社会学』2017，新泉社

(9) 兼子仁『新13版行政書士法コンメンタール』北樹出版，2023，p52

(10) 兼子仁『新13版行政書士法コンメンタール』北樹出版，2023，p53

(11) 平木典子『新・カウンセリングの話』朝日新聞出版，2020，p67

(12) マーティン・ペイン・平木典子・中釜洋子・藤田博康・野末武義『家族の心理―家族への理解を深めるために―第2版』サイエンス社，2021，p100

(13) 団士郎『対人援助職のための家族理解入門　家族の構造理論を活かす』中央法規出版，2019，p39

(14) 団士郎『対人援助職のための家族理解入門　家族の構造理論を活かす』中央法規出版，2019，p80

(15) 藤田益伸・永浦拡『そのままの心で，ともにいる力　対人援助を学ぶ前に読む本』学術研究出版，2022，p60

(16) 高山直子『働く人のための「読む」カウンセリング』研究社，2010，p32

(17) 小林健治『最新差別語不快語』2020，にんげん出版，p20

(18) 連合事務局長談話（2023年2月6日）https://www.jtuc-rengo.or.jp/news/article_detail.php?id=1231

(19) LGBT法連合会編『SOGIをめぐる法整備はいま　LGBTQが直面する法的な現状と課題』，かもがわ出版，2023，p59

(20) 「男女共同参画の視点に立った表現ガイドライン」https://www.city.takarazuka.hyogo.jp/kyoiku/danjokyodo/1030352/1000450.html

(21) 小林敦子『職場で使えるジェンダー・ハラスメント対策ブック―アンコンシャ

ス・バイアスに斬り込む戦略的研修プログラム』2023，現代書館，p104

(22) 同上 p107

(23) 同上 p123

(24) 信田さよ子『改訂新版　カウンセリングで何ができるか』2020，大月書店，p77-78

(25)「日本行政書士会連合会会長声明」https://www.gyosei.or.jp/news/info/ni-20210222.html

第1章 受任につながる予備知識

　この章では，初回相談に訪れた相談者と「依頼者」として長く付き合っていくために，最低限知っておきたいポイントを整理します。相談者の「本当の悩み」に寄り添うためには，法律や制度の知識だけでは不十分です。また，無意識の偏見や思いこみ（アンコンシャス・バイアス）があると，相談者の抱える悩みを正しく捉えることができません。そのような偏見や思いこみをときほぐし，リアルな相談者像をイメージすることが本章の目的です。以下では，様々なデータや調査結果を紹介しながら，多様な家族の形の背景にあるものを考えていきます。

1-1　おひとりさま編

　「おひとりさま」のあり方は千差万別です。死別・離別でおひとりさまになった人，ライフスタイルとしておひとりさまを貫いている人……。現代は「おひとりさま」を一言で定義するのは難しくなってきています。

　1と**2**のデータからは，日本におけるおひとりさまの増加を「数」の面から理解できます。多様なおひとりさま像については第2章にゆずり，データから読み取れるおひとりさまの現状，将来推計，「おひとりさま社会」の背景を見ていきましょう。

　1では，世帯(注1)構造・類型の変化から，おひとりさまが増えている（増えていく）ことを説明します。**2**では，「少子化」「高齢化」「未婚（非婚）化」をおひとりさま増加の三大要因として，その変遷をたどります。これらのデータを

注1　世帯：住居及び生計を共にする者の集まり又は独立して住居を維持し，もしくは独立して生計を営む単身者(1)。

27

第1章　受任につながる予備知識

読み解くことで，現代において，おひとりさまは「マイノリティではない」ということ気づきを得ることが目的です。

❶ データからみる「おひとりさま」―世帯構造・類型の変化から

① 世帯数・平均世帯人員数の変化

「国民生活基礎調査」によると，2022（令和4）年の平均世帯人員は過去最少の2.25人です（【図表1-1】参照）。その一方で世帯数は，平均世帯人員数に反比例して増加し続けています。ここからは，「小規模化・縮小化」した世帯の増加が読み取れます。

平均世帯人員数の減少は，【図表1-2】「世帯構造別，世帯類型別世帯数及び平均人員の年次推移」の「単独世帯」「夫婦のみの世帯」の増加を見ても明らかです（【図表1-2】参照）。「夫婦のみの世帯」は「おひとりさま予備軍」です。今

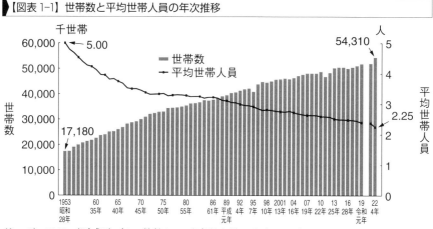

【図表 1-1】世帯数と平均世帯人員の年次推移

注：1）1995（平成7）年の数値は，兵庫県を除いたものである。
　　2）2011（平成23）年の数値は，岩手県，宮城県及び福島県を除いたものである。
　　3）2012（平成24）年の数値は，福島県を除いたものである。
　　4）2016（平成28）年の数値は，熊本県を除いたものである。
　　5）2020（令和2）年は，調査を実施していない。

（出所）厚生労働省「国民生活基礎調査の概況」（2022）

1-1　おひとりさま編

後はさらに世帯の小規模化が進んでいくと予想できます。

②　世帯構造・世帯類型の変化

「国民生活基礎調査」の世帯構造の変遷を見ると，「三世代世帯」の減少が顕

【図表 1-2】世帯構造別，世帯類型別世帯数及び平均世帯人員の年次推移

	総　数	世　帯　構　造						世　帯　類　型				平均世帯人員
		単独世帯	夫婦のみの世帯	夫婦と未婚の子のみの世帯	ひとり親と未婚の子のみの世帯	三世代世帯	その他の世帯	高齢者世帯	母子世帯	父子世帯	その他の世帯	
	推　　　計　　　数　（単位：千世帯）											（人）
1986（昭和61）年	37 544	6 826	5 401	15 525	1 908	5 757	2 127	2 362	600	115	34 468	3.22
'89（平成 元）	39 417	7 866	6 322	15 478	1 985	5 599	2 166	3 057	554	100	35 707	3.10
'92（　　4）	41 210	8 974	7 071	15 247	1 998	5 390	2 529	3 688	480	86	36 957	2.99
'95（　　7）	40 770	9 213	7 488	14 398	2 112	5 082	2 478	4 390	483	84	35 812	2.91
'98（　10）	44 496	10 627	8 781	14 951	2 364	5 125	2 648	5 614	502	78	38 302	2.81
2001（　13）	45 664	11 017	9 403	14 872	2 618	4 844	2 909	6 654	587	80	38 343	2.75
'04（　16）	46 323	10 817	10 161	15 125	2 774	4 512	2 934	7 874	627	90	37 732	2.72
'07（　19）	48 023	11 983	10 636	15 015	3 006	4 045	3 337	9 009	717	100	38 197	2.63
'10（　22）	48 638	12 386	10 994	14 922	3 180	3 835	3 320	10 207	708	77	37 646	2.59
'13（　25）	50 112	13 285	11 644	14 899	3 621	3 329	3 334	11 614	821	91	37 586	2.51
'16（　28）	49 945	13 434	11 850	14 744	3 640	2 947	3 330	13 271	712	91	35 871	2.47
'19（令和元）	51 785	14 907	12 639	14 718	3 616	2 627	3 278	14 878	644	76	36 187	2.39
'20（　　2）	…	…	…	…	…	…	…	…	…	…	…	…
'21（　　3）	51 914	15 292	12 714	14 272	3 693	2 563	3 379	15 062	623	63	36 165	2.37
'22（　　4）	54 310	17 852	13 330	14 022	3 666	2 086	3 353	16 931	565	75	36 738	2.25
	構　　成　　割　　合　（単位：%）											
1986（昭和61）年	100.0	18.2	14.4	41.4	5.1	15.3	5.7	6.3	1.6	0.3	91.8	・
'89（平成 元）	100.0	20.0	16.0	39.3	5.0	14.2	5.5	7.8	1.4	0.3	90.6	・
'92（　　4）	100.0	21.8	17.2	37.0	4.8	13.1	6.1	8.9	1.2	0.2	89.7	・
'95（　　7）	100.0	22.6	18.4	35.3	5.2	12.5	6.1	10.8	1.2	0.2	87.8	・
'98（　10）	100.0	23.9	19.7	33.6	5.3	11.5	6.0	12.6	1.1	0.2	86.1	・
2001（　13）	100.0	24.1	20.6	32.6	5.7	10.6	6.4	14.6	1.3	0.2	84.0	・
'04（　16）	100.0	23.4	21.9	32.7	6.0	9.7	6.3	17.0	1.4	0.2	81.5	・
'07（　19）	100.0	25.0	22.1	31.3	6.3	8.4	6.9	18.8	1.5	0.2	79.5	・
'10（　22）	100.0	25.5	22.6	30.7	6.5	7.9	6.8	21.0	1.5	0.2	77.4	・
'13（　25）	100.0	26.5	23.2	29.7	7.2	6.6	6.7	23.2	1.6	0.2	75.0	・
'16（　28）	100.0	26.9	23.7	29.5	7.3	5.9	6.7	26.6	1.4	0.2	71.8	・
'19（令和元）	100.0	28.8	24.4	28.4	7.0	5.1	6.3	28.7	1.2	0.1	69.9	・
'20（　　2）	…	…	…	…	…	…	…	…	…	…	…	…
'21（　　3）	100.0	29.5	24.5	27.5	7.1	4.9	6.5	29.0	1.2	0.1	69.7	・
'22（　　4）	100.0	32.9	24.5	25.8	6.8	3.8	6.2	31.2	1.0	0.1	67.6	・

注：1）1995（平成 7）年の数値は，兵庫県を除いたものである。
　2）2016（平成 28）年の数値は，熊本県を除いたものである。
　3）2020（令和 2）年は，調査を実施していない。
（出所）厚生労働省「令和 4 年　国民生活基礎調査の概況」（2022）p3

29

第1章　受任につながる予備知識

著です（p29【図表1-2】参照）。世帯構造を多い順に3つ列挙すると，1986（昭和61）年は，①夫婦と未婚の子のみの世帯，②単独世帯，③三世代世帯でした。平成元年（1989）以降は，①夫婦と未婚の子のみの世帯，②単独世帯，③夫婦のみの世帯となっています。

　増加傾向にあるのは「単独世帯」「夫婦のみの世帯」「ひとり親と未婚の子のみの世帯」「その他の世帯」です。減少傾向にあるのは「夫婦と未婚の子のみの世帯」「三世代世帯」です。この傾向からは「世帯の小規模化」が読み取れます。

　世帯類型を見ると，高齢者世帯(注2)の増加が著しいことがわかります。高齢者世帯は，1995（平成7）年に10％を超えてからうなぎ登りで増加し続けています。高齢者世帯は今後も引き続き増加することが予想できます。

③　65歳以上の者がいる世帯の家族形態の変化

　「国民生活基礎調査」によると，「65歳以上の者のいる世帯」は「三世代世帯」が大きく減少している一方，「単独世帯」「夫婦のみの世帯」「親と未婚の子のみの世帯」が年々増加し続けています（p31【図表1-3】参照）。

　世帯構造を多い順に3つ列挙すると，1998（平成10）年までは①三世代世帯，②夫婦のみの世帯，③単独世帯の順でした。2001（平成13）年には夫婦のみの世帯が三世代世帯を追い抜き，①夫婦のみの世帯，②三世代世帯，③単独世帯となります。2007（平成19）年には①夫婦のみの世帯，②単独世帯，③三世代世帯となり，さらに単独世帯が三世代世帯を追い抜きます。2010（平成22）年以降は，①夫婦のみの世帯，②単独世帯，③親と未婚の子のみの世帯となり，家族形態の大きな変化を感じることができます。

　直近の2022（令和4）年には，単独世帯（31.8％）と夫婦のみ世帯（32.1％）が拮抗しており，単身高齢者へ増加傾向は続いていくと予想されます。

注2　高齢者世帯：65歳以上の者のみで構成するか，又はこれに18歳未満の未婚の者が加わった世帯のこと。

1-1 おひとりさま編

　「親と未婚の子のみの世帯の増加」は，経済的な理由から親と同居せざるを得ない「世帯内単身者」の子どもの増加が背景にあると考えられます（p109「2-3 🔳 余儀なくおひとりさま」参照）。このような未婚の子どもの増加には，「子ども世代の置かれた困難な経済状況と，そうした状況に対する有効な対応策を持たない社会政策が，貧困化へのセーフティ・ネットとして親世帯に留まり続けることを余儀なくさせている」[2]という見方が強まっています。

【図表 1-3】65 歳以上の者のいる世帯の世帯構造の年次推移

	単独世帯	夫婦のみの世帯	親と未婚の子のみの世帯	三世代世帯	その他の世帯
1986（昭和61）年	13.1	18.2	11.1	44.8	12.7
'89（平成元）	14.8	20.9	11.7	40.7	11.9
'92（ 4）	15.7	22.8	12.1	36.6	12.8
'95（ 7）	17.3	24.2	12.9	33.3	12.2
'98（ 10）	18.4	26.7	13.7	29.7	11.6
2001（ 13）	19.4	27.8	15.7	25.5	11.6
'04（ 16）	20.9	29.4	16.4	21.9	11.4
'07（ 19）	22.5	29.8	17.7	18.3	11.7
'10（ 22）	24.2	29.9	18.5	16.2	11.2
'13（ 25）	25.6	31.1	19.8	13.2	10.4
'16（ 28）	27.1	31.1	20.7	11.0	10.0
'19（令和元）	28.8	32.3	20.0	9.4	9.5
'21（ 3）	28.8	32.0	20.5	9.3	9.5
'22（ 4）	31.8	32.1	20.1	7.1	9.0

0　　10　　20　　30　　40　　50　　60　　70　　80　　90　　100%

注：1）　1995（平成7）年の数値は，兵庫県を除いたものである。
　　2）　2016（平成28）年の数値は，熊本県を除いたものである。
　　3）　2020（令和2）年は，調査を実施していない。
　　4）「親と未婚の子のみの世帯」とは，「夫婦と未婚の子のみの世帯」及び「ひとり親と未婚の子のみの世帯」をいう。
　　　　　　　（出所）厚生労働省「令和4年　国民生活基礎調査の概況」（2022）p4

第1章　受任につながる予備知識

❷ データからみる「おひとりさま」─少子化・高齢化・未婚化の視点から

① 　出生数・合計特殊出生率(注3)の変化─おひとりさま増加の要因①少子化

「人生100年時代」を提唱する「高齢社会をよくする女の会」の樋口恵子は，家族のいる人が減少する今後の日本社会を予見し，「ファミレス社会（ファミリーレス社会)」と呼んでいます。今後日本は「少子化・未婚化・高齢化」がさらに進み，「子レス孫レス甥姪レスいとこレス」(4)の「三親等から四親等内の親族がいない，少ない」人たちが増加していくと考えられます。

　少子化とは「出生力が人口規模を維持するのに必要なレベル（人口置換水準）を継続的に下回っている状態」(5)を指します。具体的には合計特殊出生率が2.1

【図表1-4】出生数及び合計特殊出生率の年次推移

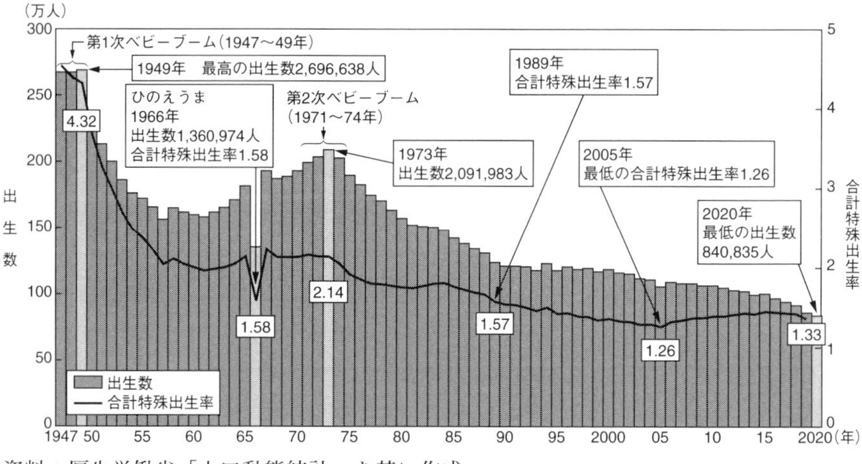

資料：厚生労働省「人口動態統計」を基に作成。

（出所）内閣府「令和4年度版　少子化社会対策白書」(2022) p5

注3　合計特殊出生率：15〜49歳までの女性の年齢別出生率を合計して求められる人口統計上の指標で，一人の女性が一生の間に産むと想定される子どもの数に相当する(3)。

32

1-1　おひとりさま編

を下回る状態です。合計特殊出生率が1.5を下回り続ける状態は「超少子化」と呼ばれます。

　日本の少子化は，1970年代には既に始まっていました。少子化が「問題」とされ，様々な「少子化対策」が打ち出されるようになったのは，合計特殊出生率が1.57を記録した（1.57ショック）1989（平成元）年以降のことです。

　戦後の少子化の背景には「子どもの存在意義の変化」[6]があります。少子化が進行したその他の先進国と同様に，日本も産業化の進展の中で「多産多死社会」から「少産少死社会」へと移行していきました。

　近年の出生率低下の要因には「晩婚化・未婚化による出産適齢期の有配偶女性の減少と子育て環境の悪化」[7]が挙げられます。経済的負担，心理的・肉体的負担，社会環境の不整備などの理由により，「結婚したくてもできない」「産みたくても産めない」人が増えていることが予想できます。

②　未婚率の推移と将来推計―おひとりさま増加の要因②未婚（非婚）化

　出生率に続いて重要なデータが，未婚化（非婚化）の推移です。子どもは法律婚内で育てるべきという「嫡出規範」が強い日本では，未婚率の増加は出生率の低下につながると考えられます[注4]。以下では「年齢（5歳階級）別未婚率の推移」（p34【図表1-5】参照）と「50歳時の未婚割合の推移と将来推計」（p35【図表1-6】参照）から，日本の未婚（非婚）化の背景を考えます。

　「年齢（5歳階級）別未婚率の推移」を見ると，25歳〜39歳の未婚率は男女ともに長期的に増加傾向が続いています（p34【図表1-5】参照）。ほとんどの人が結婚した高度経済成長期の「皆婚社会」は，既に終わりを迎えているといえるでしょう。

　「生涯未婚率」は，50歳時の未婚率（結婚したことのない人の割合）を表す言葉

注4　出生率が低下したにもかかわらず，その後回復傾向にあるフランスやスウェーデンなどには，婚外子が多いという特徴がある。

第 1 章 受任につながる予備知識

【図表 1-5】年齢（5歳階級）別未婚率の推移

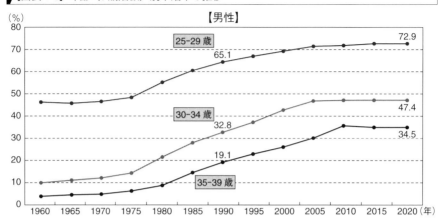

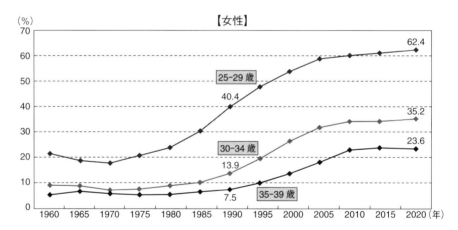

資料：総務省「国勢調査」を基に作成。

（出所）内閣府「令和4年度版　少子化社会対策白書」（2022）p11

です。日本の生涯未婚率は 1990 年代以降急激に上昇し続けています（p35【図表 1-6】参照）。2020 年（令和 2）年には，男女ともに過去最高の生涯未婚率となっています。

　このような未婚化（非婚化）の背景を知るには，国立社会保障・人口問題研究所の「出生動向基本調査（結婚と出産に関する全国調査）」【図表 1-7】が参考にな

【図表1-6】50歳時の未婚割合の推移と将来推計

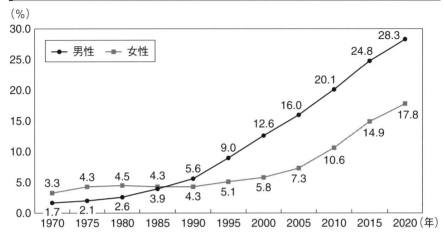

資料：各年の国勢調査に基づく実績値（国立社会保障・人口問題研究所「人口統計資料集」。（2015年及び2020年は配偶関係不詳補完結果に基づく。）
（出所）内閣府「令和4年度版　少子化社会対策白書」（2022）p12

ります。2021（令和3）年の第16回出生動向基本調査によると、「いずれ結婚するつもり」と考えている未婚男性は、前回調査の85.7%から81.4%へ、未婚女性は89.3%から84.3%へとそれぞれ低下しています。一方で、「一生結婚するつもりはない」と答える未婚者は2000年代に入って増加傾向が続いており、今回調査では男性が17.3%、女性が14.6%となっています。

　未婚者には、経済的事情や出会いのなさを理由に「結婚したくてもできない」人が多い傾向にあります。さらに現代は、婚姻規範が強固であった時代と比べ、「結婚する・しない」を自分の意思で自由に選べる時代になりました。「結婚」の存在価値や必要性への揺らぎも「結婚観」に影響を及ぼしていると言えるでしょう。

第 1 章　受任につながる予備知識

【図表 1-7】未婚者の生涯の結婚意思

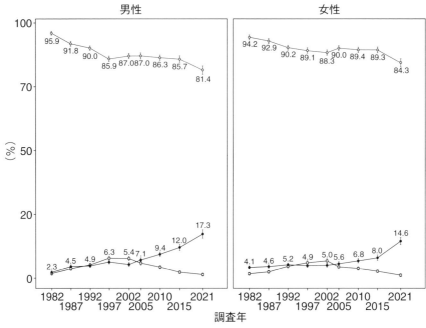

○ いずれ結婚するつもり　● 一生結婚するつもりはない　□ 不詳

注：対象は 18～34 歳の未婚者。図中のマーカー上のエラーバーは 95％信頼区間を示している。客体数は，第 8 回（1982）男性（2,732），女性（2,110），第 9 回（1987）男性（3,299），女性（2,605）第 10 回（1992）男性（4,215），女性（3,647），第 11 回（1997）男性（3,982），女性（3,612），第 12 回（2002）男性（3,897），女性（3,494），第 13 回（2005）男性（3,139），女性（3,064），第 14 回（2010）男性（3,667），女性（3,406），第 15 回（2015）男性（2,705），女性（2,570），第 16 回（2021）男性（2,033），女性（2,053）。設問「自分の一生を通じて考えた場合，あなたの結婚に対するお考えは，次のうちどちらですか。」（1. いずれ結婚するつもり，2. 一生結婚するつもりはない）。

（出所）国立社会保障・人口問題研究所『現代日本の結婚と出産—第 16 回出生動向基本調査（独身者調査ならびに夫婦調査）報告書—』（2023）p17

③　日本における高齢化の変遷—おひとりさま増加の要因③高齢化

　高齢化率（65 歳以上の人口の割合）が 7 ％を超える社会を「高齢化社会」，14 ％を超える社会を「高齢社会」，21 ％を超える社会を「超高齢社会」といいます。日本は 1970（昭和 45）年に「高齢化社会」，1994（平成 6）年に「高齢

1-1 おひとりさま編

【図表 1-8】年齢階級別人口の変化と高齢化率の推移（男女別）

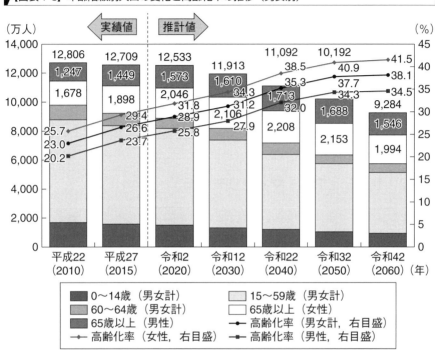

(備考) 1. 平成22年及び27年は総務省「国勢調査」及び令和2年以降は国立社会保障・人口問題研究所「日本の将来推計人口（平成29年推計）」の出生中位・死亡中位仮定による推計結果より作成。
2. 平成22年及び27年値は、各年10月1日現在。
3. 平成22年及び27年の総人口は「年齢不詳」を含む。また、すべての年について、表章単位未満を四捨五入している。このため、総人口と各年齢階級別の人口の合計が一致しない場合がある。
4. 高齢化率は、「65歳以上人口」／「総人口」×100。なお、平成22年及び27年値は、「総人口（「年齢不詳」を除く）」を分母としている。

(出所) 内閣府「令和2年版　男女共同参画白書」(2020) p137

社会」、2007（平成19）年に「超高齢社会」となりました（【図表1-8】参照）。2020（令和2）年以降の推計値を見ても、高齢化率の急増は顕著です。

　超高齢社会の日本では、高齢者の生活保障のあり方に様々な課題があります。夫婦間の「老老介護」、別居の親族による「通い介護」、非婚化を背景とする「未婚単身男性による介護」などが増え、介護のあり方が多様化していま

第1章　受任につながる予備知識

す[8]。

　将来推計値どおりに高齢化が進展すれば，高齢者のおひとりさまの増加は確実です。そしてそれは，誰もがおひとりさまになり得る社会でもあります。今後は，高齢期の脆弱性を人的・社会資源を使ってケアし，共生社会を目指していくスタンスが重要となるのではないでしょうか。「おひとりさま」がマイノリティではない社会において，行政書士もそのニーズに適切に対応していく必要があります。

1-2　セクシュアル・マイノリティ編

　セクシュアル・マイノリティに関する理解を深めるためには，ある特定の人の問題であるという認知を改めることが最初の一歩になります。このテーマを自分ごととして捉えるために，用語とスタンスの面から考えてみましょう。

■1 LGBTとSOGI

　2015（平成27）年の渋谷区パートナーシップ制度導入以降，「LGBT」という用語をよく耳にするようになりました。L＝レズビアン（性的指向），G＝ゲイ（性的指向），B＝バイセクシュアル（性的指向），T＝トランスジンダー（性自認）の頭文字をとった「LGBT」は，レインボーマークと共に，セクシュアル・マイノリティの方々を言い表す用語として認知されるようになりました。「LGBT」の用語認知度が70％を超えている調査もあります[9]。

　LGBTという用語は，様々な性のあり方のごく一部を表わすに過ぎません。そこで，Sexual Orientation（性的指向）とGender Identity（性自認）の頭文字をとった「SOGI」という概念で捉え直すことが重要です。LGBTがある特定の人を示すのに対し，SOGIは異性愛やシスジェンダー（心と身体の性が一致している人）も包括する概念です。国連人権理事会では，2007（平成19）年に「ジョグジャカルタ原則」において，SOGIなどの属性による差別が人権侵害であると明記しました。

38

LGBT 法連合会は，声明の中で「LGBT」概念ではなく「SOGI」の視点を持つことの重要性を述べています。

> LGBT 法連合会は，法制度においてはその対象や被害者となる「誰が」に焦点を当てる「LGBT」ではなく，「何の」問題かに焦点を当てる「性的指向・性自認（SOGI）」を用いるよう提言してきた。その理由は，「LGBT」の文言を使った法制度は①「LGBT」であることをカミングアウトすることが法制度を使う要件となってしまうこと，②誰が「LGBT」であるかは誰にも証明することができないにもかかわらず，その不可能なことが要件となる可能性や，「LGBT」や「性的マイノリティ」のアイデンティティを持たない人が制度を使えなくなってしまう恐れがあること，などである[10]。

前掲の調査によると，「SOGI」の用語認知度は 15 ％にも至っていません。SOGI を尊重する視点で差別救済を考えると，その人がどのようなジェンダー／セクシュアリティかを問われることなく，あらゆる人の人権が守られることになります。SOGI を尊重する態度は，「その人がマイノリティかどうかを暴露してしまうという最大の弊害を取り除きながら，性的指向や性自認の差別を許さない姿勢を示す意味で効果的な態度」[11]なのです。

2 「思いやり」から「施策」へ

よくある勘違いのひとつに，「自分の周囲にセクシュアル・マイノリティの当事者はいない」というものがあります。そのような認識を持つ背景には，当事者が可視化されにくい現状があります。

最近の調査を見ると，回答者の 3.5 ％が「ゲイ・レズビアン」「バイセクシュアル」「アセクシュアル」「トランスジェンダー」のいずれかに該当するという結果が出ています。性的指向について「決めたくない・決めていない」と答えた 5.6 ％も含めれば，さらに割合は大きくなります[注5]。実際には「周囲にいない」ということはできず，マジョリティの「異性愛者」や「シスジェンダー」

第1章　受任につながる予備知識

の人々が，他の性のありようを認識していないだけなのです。

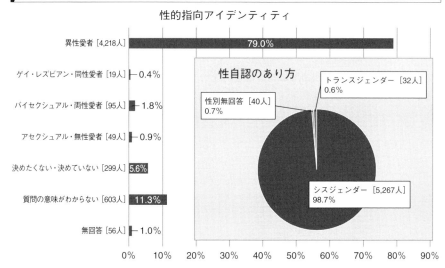

(出所)「性的指向と性自認の人口学の構築―全国無作為抽出調査の実施」研究チーム
「家族と性と多様性にかんする全国アンケート」https://www.ipss.go.jp/projects/
j/SOGI2/ZenkokuSOGISummary20231027R1.pdf

　偏見や差別を恐れ，カミングアウトできない当事者も少なくありません。例えば「職場の誰か一人にでも，自身が性的マイノリティであることを伝えている」と答えた当事者は，トランスジェンダーの場合およそ16％，レズビアン・ゲイ・バイセクシュアルの場合は，およそ6％～8％であるという調査があります[12]。多くの当事者が自身の性自認や性指向を開示できない現状があるのです。

注5　「決めたくない・決めていない」と答えた人すべてをセクシュアル・マイノリティとみなすことには，注意が必要である。

1-2 セクシュアル・マイノリティ編

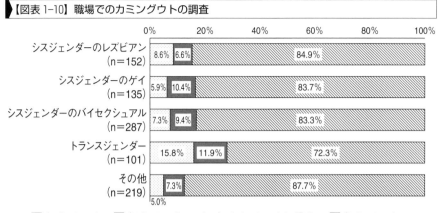

【図表1-10】職場でのカミングアウトの調査

（出所）三菱UFJリサーチ＆コンサルティング「令和元年度厚生労働省委託事業職場におけるダイバーシティ推進事業報告書」p158

　自分と関わりのない「誰か」の問題としてこのテーマを見ると，対応や対処は「思いやり」や「優しさ」といった抽象的な言葉で語られてしまいます。神谷悠一は，著書『差別は思いやりでは解決しない』において，思いやりや配慮，心がけなどを基調とする人権アプローチは不十分であると指摘します。

> 「思いやり」は，個々人の「気に入る」「気に入らない」といった恣意性に左右されやすいものであり，不具合が起きてしまうものです。思いやりも人それぞれ，ということになると，そこで保障されることも人それぞれでしょう。そんな普遍性のないものを「人権」と呼べるのでしょうか[13]。

　SOGIに関する課題を，誰をも包括する人権問題であると捉え直せば，個人の尊厳や平等権が害されている現状に，より目が向くのではないでしょうか。神谷は，権利行使のためには，法制度の整備や施作策定が必須だと述べています。属人的であいまいなものである「思いやり」ではなく，公正な社会を実現するための明文化された施作を求めていくことが肝要です。

第1章　受任につながる予備知識

1-3　事実婚・内縁編

　日本は法律婚（届出婚）規範の強い国ですが，法律婚外カップルのあり方は実に多様です。ここでは世界にも目を向けて，様々なパートナーシップのあり方を紹介します。

■ 法律婚外カップルの多様なあり方

　一般に「内縁」という言葉を使う際には，「法律婚として届け出たいが，やむを得ない事情があってそうすることができない男女関係」というニュアンスがあるように感じます。しかし，法律的に使用される「内縁関係」という言葉は，より厳密に定義されています。

　ある男女の関係が法律上「内縁関係」と認められると，法律婚に準じた関係として一定の法的保護が与えられます。「内縁関係」と認められるためには，社会的にも事実上の婚姻と同様の実体を備えた男女関係であることが必要です。「①婚姻意思があること②これに基づいた共同生活があること」[14]が内縁の成立要件とされています。

　一方で狭義の「事実婚」は，「自らの主義主張に従って意図的に届けを出さない人々の関係や生活」[15]を表す言葉として，1980年代後半から広がり始めました。夫婦別姓の実践や戸籍制度・婚姻制度への反対などの理由から，「主体的な意思で婚姻届を出さない共同生活を選択するカップル」[16]を指す言葉です。狭義の事実婚カップルの中には，「法律婚に準じた関係」「事実上の婚姻関係」とみなされることに否定的で，自分たちの関係性を「非法律婚」と定義するカップルもいます[17]。

　家族社会学者の善積京子は，法律婚カップルと法律婚外のカップルを以下のように分類しています（p43【図表1-11】参照）。広義の事実婚カップルの相談者からは，「婚姻意思」の有無，自分たちの関係をどのように定義するのか（し

42

【図表 1-11】法律婚との関連でみたカップルの分類

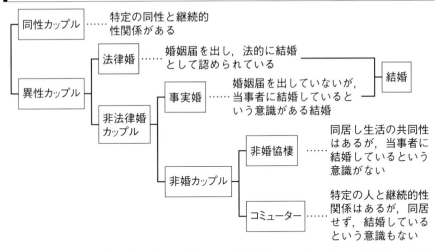

(参考) 善積京子『＜近代家族＞を超える―非法律婚カップルの声』(1997) p38図

たいのか) を丁寧に聞き取る必要があります。

2 パートナーシップ形態の国際比較

　日本では, 未婚化(晩婚化)が少子化(出生率低下)の要因の一つとされています。しかし先進国の中には, 婚姻率が低下しても出生率が回復している国や, 安定的な出生率を維持している国があります。そのような国では, 事実婚(同棲)カップルのもとで生まれる子ども(婚外子)が多いという特徴があります。

　【図表1-12】「婚外子割合と合計特殊出生率の国際比較」を見ると, 日本の婚外子割合は2.4％と圧倒的に低く, 一方でOECD平均は40％を超えています。諸外国と比べ, 日本は嫡出規範が根強く存在しているといえるでしょう。さらに【図表1-13】「婚外子割合と合計特殊出生率の関連(国際比較)」を見ると, 合計特殊出生率の高い国は, 婚外子割合も高い傾向にあることが読み取れます。社会学者の阪井裕一郎は, 伝統的な家族主義が弱い国ほど出生率が高い

第1章 受任につながる予備知識

と分析し，「婚外パートナー関係や婚外出生率の増加が何をあらわしているか
をじっくり検討すること」[18]の重要性を述べています。

　欧米諸国では，1990年代頃から税や社会保障・相続・財産の分割等の権
利[注6]が事実婚（同棲）カップルにも与えられ，法律婚との間に大きな差がなく
なりました。その結果，事実婚（同棲）は「結婚の代替」として広く受け入れ
られるようになりました[19]。

　このような法律婚外のパートナーシップのあり方は，ライフスタイルの一つ
として事実婚を選択するカップルや同性カップルにとって注目に値するもので
しょう。日本には，法律婚外の関係を「登録」という形で保証する制度はあり
ません。しかし，実態に応じて内縁関係に法的保護が認められてきたように，
法律婚外の関係（同性カップル，選択的事実婚カップル等）にも法的保護を図るた
めの新たな仕組みが作られる可能性はあります。

　国際的には法律婚外の多様なパートナーシップのあり方が受容されつつあり
ます。日本も「内縁」の観点からだけでなく，新しいパートナーシップのあり
方としての「事実婚」の視点から，より広がりをもったパートナーシップのあ
り方を考える必要があります[注7]。

注6　フランスのPACS（民事連帯契約）や，スウェーデンのサムボ法（同棲法）といっ
　　た，婚姻法以外のパートナーシップ登録制度が作られた。異性・同性カップルどち
　　らも利用できる制度，同性カップルのみが利用できる制度など，国によって内容は
　　様々。
注7　実態把握の難しさから，日本において内縁，狭義の事実婚の包括的な調査はない。
　　参考になる調査としては，国勢調査をもとにした戸田貞三の「有配偶者数中におけ
　　る法律婚による有配偶者数と内縁関係にある有配偶者数」の調査（戸田1989），善
　　積京子や神原文子ら所属する家族ライフスタイル研究会による「非婚カップル調
　　査」（家族1993）など。

1-3 事実婚・内縁編

【図表1-12】婚外子割合と合計特殊出生率の国際比較

国名	合計特殊出生率	婚外子割合（%）
日本	1.33	2.4
韓国	0.84	2.5
トルコ	1.76	2.8
イスラエル	2.9	8.1
ギリシャ	1.28	13.8
ポーランド	1.38	26.4
スイス	1.46	27.7
カナダ	1.5	32.7
ドイツ	1.53	33.1
イタリア	1.24	33.8
オーストラリア	1.58	41.2
イギリス	1.56	44
ニュージーランド	1.61	48.3
ベルギー	1.72	52
オランダ	1.55	53.5
デンマーク	1.67	54.2
スウェーデン	1.66	55.2
ノルウェー	1.48	58.5
フランス	1.79	62.2
アイスランド	1.72	69.4
メキシコ	2.08	70.4
コスタリカ	1.72	72.5
チリ	1.68	75.1
OECD 平均	1.61	40.1

※ OECD Family Database（2020）を参考に筆者作成

【図表1-13】婚外子割合と合計特殊出生率の関連（国際比較）

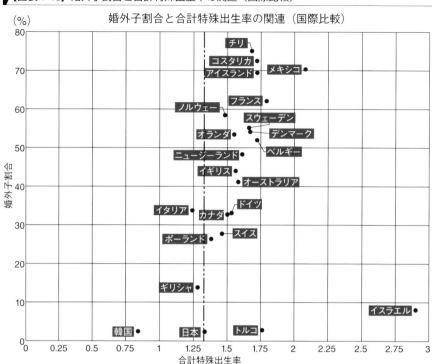

※OECD Family Database（2020）を参考に筆者作成

1-4 親亡き後の問題編

　ひきこもり当事者や障がい者といったハンディキャップを抱える人たちは，社会から声を聞かれにくい存在です。ここでは「親亡き後」問題に関わる専門家として望ましい姿勢（あり方）を考えます。

■1 ひきこもりへの偏見と実像

　ひきこもり問題は，ひきこもっている本人が「甘えている」「怠けている」のではないか，家族が「甘やかしているのではないか」という見方で語られるこ

とがあります。そのような見方の背景には，ひきこもりに至るまでの歴史や実情を知らないことがあるのではないでしょうか。

ひきこもりの専門家である精神科医の斎藤環は「ひきこもり」は独立した病名や診断名ではなく，ひとつの状態像を意味する言葉だと述べています[20]。厚生労働省は，ひきこもりを「仕事や学校に行かず，かつ家族以外の人との交流をほとんどせずに，6か月以上続けて自宅にひきこもっている状態」と定義しています。

2022（令和4）年の内閣府による「こども・若者の意識と生活に関する調査」によると，回答者のうち，広義のひきこもり[注8]状態にある人は推計146万人（15〜64歳）という結果が出ています。5人に1人はコロナ禍の影響を挙げていることからも，ひきこもりは社会状況やそのときの環境要因により，誰もがなりうる状態とも考えられるのではないでしょうか。

さらに注目すべきは，女性のひきこもりが，40歳〜64歳の層で半数を超え，52.3％であることです。これまでひきこもりの当事者は男性が多いといわれてきました。SNS上での情報や「ひきこもり女子会」の認知度が上がったことにより，性別役割分業意識から自身をひきこもりと自己定義していなかった女性たちにも当事者意識が広がり，その困難が顕在化したといえるでしょう。KHJ全国ひきこもり家族会連合会は，「これまで主婦・家事手伝いとされてきた人の中には，本当は夢や生きがいも追い求めたいのに，他者との関係が閉ざされたまま「女性だから」というジェンダーの差別と生きづらさを抱えた女性が多く含まれていたのではないか」[21]と指摘します。

人は様々な社会的背景や家族関係，個人史が複雑に絡まり合ってひきこもりという状態になります。そこに至るまでの歴史を知らずに社会参加や就労を促すだけでは，本質的な心の支援には結びつきません。行政書士は「心のケア」の専門家ではありませんが，個別具体的な解決策を導くためにも，家族，本人

注8 「ふだんは家にいるが近所のコンビニなどには出かける」「自室からは出るが家からは出ない」「自室からほとんど出ない」「ふだんは家にいるが，自分の趣味に関する用事の時だけ外出する」に該当する者。

第1章　受任につながる予備知識

それぞれが捉える人生の歴史を丁寧に聞き取りましょう。

　近年はひきこもりの「長期化・高年齢化」がクローズアップされています。ひきこもりの長期化により，同居する80代の親と50代の無職の子どもが社会から孤立する状況は「8050」問題と呼ばれています[22]。内閣府による2018（平成30）年の調査では，中高年層（40〜64歳）の引きこもりの人は，若年層（15〜39歳）の54万1,000人を上回り，61万3,000人と推計されています。

　家族問題を研究する社会学者の春日キスヨは，『変わる家族と介護』で親に依存して生活せざるを得ない「同居中年シングル」の存在を克明に描き出しています（p109「2-3 **3** 余儀なくおひとりさま」参照）。それは，ひきこもり等様々な問題を抱えた子どもを，高度経済成長期に働き盛りだったある程度経済力のある親が抱え込むという構図です。春日は，このような状況の家族は，親が要介護状態になった際に「家族危機」に陥るリスクが高いと指摘します[23]。親も子どもも，そのような切実な不安を抱えて生活しています。

　斎藤環は，長期に及ぶひきこもり問題は，本人や家族の自助努力だけでの解決は極めて難しいと述べています。また，ひきこもり状態から社会参加を果たしたケースに共通する特徴は「理解ある第三者」の介入がなされていることだと指摘します[24]。法制度や「手続き」に詳しい行政書士が，「理解ある第三者」の1人として援助に入ることは，非常に有効だと考えます。

2 障がい者と当事者主権

① 「障がい」とは何を指すのか

　「障がい者」の定義は時代によって変遷してきました。法制度の対象を正しく理解するためにも，各法律の障がい者の定義をチェックしておきましょう。

　障がいは「見える障がい」だけではありません。精神障がい等「見えない障がい」が数多く存在します。「障がい」の定義を理解することは，一面的な見方

1-4 親亡き後の問題編

を払拭し，個別的な困難を知る助けになります。以下に「障がい者（児）」の定義の規定がある主な法律を紹介します。

【図表1-14】法律別「障がい者（児）」[注9]の定義

法律名	定義
障害者基本法	障害者：身体障害，知的障害，精神障害（発達障害を含む）その他の心身の機能の障害がある者で，障害及び社会的障壁により継続的に日常生活又は社会生活に相当な制限を受ける状態にある者
障害者自立支援法	障害者：身体障害者福祉法第4条に規定する身体障害者，知的障害者福祉法にいう知的障害者のうち18歳以上である者及び精神保健及び精神障害者福祉に関する法律第5条に規定する精神障害者（知的障害者福祉法にいう知的障害者を除く）のうち18歳以上のである者 障害児：児童福祉法第4条第2項に規定する障害児及び精神障害者のうち18歳未満である者
障害者の日常生活及び社会生活を総合的に支援するための法律	障害者：身体障害者福祉法第4条に規定する身体障害者，知的障害者福祉法にいう知的障害者のうち18歳以上である者及び精神保健及び精神障害者福祉に関する法律第5条に規定する精神障害者（発達障害者支援法（平成16年法律第167号）第2条第2項に規定する発達障害者を含み，知的障害者福祉法にいう知的障害者を除く）のうち18歳以上である者並びに治療方法が確立していない疾病その他の特殊の疾病であって政令で定めるものによる障害の程度が主務大臣が定める程度である者であって18歳以上であるもの 障害児：児童福祉法第4条第2項に規定する障害児
身体障害者福祉法	身体障害者：別表に掲げる身体上の障害がある18歳以上の者であつて，都道府県知事から身体障害者手帳の交付を受けたもの ※別表 ①視覚障害②聴覚又は平衡機能の障害③音声機能，言語機能又はそしゃく機能の障害④肢体不自由⑤内部障害
精神保健及び精神障害者福祉に関する法律	精神障害者：統合失調症，精神作用物質による急性中毒又はその依存症，知的障害その他の精神疾患を有する者

注9　知的障害は個別法による定義規定がない。

第1章　受任につながる予備知識

発達障害者支援法	発達障害：自閉症，アスペルガー症候群その他の広汎性発達障害，学習障害，注意欠陥多動性障害その他これに類する脳機能の障害であってその症状が通常年齢において発現するものとして政令で定めるもの 発達障害者：発達障害を有するために日常生活又は社会生活に制限を受ける者 発達障害児：発達障害者のうち18歳未満の者
児童福祉法	障害児：身体に障害のある児童又，知的障害のある児童，精神に障害のある児童（発達障害者支援法（平成16年法律第167号）第2条第2項に規定する発達障害児を含む）又は治療方法が確立していない疾病その他特殊の疾病であつて障害者の日常生活及び社会生活を総合的に支援するための法律（平成17年法律第123号）第4条第1項の政令で定めるものによる障害の程度が同項の主務大臣が定める程度である児童 ※児童：満18歳に満たない者

②　障がい者に対する専門家のあり方

　社会福祉の分野では「当事者主権」という言葉が広く浸透しています。社会学者の上野千鶴子と，日本の障がい者運動を牽引してきた中西正司が共著『当事者主権』で打ち出した概念です。

　同書の中で，「当事者主権」は「私が私の主権者である，私以外のだれも―国家も，家族も，専門家も―私がだれであるか，私のニーズが何であるかを代わって決めることを許さない，という立場の表明」[25]だと定義されています。また「社会的弱者の自己定義権と自己決定権とを，第三者に決してゆだねない，という宣言」[26]だとも述べられています。

　これと対極にある立場が「パターナリズム（温情的庇護主義）」や「専門家主義」です。「パターナリズム」は，強い立場の者が弱い立場の者の利益になるという理由で弱い者の自律性を制限したり，干渉することをいいます。

　「当事者主権」は障がい者の自立生活運動の歴史の中で生み出された概念といえます。自立生活運動とは，非障がい者を標準としたふるまいを強制されてきた障がい者が，必要な支援を社会から得ることで，障がいを持ったまま，社

50

会的障壁を感じずに生活できる社会を目指す当事者運動です[27]。障がい者運動には「自分のことは自分で決める」と声をあげ続けてきた歴史があります。法律や制度の知識だけでなく，障がい者運動の歴史や変遷を学ぶことで，より相談者のニーズが見えやすくなります。

　行政書士は国家資格を与えられた「専門家」です。しかし「専門家」の「かわいそうなあなたのために，最適な選択肢を提供してあげる」という立場は，「無知」で「無力」な相談者を専門知で支配するという構図を作り出す可能性があります。「かわいそう」という優しさに似た同情の気持ちを抱くことは，パターナリズムに陥る要因でもあるのです。

　私たちは専門家である立場を変えることはできません。だからこそ「当事者主権」の立場を理解し，当事者の自己決定権を尊重する必要があります。相談者の困りごとに対し決めつけや型に当てはめた解決策を提案するのではなく，当事者が自己決定に基づいた選択が可能となるサポートを心がけましょう。

▌1-5　ひとり親家庭編

　ここでは「ひとり親家庭」の実態をデータから考察していきます。さらに業務上必須の知識である「配偶者間暴力（DV）」について紹介します。

■ ひとり親家庭の多様な形態

　母子家庭・父子家庭を総称するひとり親家庭[注10]は家族の一形態です。一方で，メディア等では「シングルマザーの貧困」といった取り上げ方が多く，ひとり親家庭の困難＝母子家庭の困難と捉えがちです。しかし当然ながら，ひとり親家庭にも様々な形態があります。ひとり親家庭になった理由も多岐に渡

注10　社会学者の神原文子は，「子づれシングル」という用語を提案する。「親」という部分だけを強調するのではなく，「子どもがいるシングルの一生活者」を表すユニバーサルな呼び名だとしている[28]。

第1章　受任につながる予備知識

り，ひとり親のジェンダー差や経済状況によって抱える困難も異なります。死別や離別にも様々なケースがあります。

　ひとり親家庭の支援措置について定めた「母子及び父子並びに寡婦福祉法」は「配偶者のない女子（男子）」を以下のように定義しています。広義のひとり親家庭には，明確な死別や離別だけでなく個別的な事情に即したケースが含まれていることがわかります。

第6条　この法律において「配偶者のない女子」とは，配偶者（婚姻の届出をしていないが，事実上婚姻関係と同様の事情にある者を含む。以下同じ。）と死別した女子であつて，現に婚姻（婚姻の届出をしていないが，事実上婚姻関係と同様の事情にある場合を含む。以下同じ。）をしていないもの及びこれに準ずる次に掲げる女子をいう。

　一　離婚した女子であつて現に婚姻をしていないもの

　二　配偶者の生死が明らかでない女子

　三　配偶者から遺棄されている女子

　四　配偶者が海外にあるためその扶養を受けることができない女子

　五　配偶者が精神又は身体の障害により長期にわたつて労働能力を失つている女子

　六　全各号に掲げる者に準ずる女子であつて政令で定めるもの

2　この法律において「配偶者のない男子」とは，配偶者と死別した男子であつて，現に婚姻をしていないもの及びこれに準ずる次に掲げる男子をいう。

　一　離婚した男子であつて現に婚姻をしていないもの

　二　配偶者の生死が明らかでない男子

　三　配偶者から遺棄されている男子

　四　配偶者が海外にあるためその扶養を受けることができない男子

　五　配偶者が精神又は身体の障害により長期にわたつて労働能力を失つている男子

　六　全各号に掲げる者に準ずる男子であつて政令で定めるもの

※平成26年（2014）の改正で，父子家庭を対象に加え，題名が「母子及び寡婦福祉法」から改題された。

　ひとり親家庭の多様な形態を知るには，ひとり親家庭を対象にした調査が参考になります。以下に，厚生労働省の「令和3年度　全国ひとり親世帯等調査結果の概要」，「国民生活基礎調査の概要」（2022）による「貧困率の年次推移」を紹介します。

【図表1-15】令和3年度　全国ひとり親世帯等調査の結果概要

【母子世帯と父子世帯の状況】

		母子世帯	父子世帯
1	世帯数	119.5万世帯（123.2万世帯）	14.9万世帯（18.7万世帯）
2	ひとり親世帯になった理由	離婚　79.5％（79.5％） ［79.6％］ 死別　5.3％（8.0％） ［5.3％］	離婚　69.7％（75.6％） ［70.3％］ 死別　21.3％（19.0％） ［21.1％］
3	就業状況	86.3％（81.8％） ［86.3％］	88.1％（85.4％） ［88.2％］
	就業者のうち　正規の職員・従業員	48.8％（44.2％） ［49.0％］	69.9％（68.2％） ［70.5％］
	うち　自営業	5.0％（3.4％） ［4.8％］	14.8％（18.2％） ［14.5％］
	うち　パート・アルバイト等	38.8％（43.8％） ［38.7％］	4.9％（6.4％） ［4.6％］
4	平均年間収入 　［母又は父自身の収入］	272万円（243万円） ［273万円］	518万円（420万円） ［514万円］
5	平均年間就労収入 　［母又は父自身の就労収入］	236万円（200万円） ［236万円］	496万円（398万円） ［492万円］
6	平均年間収入 　［同居親族を含む世帯全員の収入］	373万円（348万円） ［375万円］	606万円（573万円） ［605万円］

※令和3年度の調査結果は推計値であり，平成28年度の調査結果との比較には留意が必要。

第1章　受任につながる予備知識

※（　）内の値は，前回（平成28年度）調査結果を表している（平成28年度調査は熊本県を除いたものである）。
※［　］内の値は，今回調査結果の実数値を表している。
※「平均年間収入」及び「平均年間就労収入」は，令和2年の1年間の収入。
※集計結果の構成割合については，原則として，「不詳」となる回答（無記入や誤記入等）がある場合は，分母となる総数に不詳数を含めて算出した値（比率）を表している。

(参考) 厚生労働省「令和3年度　全国ひとり親世帯等調査結果の概要」p1

【図表1-16】貧困率の年次推移

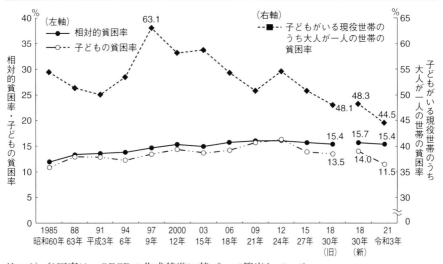

注：1）貧困率は，OECDの作成基準に基づいて算出している。
　2）大人とは18歳以上の者，子どもとは17歳以下の者をいい，現役世帯とは世帯主が18歳以上65歳未満の世帯をいう。
　3）等価可処分所得金額不詳の世帯員は除く。
　4）1994（平成6）年の数値は，兵庫県を除いたものである。
　5）2015（平成27）年の数値は，熊本県を除いたものである。
　6）2018（平成30）年の「新基準」は，2015年に改定されたOECDの所得定義の新たな基準で，従来の可処分所得から更に「自動車税・軽自動車税・自動車重量税」，「企業年金の掛金」及び「仕送り額」を差し引いたものである。
　7）2021（令和3）年からは，新基準の数値である。

(出所) 厚生労働省「国民生活基礎調査の概要」（2022）

1-5　ひとり親家庭編

「大人が一人の世帯（ひとり親世帯）」の貧困率は，相対的貧困率[注11]と比べても，圧倒的に高いことがわかります（【図表 1-16】参照）。最新値である 2021（令和 3）年のひとり親世帯の貧困率は，44.5％です。

ひとり親家庭は母子家庭が多数を占めています（p53【図表 1-15】参照）。母子家庭と父子家庭の平均年間収入が 200 万円以上の差があることからも，母子家庭の貧困問題が顕著であるといえるでしょう（p53【図表 1-15】参照）。母子家庭は父子家庭に比べ「パート・アルバイト等」の就業形態が多く，不安定な雇用状態を選択せざるを得ない背景には，男女の賃金格差や職業選択時のジェンダー問題等，構造的な問題があると推測できます。

❷ 離婚理由から配偶者間暴力を考える

ひとり親世帯になった理由は母子家庭・父子家庭ともに「離別」が最も多く，母子家庭においては約 8 割にのぼります（p53【図表 1-15】参照）。離別理由は「その後」の生活に大きく関わる問題です。以下に，令和 2 年司法統計（2020）の「申立ての動機別の婚姻関係事件数」から，妻・夫別の離婚理由を紹介します。

注 11　平均的な所得中央値の一定割合しか所得がない人の割合。国民生活基礎調査においては，一定基準（貧困線）を下回る等価可処分所得しか得ていない者の割合。

第1章 受任につながる予備知識

【図表1-17】申立ての動機別 婚姻関係事件数

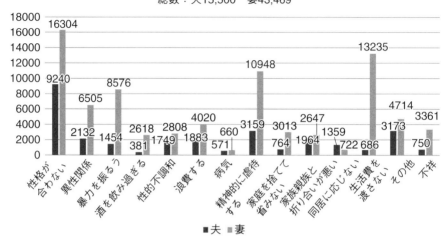

(参考) 令和2年度司法統計
※申立ての動機は、申立人の言う動機のうち主なものを3個まで挙げる方法で調査重複集計されている。

　妻の離婚理由の上位に挙がっている「精神的に虐待する」「生活費を渡さない」「暴力を振るう」や夫の離婚理由3位の「精神的虐待をする」は、配偶者間暴力の様々な形態を示しています。離婚において、男女共に配偶者間の暴力が大きな要因になっていることがわかります。

　2001（平成13）年の「配偶者からの暴力の防止及び被害者の保護等に関する法律」（以下「DV防止法」）制定後、「DV（ドメスティック・バイオレンス）」という用語が広く認知されるようになりました。DV防止法は、配偶者からの暴力に係る通報・相談・保護・自立支援等の体制を整備し、配偶者からの暴力の防止及び被害者の保護を図ることを目的とする法律です。これにより、それまで「痴話喧嘩」「夫婦喧嘩」として見過ごされてきた家庭内の暴力が、看過できない問題として捉えられるようになりました。最近では、精神的暴力（言葉の暴力や

1-5 ひとり親家庭編

【図表1-18】配偶者からの被害経験の有無

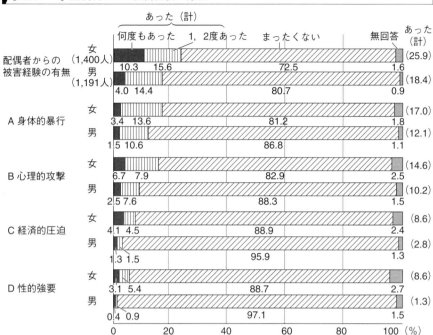

資料：内閣府男女共同参画局「男女間における暴力に関する調査」（令和3年（2021年）3月）より政府広報室作成

（出所）https://www.gov-online.go.jp/useful/article/201411/1.html

支配的な態度で人格をおとしめ，精神的に追い詰めること）を指す「モラルハラスメント」の用語の広まりもあり，配偶者間暴力への問題意識が高まっているとも言えるでしょう。

配偶者からの被害経験の有無をみると，女性の約4人に1人，男性の約5人に1人が，配偶者から被害を受けた経験があるということになります。A〜Dのいずれの暴力形態を見ても，女性の被害割合は男性の被害割合を上回っています。被害割合は女性の方が多いものの，男性の被害経験も軽視できるものではありません。「男性は弱さを見せてはならない」というジェンダー規範が根強くある場合，被害を訴えることが困難になるといった，男性ならではの苦し

第1章 受任につながる予備知識

みもあります。

親密な関係では,「相手は自分のものである」という所有感覚を抱きやすくなります。そのような気持ちが相手をコントロールしたいという欲求に繋がり,暴力を手段として相手を思い通りに支配してしまうのです。図表1-19は,「パワーとコントロール(力と支配)の車輪」と呼ばれています[29]。表面に見えやすい身体的暴力(=外輪)を回すのは,心理的暴力や経済的暴力,性的暴力等の見えにくい暴力(=車軸)です。この車輪の外側にある性別規範や社会通念,援助システムの不備等は,暴力の車輪が回ることを加速させます。DVという問題は,配偶者間だけでなく,社会全体の問題と捉えることが大切です。

【図表1-19】パワーとコントロールの車輪

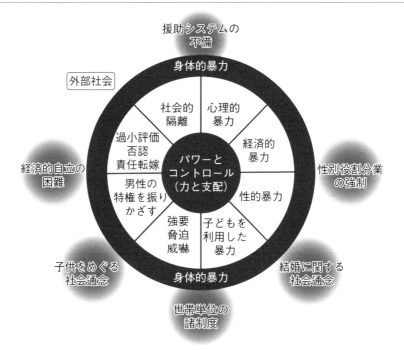

(出所)大阪府「人権学習シリーズ みえない力 DVを切り口に力関係を考える/共通資料 DVはパワーとコントロール(力と支配)の関係」

1-5 ひとり親家庭編

　DV 防止法の対象は「配偶者からの暴力」[注12,13]です。「暴力」には，身体的暴力だけでなく心身に有害な影響を及ぼす言動（心理的・性的暴力）も含まれます（p57【図表 1-18】参照）。

【図表 1-20】DV 防止法における用語の定義

| 暴力 | 身体に対する暴力又はこれに準ずる心身に有害な影響を及ぼす言動を指す。精神的・性的暴力も含む。保護命令の申立ては身体に対する暴力又は生命等に対する脅迫が対象。【令和 5 年改正】自由，名誉又は財産に対する加害の告知による脅迫を受けた者を追加。 |
| 配偶者 | 男女を問わない。事実婚や元配偶者も含まれる。生活の本拠を共にする交際相手，元生活の本拠を共にする交際相手も対象。 |

　DV 防止法の概要は以下のとおりです。

___

注 12　配偶者からの暴力の防止及び被害者の保護等に関する法律の一部を改正する法律が 2024（令和 6）年 4 月 1 日から施行される。保護命令制度が拡充され，保護命令違反が厳罰化される。

注 13　2007（平成 19）年西日本の地裁で，同性パートナーから暴力を受けていた女性の申立てを受け，相手方の女性に保護命令が出された（日本経済新聞 2010 年 8 月 31 日夕刊）。同性カップル間の暴力はカミングアウトの難しさからも表面化しにくい。警察官や司法関係者，医療関係者，法律専門家らの理解が必須である。DV 相談の対象を同性間の暴力にも拡充する窓口も増えつつある。相談窓口の拡充を期待したい。

第1章 受任につながる予備知識

【図表1-21】DV防止法の概要

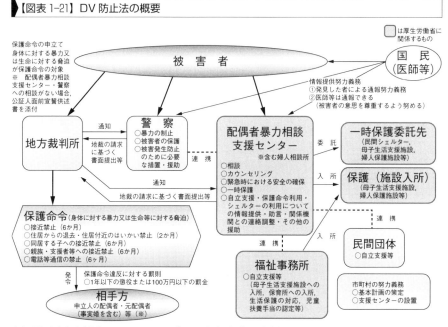

(出所)厚生労働省ホームページ「ひとり親家庭の支援について」
(http://www.mhlw.go.jp/stf/seisakunitsuite/bunya/kodomo/kodomo_kosodate/boshi-katei/index.html)

　DV防止法の関連で必ず押さえておきたいのは，住民票の写しや戸籍の附票の「閲覧制限措置制度」です（ストーカー被害，児童虐待及びこれらに準ずる行為も適用）。「住民基本台帳の一部の写しの閲覧及び住民票の写し等の交付に関する省令の一部を改正する省令」及び「戸籍の附票の写しの交付に関する省令の一部を改正する省令」の公布により，2004（平成16）年7月1日から実施されています。被害者が市区町村に対してDV等支援措置を申し出て，支援の必要性が確認された場合は，申出対象の相手方からの閲覧・交付を制限（拒否）する措置が取られます。制限の対象となるのは以下のものです。

・住民基本台帳の閲覧
・住民票の写し等の交付（現住所地）

1-5 ひとり親家庭編

- 住民票（除票）の写し等の交付（前住所地）
- 戸籍の附票の写しの交付（現本籍地）
- 戸籍の附票の写しの交付（前本籍地）

職務上請求書の使用を認められた行政書士が，その誤った使用により，被害者の情報を加害者に伝えるようなことはあってはなりません。被害者の生命に関わる重大な問題であることを肝に銘じましょう。閲覧制限措置を受けるための手続きは以下のとおりです。

【図表1-22】閲覧制限措置を受けるための手続きの流れ

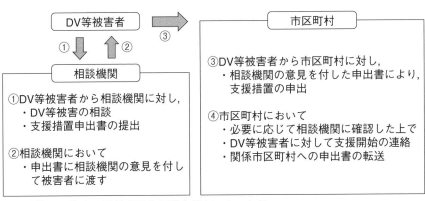

（出所）警察庁ホームページ

2024（令和6）年4月1日からは，不動産登記法が改正され，登記記録に記録されている個人の住所が明らかになることにより，生命・身体に危害が及ぶおそれがある場合や，それに準ずる有害な影響がある場合は，登記事項証明書等に住所に代わる事項[注14]が記録されることになりました。本改正により，

注14 委任を受けた弁護士等の事務所や被害者支援団体等住所，法務局の住所等を想定している。

第 1 章　受任につながる予備知識

DV 被害者等が不動産を所有している場合に，登記名義人の現住所から加害者等に居所が判明するリスクを避けることができます。相続登記や住所変更登記等の申請義務化に併せて，DV 被害者等を保護する措置を法制化されたものです。

　さらに，「行方不明者届の不受理措置」も重要な対策です。「配偶者からの暴力等による被害者を自ら防止するための警察本部長等による援助に関する規則」では，被害者が警察本部長等に「援助申出書」を提出できる旨が定められています。この申出により，行方不明届を提出する者が DV 加害者・ストーカー等であった場合には，警察では行方不明届が[注15]受理されなくなります。行方を追跡しようとする加害者から身を守るためにも，有効な対策です。

　行政書士が内容証明の作成や刑事告訴状作成等で DV 支援に関わることも考えられます。DV・ストーカー等に関わるケースでは，チーム対応が必須であるため，各連携機関の役割を熟知している必要があります。法制度の仕組みと共に，改正情報もこまめにチェックしましょう。

❸ 女性支援新法を理解する

　2024（令和6）年 4 月 1 日より，女性支援に関する新法「困難な問題を抱える女性への支援に関する法律」（以下「困難女性支援法」）が施行されます。同法は，これまで困難におちいった女性を支援する際の根拠法となってきた「売春防止法」を見直し，女性を「保護・更生」の対象とするのではなく，人権尊重の視点から，本人に寄り添う細やかな支援を実現しようとするものです。基本理念には，「女性の福祉」「人権の尊重や擁護」「男女平等」といった視点を明確に規定されています。

　昨今の女性をめぐる困難は，家族問題や経済要因，性的搾取等の要素が複雑に絡み，多様化・複合化・複雑化しているといわれます。日本のジェンダー

注 15　行方不明届は以下のものが届け出ることができる。①親権者，後見人，②配偶者（事実上婚姻関係と同様の事情のにある者を含む），③現に監護する者，④福祉事務所の職員，⑤同居人，雇主その他社会生活において密接な関係を有する者

ギャップ指数[注16] (GGI) が，2023年に過去最低順位の世界146カ国中125位であったことも鑑みれば，あえて「女性」[注17]の生活困難に対応する支援策を掲げる必要性が高まっているともいえます。同法の対象者は広く，DV被害者や，経済的困窮状態にある「余儀なくおひとりさま」，シングルマザー，孤立状態にある単身高齢者，トランスジェンダー女性など，あらゆる困難を包括する仕組みになっています。行政書士も，そのような相談者を関係機関に繋ぎ，共に援助する姿勢が必要になります。

【図表1-23】売春防止法と困難女性支援法の比較

	売春防止法 施行：昭和37年10月1日	困難女性支援法 施行：令和6年4月1日
目的	売春を行うおそれのある要保護女子に対する補導処分及び保護公正の措置を講じ，売春防止を図る	困難な問題を抱える女性の支援施策を推進し，人権が尊重され，女性が安心してかつ自立して暮らせる社会の実現に寄与する
対象	要保護女子：性行又は環境に照らして売春を行うおそれがある女子	性的な被害，家庭の状況，地域社会との関係性その他の様々な事情により日常生活又は社会生活を円滑に営む上で困難な問題を抱える女性（そのおそれのある女性） ※年齢，障害の有無，国籍等を問わない ※トランスジェンダー女性を含む[30]
施設	婦人保護施設 要保護女子を収容保護するための施設	女性自立支援施設 困難な問題を抱える女性の意向を踏まえながら，その心身の回復を図るために必要な支援を行う

注16　男女の違いで生じる格差を，政治・経済・教育・健康の4分野から数値化したもの。毎年スイスの非営利財団「世界国際フォーラム」が公表している。日本は特に政治・経済分野の値が低い。

注17　基本方針は，性自認が女性であるトランスジェンダーの者について，「トランスジェンダーであることに起因する人権侵害・差別により直面する困難に配慮し，その状況や相談内容を踏まえ，他の支援対象者にも配慮しつつ，関係機関等とも連携して，可能な支援を検討することが望ましい」としている。

第1章　受任につながる予備知識

相談機関	婦人相談所 要保護女子の相談，必要な調査並びに医学的，理学的及び機能的判定を行い，必要な指導を行う 一時保護を実施する	女性相談支援センター 困難な問題を抱える女性の立場から相談に応じ，必要な情報提供や関係機関との連絡調整を行う 一時保護を実施する ※都道府県に設置義務
相談員	婦人相談員 要保護女子の発見，相談，指導等を行う	女性相談支援員 困難な問題を抱える女性の発見に努め，その立場に立って相談に応じ，専門的技術に基づく援助を行う ※都道府県配置義務，市町村配置努力義務

【図表1-24】困難女性支援法の概要

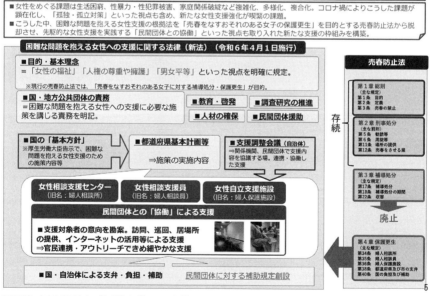

(出所) 厚生労働省「困難を抱える女性への支援」

引用・参考文献

第 1 章

(1) 厚生労働省『平成 28 年国民生活基礎調査の概況』2017, p56

(2) 比較家族史学会『現代家族ペディア』2015, 弘文堂, p164

(3) 永田夏来／松木洋人編『入門家族社会学』2017, 新泉社, p34

(4) 若林靖永／樋口恵子『2050 年超高齢社会のコミュニティ構想』2015, 岩波書店, p32

(5) 比較家族史学会『現代家族ペディア』2015, 弘文堂, p192

(6) 井上輝子／江原由美子『女性のデータブック〔第 4 版〕』2005, 有斐閣, p4

(7) 井上輝子／江原由美子『女性のデータブック〔第 4 版〕』2005, 有斐閣, p4

(8) 比較家族史学会『現代家族ペディア』2015, 弘文堂

(9) 朝日新聞「LGBT 知っていても, SOGI は？　ジェンダー用語の認知度を調査」

(10) 【声明】東京都の条例のポイントに対する LGBT 法連合会の受け止めについて https://lgbtetc.jp/news/1214/

(11) 社会福祉法人共生会 SHOWA 編著『性的マイノリティサポートブック』かもがわ出版, 2021, p18

(12) 令和元年度厚生労働省委託事業職場におけるダイバーシティ推進事業報告書

(13) 神谷悠一『差別は思いやりでは解決しない』2022, 集英社, p49

(14) 曽田多賀／紙子達子／鬼丸かおる『内縁・事実婚をめぐる法律実務』2013, 新日本法規出版, p4

(15) 杉浦郁子／野宮亜紀／大江千束『パートナーシップ・生活と制度』2016, 緑風出版, p53

(16) 二宮周平『家族法第四版』2013, 新世社, p138

(17) 杉浦郁子／野宮亜紀／大江千束『パートナーシップ・生活と制度』2016, 緑風出版

(18) 阪井裕一郎『結婚の社会学』2024, ちくま新書, p153

(19) 永田夏来／松木洋人編『入門家族社会学』2017, 新泉社

(20) 畠中雅子『高齢化するひきこもりのサバイバルプラン』2012, 近代セールス社

(21) 「ひきこもり全国推計」に関する KHJ の見解 https://www.khj-h.com/news/statement/8862/

(22) 朝日新聞 2017 年 12 月 30 日朝刊

(23) 春日キスヨ『変わる家族と介護』2010, 講談社現代新書

(24) 畠中雅子『高齢化するひきこもりのサバイバルプラン』2012, 近代セールス社

第 1 章　受任につながる予備知識

(25)　上野千鶴子／中西正司『当事者主権』2015，岩波新書，p4

(26)　上野千鶴子／中西正司『当事者主権』2015，岩波新書，p17

(27)　上野千鶴子／中西正司『当事者主権』2015，岩波新書

(28)　神原文子『子づれシングル』2010，明石書店

(29)　千野洋見「東京ウィメンズプラザ令和2年度配偶者暴力（DV）防止講演会講演録」
　　　https://www.twp.metro.tokyo.lg.jp/seminar/tabid/399/Default.aspx

(30)　困難な問題を抱える女性への支援のための施策に関する基本的な方針（厚生労働
　　　省告示第 111 号）

第2章 面談前の準備「おひとりさま」編

　「おひとりさま」の相談者が求めているのは，その生き方や選択をそのまま肯定されることです。「おひとりさま」の人生やその歴史は実に多様です。人は，今抱えている不安や困難に対し，具体的な対応策があると知るだけで心が軽くなります。行政書士が「おひとりさま」のよりどころの一つになることを知ってもらい，「高齢期から死後にわたる継続的なサポーター」として当事者目線の解決策を提案しましょう。

【図表2-1】第2章の流れ

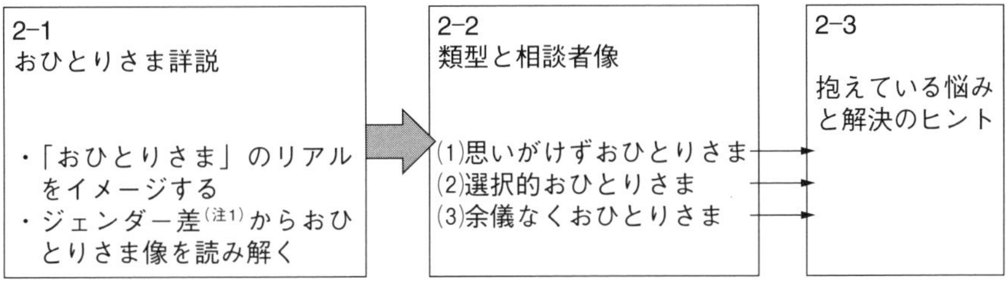

2-1 おひとりさま詳説	2-2 類型と相談者像	2-3 抱えている悩み と解決のヒント
・「おひとりさま」のリアル 　をイメージする ・ジェンダー差^(注1)からおひ 　とりさま像を読み解く	(1)思いがけずおひとりさま → (2)選択的おひとりさま → (3)余儀なくおひとりさま →	

2-1　おひとりさま詳説

　はじめに「言葉」の面から「おひとりさま」の変遷をたどります。その後，おひとりさま像をジェンダー視点を持って捉え直し，ニーズを読み解いていきます

注1　ジェンダー（gender）：身体的（生物学的）性差を表す「セックス（sex）」に対し，社会的（文化的）性差を表す言葉。現在では，セックスとジェンダーを区別する意味が問われ，ジェンダーは広く「性別や性差に関する知（知識・認識）」と定義されている。それにより，「社会通念化した男女観の歴史性や思い込みの構造などを分析の俎上に載せることが可能になった。」[1]

67

第 2 章　面談前の準備「おひとりさま」編

■1 おひとりさまって？

　「おひとりさま」という用語に新しい意味が付与されたのは，岩下久美子著
『おひとりさま』が出版された 2001（平成 13）年です。岩下は著書の中で「お
ひとりさま」を「シングル（独身）主義ではないし，非婚提唱でもない。自閉
でも孤立でもない。人間として当たり前の「個」の確立ができている大人のこ
と」[2] と定義し，「おひとりさま」は自立した大人の女性を表す用語になりまし
た。その後，社会学者の上野千鶴子は 2007（平成 19）年の著書『おひとりさま
の老後』で，高齢単身女性の生き生きとした老後を描き，「おひとりさまでも
大丈夫」という力強いエールを送りました。

　上野の「結婚したひとも，結婚しなかったひとも，最後はひとりになる」[3]
という言葉は，誰もがおひとりさまになり得るということを気づかせ，肯定的
なおひとりさま像を広く浸透させました。

　もちろん「おひとりさま」以前も，非婚（未婚）女性を表す言葉は存在しま
した。歴史学者の鹿野政直は，1980 年代には「シングル」「シングルズ」「シ
ングルウーマン」「シングルライフ」といった用語が現れたと述べています[4]。
それに続いて流通した「非婚」は，ライフスタイルの一つとして男性にも共感
をもって迎えられました。

　かつては「おひとりさま」であることに対し，男性の場合は「男やもめ」，女
性の場合は「いかず後家」「オールドミス」といった否定的な表現が使われて
いました。シングル女性への偏見の眼差しは，シングル男性よりも強いもので
した。「おひとりさま」はそのような不寛容な時代を経て，ポジティブに捉え
直されるようになりました。

　現代の日本おいて「おひとりさま」はもはやマイノリティではありません。
NPO 法人「高齢社会をよくする女性の会」の樋口恵子は，超高齢化社会の現状
を「人生 100 年時代」[5] と呼んでいます。「高齢化・少子化・非婚（未婚）化」
が進めば，おひとりさまは否応無しに増えていきます。

上野は「ひとは死別・離別・非婚でおひとりさまに」[6]なると述べています。本書では「非婚」のほかに「未婚」という要因もつけ足します。「選択的おひとりさま」を非婚，「余儀なくおひとりさま」を未婚とし，その背景と困りごとを整理していきます。

相談者の「おひとりさまの歴史」がわからなければ，オーダーメイドの解決策を導くことはできません。多様なおひとりさまのあり方を知ることは，相談者の困りごとに寄り添うための第一歩です。

2 ジェンダー視点でおひとりさまを捉えると?

近年「自分らしい最期」を迎えたいと考える人が増えています。2012（平成24）年には「終活」が流行語トップテンにランクインしました。

「配偶者と死別した独居高齢者の人間関係」に関する興味深い調査があります[7]。配偶者との死別後一人暮らしをする60〜79歳までの男女を対象に，「近所づきあい」や「頼れる人がいるか」といった項目でアンケート調査を行ったものです。

近所づきあいの頻度や交流の内容をみると，男女で大きな差があることがわかります。近所の人とほとんど話（あいさつ程度の会話や世間話）をしないと答えた男性は 24.4 ％で，女性は 10.0 ％でした。

交流の内容は，男性の回答率が半数を超えたのは「あいさつを交わす」（55.4 ％）のみでした。女性はそれ以外にも，「外でちょっと立ち話をする」（69.8 ％）「物をあげたりもらったりする」（57.6 ％）人が半数を超え，人付き合いのバリエーションが豊かなことがわかります。

さらに「困った時に助け合う」「困ったことがあれば相談し合う」人は，女性が 3 割以上いるのに対し，男性は 1 割しかいませんでした。この違いは，次項で紹介する「セルフ・ネグレクト」のリスクにも関わると考えられます（p70「2-1 **3** おひとりさまとセルフ・ネグレクト」参照）。

病気で寝込んだ時に頼れる人の有無に関する問いでは，男性の最も多い回答

第 2 章　面談前の準備「おひとりさま」編

が「そんなことで人に頼りたくない」(32.2 %) でした。「該当する人はいない」
(24.6 %) とした人と合わせると，男性は誰にも「頼らない・頼れない」人が半
数以上いることがわかります。女性は「子や孫」(39.4 %) に頼る人が最も多
く，身内に頼る人が半数以上いました。

　心配ごとや悩みを相談したい相手を「友人」と答えた人は，女性が 42.2 %，
男性が 20.8 % でした。男性は病気の際頼れる人の項目同様「そんなことで人
に頼りたくない」(36.8 %) 人が最多でした。「該当する相手はいない」(21.6 %)
とした人と合わせると，半数以上の男性が心配ごとや悩みを相談できない環境
にあることがわかります。

　この調査から読み取れるのは，現在高齢期にある男性の「自立」へのこだわ
りと他者に「弱さ」を開示することの難しさです。交流相手や頼れる人の不在
は，孤立への不安を高めます。困りごとを抱えた際も，1 人で抱え込むことで
負のスパイラルに陥ってしまいます。

　配偶者と死別した男性と相続業務等で関わった際は，今後も行政書士が相談
先の一つとなることを伝えましょう。「見守り契約」の紹介など，孤立防止策
を考える必要があります。相談者にとって「繋がり」を持つことの障壁が何で
あるのか，じっくり読み解く視点が大切です。

　データで示されるジェンダー差は，相談者を表す要素のすべてではありませ
ん。しかし，社会的・文化的に刷り込まれた「男らしさ」や「女らしさ」は，
私たちの思考・行動に大きく影響しています。一つの傾向として，ジェンダー
差を通して相談内容を点検してみましょう。

■3 おひとりさまとセルフ・ネグレクト

　「セルフ・ネグレクト」は自己放任・自己放棄と訳されます。「自分による自
分自身の世話の放棄」によって様々な問題を引き起こしている状態を表しま
す。近年高齢者のセルフ・ネグレクトがニュース等でも取り上げられるように
なりました。

70

それに対し，「自己」放任ならば自己責任であり，他者が介入する必要はないという声もあります。しかし様々な事情で「申請主義」の行政窓口に積極的にアクセスできない人もいます。

行政サービス（福祉サービス）にアクセスするには，自分が受けられるサービスの内容を調べ，申請に必要な書類の収集をするといった手続きが必要です。これは，既にセルフ・ネグレクトに陥っている人やハンディキャップを抱える人にはハードルが高く感じられるでしょう。遠慮や気兼ねをし，我慢強く自分でなんとかしようとする人は，なおさら SOS を発することができません[8]。

東京都足立区では，2013（平成 25）年に全国初のゴミ屋敷のための条例が施行されました（足立区「生活環境の保全に関する条例」）。その後も他自治体も続々と同様の条例を制定しています。これはセルフ・ネグレクトに対応する画期的な条例です。

足立区はかつての縦割り行政の弊害を鑑みて「ゴミ屋敷問題」の専門部署を新設し，相談窓口の一元化を図りました。強制的にゴミを処分する「行政代執行」はなるべく避け，対話ベースの支援による根本的な解決を目指しています[9]。他の自治体でも同様の仕組みが確立し始めています。

2018（平成 30）年には，「住居の荒廃をめぐる法務と福祉からの対応策に関する研究会」による日本で初めての荒廃住宅に関する全国自治体調査実施されました。本調査によれば，荒廃住宅に居住する当事者は，男性は 62.1 ％，女性は 37.9 ％であり，65 歳以上が 55.9 ％，40〜64 歳が 39.1 ％，30 歳以下が 5.0 ％でした。考えられる発生要因は，以下のとおりです。

【発生要因】

1	家族や地域からの孤立	26.3 ％
2	統合失調症やうつ病などの精神疾患	25.5 ％
3	経済的困窮	24.9 ％

| 4 | 認知症 | 22.6 % |
| 5 | 身体能力の低下，身体疾患 | 21.0 % |

　今後行政書士には「①セルフ・ネグレクトのリスクを察知し，見守り体制をファシリテートする，②セルフ・ネグレクト状態に陥った当事者を行政サービスにつなげる」といった役割が求められます。市民の生活に近い「街の法律家」だからこそできる支援です。

① セルフ・ネグレクトの特徴

　セルフ・ネグレクト問題に詳しい岸恵美子をはじめとする専門家グループは，日本で初めてセルフ・ネグレクトの高齢者に関する全国調査を行いました（調査対象：地域包括支援センター）。調査の分析から，岸らは以下のような状態を「支援が必要なセルフ・ネグレクトの状態」としています（【図表2-2】参照）。

　また，セルフ・ネグレクトの主要な概念を，個人衛生の悪化と健康行動の不足という要素を持つ「セルフケアの不足」，環境衛生の悪化と不十分な住環境の整備という要素を持つ「住環境の悪化」を2大要素として整理しています

【図表2-2】セルフ・ネグレクトの状態

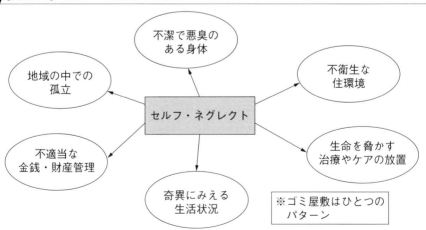

（参考）岸恵美子編『セルフ・ネグレクトの人への支援』(2015) p6

2-1 おひとりさま詳説

【図表2-3】 セルフ・ネグレクトの概念

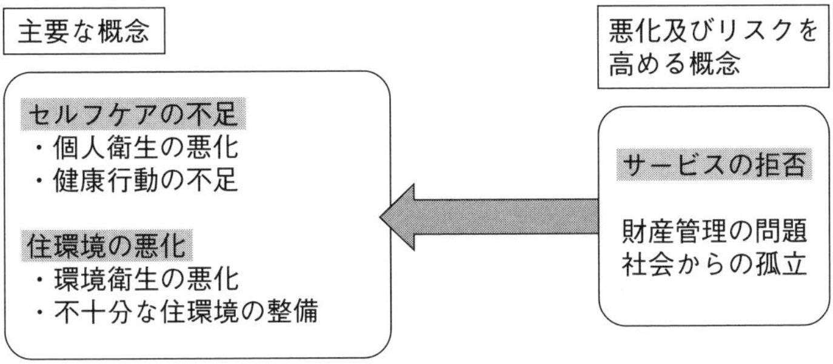

主要な概念

悪化及びリスクを
高める概念

セルフケアの不足
・個人衛生の悪化
・健康行動の不足

住環境の悪化
・環境衛生の悪化
・不十分な住環境の整備

サービスの拒否

財産管理の問題
社会からの孤立

(参考) 岸恵美子編『セルフ・ネグレクトの人への支援』(2015) p10

(p73【図表2-3】参照)。そのような状況をさらに重度化・深刻化させるのが当事者の「サービス拒否」です。サービス拒否があると細かな状態が確認できず，適切な支援に結びつけることができません。

② セルフ・ネグレクトのリスクファクター

　岸らは，セルフ・ネグレクトに陥るリスクを高める要因として以下の11の要素を挙げています。これらの要素は，本書で取り上げる様々な問題の背景と直結するものばかりです。

　行政書士は，相続業務等でライフイベント（人生において遭遇する重大な出来事）の渦中にある相談者と出会うことになります。セルフ・ネグレクトを未然に防ぐためにも，そのリスクを感じられる相談者には適宜情報提供を行い，アフターフォローとしての声かけをするといった工夫が必要です。

73

第2章　面談前の準備「おひとりさま」編

【図表2-4】セルフ・ネグレクトのリスクを高める要因11

要素	説明
1　精神・心理的な問題	認知症，統合失調症や妄想性障害，うつ，依存症，アルコール問題，不安障害，強迫性障害，パーソナリティ障害，感覚障害などを抱えている場合
2　ライフイベント	家族や親しい人の死，病気，リストラといったショックな出来事により生きる意欲が失われている場合
3　プライドが高い／遠慮・気兼ね	「人の世話にはなりたくない」「世話になるには申し訳ない」という気持ちから，サービスを拒否する場合
4　壮年期のひきこもりからの移行	両親の死後，経済的基盤・生活の基盤が崩れてしまう→「親亡き後」の問題
5　人間関係のトラブル／家族・親族・地域・近隣等からの孤立	他者とのコミュニケーションに問題を抱え，人・社会への信頼感が失われている場合
6　貧困・経済的困難	医療費や介護サービスの自己負担額を支払うことができず，生活保護等の支援にも繋がれない場合
7　サービスの多様化・複雑化による手続きの難しさ	役所の窓口に行く，書類へ記入する，必要書類を揃えるといった煩雑な手続きが障壁となり，サービスを受けられない場合
8　家族からの虐待	家族から身体的虐待・心理的虐待を受け，パワーレスに陥っている場合
9　家族を介護した後の喪失感や経済的困窮	介護離職をして介護を引き受けた娘・息子が，介護を終えた後経済的困窮に陥り，生きる意欲を喪失している場合→余儀なくおひとりさま（未婚）
10　介護者が高齢or何らかの障がいを持っている場合	「老老介護」「障老介護」「老障介護」によりSOSが出せない場合
11　東日本大震災の影響	大きな喪失感と「サバイバーズ・ギルト」（生き残ったことへの罪悪感）を抱いている場合

(参考) 岸恵美子編『セルフ・ネグレクトの人への支援』(2015) p16〜

③　セルフ・ネグレクトをめぐる法制度

　現在の日本には，セルフ・ネグレクトについて直接定めた法律・行政権限による介入の根拠を直接規定した法律はありません[10]。また「高齢者虐待の防止，高齢者の養護者の支援等に関する法律」（以下「高齢者虐待防止法」）に定義される「虐待」に，セルフ・ネグレクトは含まれていません。

　生存権が規定された日本国憲法の第25条には，「国は，すべての生活部面について，社会福祉，社会保障及び公衆衛生の向上及び増進に努めなければならない」とあります。どこまで国が介入するかというのは難しい問題ですが，セルフ・ネグレクトを防止・救済する法律が整備される可能性は高いといえるでしょう。以下にセルフ・ネグレクトに関連する法律を整理します。

【図表2-5】老人福祉法とセルフ・ネグレクト

老人福祉法	
目的（第1条）	①　老人の福祉に関する原理を明らかにする ②　老人に対し，その心身の健康の保持及び生活の安定のために必要な装置を講じる ↓ 老人の福祉を図る
セルフ・ネグレクトとの関連	**「福祉の措置」（第10条の4，第11条）** 　65歳以上の者あるいは65歳未満の者であって特に必要であると認められる者に対する，居住地又は現在地の市町村が行うべき措置 **市町村の業務（第5条の4第2項）** ①　老人の福祉に関し，必要な実情の把握に努める ②　老人の福祉に関し，必要な情報の提供を行い，並びに相談に応じ，必要な調査及び指導を行い，並びにこれらに付随する業務を行う →セルフ・ネグレクト状態にある高齢者に関与する根拠

第2章　面談前の準備「おひとりさま」編

【図表 2-6】介護保険法とセルフ・ネグレクト

介護保険法	
目的（第1条）	加齢に伴って生ずる心身の変化に起因する疾病等により要介護状態となり，入浴，排せつ，食事等の介護，機能訓練並びに介護及び療養上の管理その他の医療を要する者等について ↓ ①尊厳を保持 ＋ ②能力に応じ自立した日常生活を営むことができるよう →必要な保健医療サービス及び福祉サービスに係る給付を行う ↓ 国民の共同連帯の理念に基づき ①介護保険制度を設ける ②保険給付等に関して必要な事項を定める ↓ 国民の保健医療の向上及び福祉の増進を図る
セルフ・ネグレクトとの関連	**市町村が行う地域支援事業**（第115条の45） ①　被保険者の心身の状況，その居宅における生活の実態その他の必要な実情の把握 ②　保健医療，公衆衛生，社会福祉その他の関連施策に関する創造的な情報の提供 ③　関係機関との連絡調整等の総合的な支援 ④　虐待の防止及びその早期発見のための事業その他の被保険者の権利擁護のため必要な援助等の事業 →セルフ・ネグレクト状態の人が地域において自立した日常生活を営むことができる支援体制を整備

76

2-1　おひとりさま詳説

【図表2-7】高齢者虐待防止法とセルフ・ネグレクト

高齢者の虐待防止，高齢者の養護者に対する支援等に関する法律（以下「高齢者虐待防止法」）	
目的（第1条）	高齢者に対する虐待の深刻な状況 ＋ 高齢者の尊厳の保持にとって高齢者に対する虐待を防止することが極めて重要 ↓ ①　高齢者虐待の防止等に関する国等の責務 ②　高齢者虐待を受けた高齢者に対する保護のための措置 ③　養護者の負担の軽減を図ること等の養護者に対する養護者による高齢者虐待の防止に資する支援（以下「養護者に対する支援」）のための措置等を定める ↓ 高齢者虐待の防止，養護者に対する支援等に関する施策を促進 ↓ 高齢者の権利利益の擁護に資する
セルフ・ネグレクトとの関連	法改正により，セルフ・ネグレクトについての条文の新設が期待されている

☑ ここが受任の
ポイント③ 「おさみしいでしょう」は禁句

　「おひとりさま」への憐憫のまなざしは根強く残っています。「おさみしいでしょう」や「ご不自由でしょう」は，「おひとりさま」がよく声かけされる言葉です。上野千鶴子は2007（平成19）年の著書『おひとりさまの老後』で，その憐憫を「大きなお世話」[11]と喝破しています。

　相談者の悩みに寄り添おうとするとき，無意識に「同情」の言葉が頭をよぎることがあるかもしれません。しかし，そのような声かけによって，相談者が「自分はかわいそうな人と思われているのではないか」と感じることがあります。「相談者を理解しよう」という強い思いが，逆に相談者の気持ちを無視した発言に繋がってしまうのです。「共感」と「同情」の違いに注意し，丁寧に対話することが大切です。

第2章　面談前の準備「おひとりさま」編

2-2　類型と相談者像

　以下では，多様な「おひとりさま」のあり方について，創作エピソードを紹介しながら解説します。ご留意いただきたいのは，これはあくまでも「行政書士に業務を依頼する可能性があるおひとりさま」の類型だということです。各エピソードは，相談者の心情や環境をイメージできるよう，様々な事例を組み合わせて脚色した創作ストーリーです。おひとりさまの相談者をイメージしつつも，固定概念を持つことなく読み進めてください。

　行政書士に相談できるという時点で，相談者は既に自身の困りごとを客観視し，当事者として問題意識を持っています。これは問題解決に向けて一歩踏み出していることを表します。一方で，問題を内在化していても「行政書士に相談する」というワンアクションを踏み出せない人も多くいます。問題が混在し，「誰に・何を・どこから」相談したらよいのかわからないという悩みもあります。この状況を自己責任と片付けるのではなく，それに至るまでのストーリーを想像し，相談者を理解しようとする姿勢が大切です。

■1 思いがけずおひとりさま（離別／死別）

① 充実セカンドライフ型

　配偶者との離別・死別後の人生を「セカンドライフ」と考え，自分らしい人生を歩み直したいと心新たにする方は少なくありません。特に家族のために自己犠牲を強いてきた女性ほど「誰にも縛られない自由な老後」を夢見ている傾向にあります。子どもが成人するのを待って，計画的に「熟年離婚」した場合は，その思いはより強まります。

　また「自分の両親・夫の両親・夫」と，多くの介護経験がある女性の場合は，老後は「皆に迷惑をかけたくない」と思う傾向にあります。一方で，その思いの根底には寂しさや不安があり，実際の高齢期の準備は何も進んでいないとい

78

う方もおられます。特に，子どもがいる「おひとりさま」の場合は，「終活」情報の収集には努めていても，「あと一歩」が踏み出せないことがあります。現在の生活に喫緊の問題を抱えていないため，「老後」にリアリティと危機感を感じることが少ないようです。そのような相談者の複雑な心情に寄り添い，高齢期のライフプランを丁寧に聞き取りながら，現実的な準備（遺言作成・任意後見契約の締結）をサポートしていきましょう。

 セカンドライフ型の場合

　カズコは，ポストに入っていたサービス付高齢者住宅のチラシを見ながら，息子のシンヤとの電話を思い出し，ため息をついた。
　電話口でシンヤは「母さんのことが心配だから」としきりに言った。カズコは今年で75歳になる。数年前に夫を亡くし，関東郊外の一軒家で一人暮らしをしている。二人の息子たちはそれぞれ家庭を持っており，滅多に会わないが，連絡は取り合っている。昨晩も，カズコが送った野菜のお礼にシンヤが電話をかけてきたのだが，最近は気がつくと，カズコの今後の話になる。シンヤはいつものように，「一人暮らしに不安はないのか」「今後，家はどうするのか」「将来，ホームに入る気はあるのか」と聞いてきた。シンヤが心配してくれる気持ちはありがたいが，現実を直視したくない思いもあり，「あなたには迷惑をかけないから大丈夫」と話を遮ってしまった。
　チラシには，「ニューオープン！　入居者募集中！」とあり，月々にかかる費用例が載っていた。「13万円からねえ……」カズコは，この価格が高いのか安いのかわからなかった。そもそも，様々ある介護施設の違いも曖昧だ。
　今後のことを全く考えてないわけではない。テレビや雑誌の「終活」特集はよく見ているし，エンディングノートも買ってはみた。ただ，健康な今はいまいち自分ごととして考えられていない。どうにかなるという楽観的な気持ちもどこかにあるが，子どもに迷惑をかけたくないのは本心だ。長らく夫の母の介護をしていた経験から，その大変さは誰よりもわかっている。家系的に，認知症のリスクもあるので，何か手を打っといたほうがいいのだろうか……カズコ

第2章　面談前の準備「おひとりさま」編

はまた大きなため息をついて，チラシをゴミ箱に捨てた。

②　セルフ・ネグレクト型

　セルフ・ネグレクトは，通常1人の人として行うべき行為を行わない（行えない）ことから，自己の心身の安全や健康が脅かされる状態に陥ることをいいます。セルフ・ネグレクトの要因やリスクファクターは，様々な研究や調査で明らかになっています（p73「**2-1 3** ②セルフ・ネグレクトのリスクファクター」参照）。特に，配偶者との死別や離別，自身のリストラ等の影響でセルフ・ネグレクトに陥るケースが多いようです。

　男性の場合は家事能力・ケア能力の不足なども影響し，妻を亡くすと，そうでない男性に比べ寿命が短くなるという指摘もあります。そこに人間関係のトラブルや経済的困窮などが重なれば，セルフ・ネグレクトのリスクは非常に高くなります。

　アルコール依存症等の依存症は，「否認の病」ともいわれており，本人が自身の依存症に対して過小評価し，そのような自分を認めづらいという傾向があります。訪問看護ステーションを運営する小瀬古伸幸は，アルコール依存症を抱える方の支援においては，本人のお酒を飲む背景や「恥ずかしさや罪悪感」[12]に理解を示す姿勢が大切だと指摘します。さらに，「お酒を飲みたい欲求を打ち明けてくれたときには，否定ではなく，どのような引き金があったのかを一緒に考えていくことが必要である」と述べています。他の支援機関につなぐためにも，行政書士が相談者のあり方を「否認」しないことが大切になります。

　行政書士は予防法務のプロとして，セルフ・ネグレクトのリスクを敏感に察知する力が必要です。相続業務の面談時に，「投げやり」な様子が見受けられる相談者には，機会を見て生活状況の聞き取りをするといった工夫が必要です。生活上の不安や心の問題を抱えた際に相談できる機関があるということも伝えましょう。行政書士が行政等の相談機関につなぐことができる旨も伝えま

す。相談者から「困ったらとりあえず〇〇先生に」と思ってもらえるような関係性づくりが肝要です。

 セルフ・ネグレクト型の場合

　リビングのソファでうたた寝をしていたミチオは，携帯の音で目を覚ましたが，メルマガだとわかり，チッと舌打ちをした。時計は16時をまわっている。妻からの連絡はまだない。テーブルの上には，朝から飲んでいたビールの空き缶が並んでいる。床には，弁当やカップラーメンのゴミが散乱しているが，片付ける気が起きない。風呂に入ったのももう何日前だっただろう。

　定年して3年，当初は，現役時代になかなか時間が取れなかった趣味の釣りを楽しもうと意気込んでいた。しかし，数か月すると，それも億劫になっていき，家でだらだらと酒を飲んで過ごすようになった。もともと夫婦仲が良好ではなかったことに加え，酒のことで妻と口論になることが増え，去年，妻は家を出て別居してしまった。ミチオは，これまで家族のために懸命に働いてきたというのに，自分から家族が離れていくことに強い憤りを感じた。先日ついに妻から，「アルコール依存症治療の病院に行く気がないのなら離婚する」と連絡がきた。「病院なんて冗談じゃない。お前が俺の気持ちをかき乱すから酒を飲んでいるんだ。お前が戻って来て前のように過ごせば何の問題もない。離婚もしない。」と返信したが，いまだ返事はない。

　ミチオはおぼつかない足取りで，冷蔵庫からビールを取り出し，その場でグッと飲んだ。「俺の人生は何だったんだろう……」携帯はまだ鳴らない。

2 選択的おひとりさま（非婚）

　早くから「おひとりさま」で生きると心に決めていた方の場合，経済的基盤の安定や資産形成に関しては，既に対応済みの方がほとんどです。友人・知人・地域活動等での人的資源も豊富で，日頃から助け合う関係性が構築されています。

第2章　面談前の準備「おひとりさま」編

　一方で，高齢期のサポーターに関しては，キーパーソンとなる第三者を選びかねていることもあります。「終活」や法制度の勉強に熱心だからこそ，重要な判断を担う任意後見人は誰が適しているのか，誰になら安全に自分の老後を任せられるのか，「人選」に悩みを抱えている方が多い印象です。

　本ケースでは，行政書士が「任意後見受任者」「死後事務の受任者」「遺言執行者」という極めて重要なキーパーソンに指定されることがあります。「早め早め」の準備を好む選択的おひとりさまの場合，それに付随してお付き合いも長期に渡ることになります。業務受任後も，定期的なコンタクトを欠かさず，じっくりと関係性を育てていくことが大切です。

 選択的おひとりさまの場合

　車の助手席に座ったユキは，いつもは煩わしく思うノリカの香水の香りに心地よさを感じた。化粧品メーカーに入社してから30年，ユキは必死で働き，今は管理職を任されている。健康には自信があったのだが，健康診断で婦人科系の病気が見つかり，手術のため数週間入院の末，今日退院した。大学の同期のノリカは，独身のユキをいつも気にかけてくれ，入院中もユキの飼い猫を預かってくれていた。

　「ホント，ノリカがいて助かったよ」ユキがしみじみと呟く。「そんな，お互い様だよ。うち，子どもいないし，自営業だから，時間の融通利くし！　気にしないで！」ノリカの夫のケンジも同い年で，老後は3人で同じ老人ホームに入ろうなどと冗談を言い合う仲だ。

　「ありがとうね。今までもノリカたちには，助けてもらってきたけど，今回のことで，私も色々考えなくちゃと思ったわ」。病気をして，ユキは初めて，自分の老後や死について意識するようになった。おひとりさまで生きていくという選択をしてから，何があってもいいように資産の形成はしてきた。マンションを購入し，現在も不自由のない生活をしている。しかし，老後を考えるにあたって，資産さえ形成しておけば十分なのだろうか。今は，ノリカたちに助けてもらえているが，今後歳をとったら，誰か別の人に頼まなければいけない。

でも，誰かとは誰だろう。
「老後のこととか，亡くなった後のこととか，具体的に考えてみるのに，相談に言ってみようかと思うんだけど，ノリカたちも来ない？」即断即決のユキは，実は入院中，法的な相談先をいくつかピックアップしていた。「そうだね。大事なことだよね。私も考えてみようかな。」ノリカの言葉にユキは嬉しそうに微笑んだ。

3 余儀なくおひとりさま（未婚）

　本来であればひとりで生きていく予定ではなかった「余儀なくおひとりさま」の場合，将来への準備や不安のケアに手が回らないことがほとんどです。親と同居していることが多く，それ故に他の兄弟姉妹から「親の介護の担い手」として期待されていることもあります。生涯未婚率の上昇を鑑みても，今後さらに本ケースのようなおひとりさまは増えていくでしょう。

　本ケースの場合，本人は自分の状況を「自己責任」「努力不足」と捉えていることがあります。現在は，かつて標準的とされたライフコース（正規雇用→結婚→子どもを持つ）を「選べない」不安定な社会状況にあります。それにもかかわらず，標準的ライフコース規範は強いままであり，現在の自分のありようを恥じている相談者の痛切な心情が感じられます。

　支援や福祉サービスを利用するためには，自分はそのサービスを享受して良い，その権利があると思えなければなりません。相談者との対話では，そのメッセージを根気強く伝える必要があります。

余儀なくおひとりさまの場合

　ナミは寝付けずにいた。きっかけは，寝る前になんとなく見た Instagram だった。同級生が，子どもの中学入学の写真を投稿していた。
　ナミは45歳。派遣の仕事をしながら，地方で両親とともに暮らしている。都会でのおひとりさまと違い，独身でいることに対する地方での風当たりは強

第 2 章　面談前の準備「おひとりさま」編

い。両親からも結婚を急かされ続けているが，そう簡単には事が進まない。既に家庭がある兄からは，両親の介護の担い手として期待されており，「今まで親に迷惑かけてきたんだから，何かあったら，ナミがしっかり面倒をみろよ」と言われている。自分の老後を考えただけでも頭が痛いのに，年金暮らしの両親のことまでとなると，将来が不安でたまらなくなる。介護となったら，仕事も辞めなければならないだろうか……

　「自分にも中学生の子どもがいる人生もあったのかな」ナミは思いを巡らせる。結婚を考えていなかったわけではない。むしろ，若い頃から結婚願望はあったのだが，奥手な性格から思い通りにはいかなかった。昔は仲良くしていた友人とも，ライフスタイルが変わったことで，徐々に疎遠になり，悩みを相談できる人はいない。将来を考えるたび，「私はこれからどうなってしまうんだろう」と鬱々とした気持ちになる。ナミは布団を被って，ぎゅっと強く目を閉じた。

Column 2

おひとりさまのリアルを知るには

　おひとりさまの相談者像のリサーチには，女性誌や新聞等の「投稿欄」が非常に参考になります。投稿者の「ナマの声」が紹介されている投稿欄は，リアルな悩みの宝庫です。以下に，「おひとりさま」関連特集から抜粋したものを紹介します。

読者の声「私の将来，ココが不安です」（婦人公論　No. 1474.2017.7/11 号）**から抜粋**
「夫が定年に。これからずっと家にいると思うとすごくイヤ。でも離婚は経済的に無理！」
「夫と子どもと死に別れ，誰も頼れない。たったひとりで暮らしていく，今後の自分が不安。」

「生涯未婚」183 人の収入，老後，心の叫び（婦人公論　No. 1476 2017.8/8 号）**から抜粋**
「ずっと民間のアパートに住んでいる。70 歳以上になったときに契約更新がスムーズにいくかどうか心配。引っ越しをするにしても，入居できるか物件があるかどうか。公営住宅の単身者向け枠を拡大してもらいたい。」

> 「手術の際，身内の立会人を要求されるが，家族・親戚も高齢化して頼めなくなることが予想される。ヘルパーさんにも認めてほしい。」

　これらの資料を集め，相談者の類型ごとに整理すれば「困りごとリスト」ができあがります。困りごとリストを見ながら相談者像をイメージ・トレーニングすれば，受任前に面談の予習をすることができます。

2-3　抱えている悩みと解決のヒント

　ここではおひとりさまを「思いがけずおひとりさま（死別／離別）」「選択的おひとりさま（非婚）」「余儀なくおひとりさま（未婚）」に分類し，抱える悩みを紹介します。ケースごとの「解決のヒント」は面談前の予習・準備に活用することができます。

■1 思いがけずおひとりさま（死別／離別）

①　亡夫と同じ墓に入りたくない

イ　ケース解説

　2014（平成26）年に朝の情報番組で特集された「現代の女性たちのお墓観」[13]によると，約6割の既婚女性が夫と同じ墓に入りたくないと答えています。さらに2015（平成27）年8月の「保険クリニック」の調査では，女性は4人に1人，男性は10人に1人が配偶者と同じ墓に入りたくないと答えました。

　女性たちの中には，「折り合いの悪い（悪かった）夫の両親と同じ墓に入るのは絶対に嫌だ」と考える方も多いようです。家制度をイメージさせる「○○家の墓」に抵抗感を感じる人もいます。現代は一昔前のお墓観とは大きな変化が見られるようになりました。

　槇村久子は『お墓の社会学』で，現代は「尊厳性・永続性・固定性」を持つ

85

第2章　面談前の準備「おひとりさま」編

た伝統的な墓から「個人化・無縁化・流動化」した非伝統的な墓に変化していると述べています⁽¹⁴⁾。墓のあり方には家族観やライフスタイルがはっきりと表れます。近年は霊園見学ツアーが実施されるなど，生前に自分の意思で墓のあり方を選択するのが当たり前になりつつあります。

ロ　解決のヒント

　夫の姻族との関係に悩む女性には，次項の「姻族関係終了届」を紹介してみましょう（p87「**2-3 ❶** ②夫が亡くなったのを機に義実家とは関係を解消したい」参照）。夫や姻族と心の距離ができるに至った歴史をじっくり聴く姿勢が求められます。

　入りたい墓を決めた後は，それを実現するための準備をします。また，姻族だけでなく実家との関係や祭祀承継者についても考え，実現可能なプランを練っていきます。口頭での意思表示だけでは絵に描いた餅になるおそれがあるため，遺言書の作成や「死後事務委任契約」の締結を勧めましょう。

　系譜や祭具，墳墓といった祭祀財産は一般の相続財産に含まれません。祭祀財産は祭祀主宰者が承継します。祭祀主宰者は相続人，親族である必要はありません。民法第897条では被相続人が指定できるとされています。指定の方法に制限はありませんが，遺言に含めるのが一般的です。

　実家の墓に入りたい場合は，実家の墓の祭祀主宰者に相談をしておきます。子どもがいる場合も同様です。その上で遺言の付言事項に希望を記載しておきます。付言事項は法的効力が保障されていませんが，負担付き遺贈や負担付き「相続させる」遺言の「負担」とせずとも希望が実現可能であれば，付言にとどめる方法でも良いでしょう。

　子どもがいない場合は「死後事務委任契約」が有効な方法です。相談者の友人が受任者になるケース，行政書士が死後事務委任契約の文案作成と受任をするケースが考えられます。相談者の家族関係を丁寧に聞き取りながら，最適な書面作成を助言する必要があります。

86

2-3 抱えている悩みと解決のヒント

② 夫が亡くなったのを機に義実家とは関係を解消したい

イ ケース解説

近年「死後離婚」が話題になっています。一般にはあまり知られていない「姻族関係終了届」と共に情報番組で取り上げられ，女性を中心に認知が広まっています。実際に姻族関係終了届の届出数は増加傾向にあります。法務省の戸籍統計によると，2007（平成19）年には1,832件だった姻族関係終了届の総数は，2022（令和4）年に3,780件となっています。

夫の両親との感情的なわだかまりが夫の死後一気に噴出したケース，夫の両親の介護や墓の管理などは絶対に引き受けたくないと思い悩むケースなど，メディアでは様々な実体験が語られています。

「夫の死亡で婚姻が解消されても姻族関係は当然には終了しない」ことを知らない人も多いようです。家制度が廃止され70年経った現代でも，「嫁はこうあらねば」という規範意識に縛られる女性は少なくありません。介護や生活の世話といった「ケアを担うこと」が「扶養義務」を果たすことだと思い込んでいる人もいます。姻族関係終了届は，夫を看取るまで我慢を重ねた女性たちが「家」に決別するための「お守り」になっています。

ロ 解決のヒント

民法は，一定の範囲内の近親者を対象に，未成熟子，高齢や障がい等を理由に経済的に自立できない人を扶養する義務を課しています。扶養義務の当事者は以下のように定められています。扶養の方法は「経済的援助」に限られており，明治民法下のような「引取り扶養（実際の介護）」（明民961）は規定されていません。

87

第 2 章　面談前の準備「おひとりさま」編

【図表 2-8】扶養義務の当事者

①配偶者	民 752	絶対的扶養義務
②直系血族，兄弟姉妹	民 877 ①	※絶対的扶養義務者も，扶養能力がなければ義務を負うことはない
③ 3 親等内の親族	民 877 ②	相対的扶養義務 ※特別な事情がある場合に，家庭裁判所の審判によって義務を負わされる

　夫の両親は 3 親等内の親族（民 725）にあたりますが，「特別な事情」とは，「同居して要扶養者から長期にわたって扶養された」「相続によって家産的な財産を承継した」といった「よくよくの事情」[15]が必要だと解されています。これに照らせば，夫の両親の扶養義務を課されるケースはほとんどないと考えて良いでしょう。

　そうであったとしても，「けじめ」として配偶者の両親との関係を清算したいというニーズは確かに存在します。扶養義務の規定を説明の上，相談者の心情を丁寧に聞き取りながら，姻族関係終了届について情報提供しましょう。

　離別によって姻族関係は終了しますが，死別の場合は当然には終了しません（民 728 ①）。生存配偶者が姻族関係を終了させるには意思表示をする必要があります（民 728 ②）。同時に，婚姻前の氏に戻したい場合は復氏届の提出が必要です。なお，姻族関係終了届を提出しても，相続開始時に配偶者であれば，遺族年金は引き続き受給することができます。

　婚姻中から「死後離婚」の計画を立てているケースもありますが，相続手続きが終わった後に決心することもあります。夫や姻族との悩みを抱えている様子があれば，タイミングを見て情報提供しましょう。

88

2-3 抱えている悩みと解決のヒント

【図表 2-9】姻族終了届の概要

姻族関係終了届（戸 96）	
提出時期	任意の時期
提出先	生存配偶者の本籍地，住所地，所在地のうちいずれかの市区町村役場
届出人	生存配偶者
効果	戸籍上の変動はなし 直系姻族間の婚姻禁止は継続
必要書類	配偶者の死亡事項が記載されているもの：戸籍全部事項証明書（除籍全部事項証明書） 本籍地以外の市区町村役場に提出するとき：届出人の戸籍全部事項証明書 届出人の印鑑
窓口	市町村窓口の戸籍担当課

【図表 2-10】復氏届の概要

復氏届（戸 95）	
提出時期	任意の時期
提出先	復氏する者の本籍地，住所地，所在地のうちいずれかの市区町村役場
届出人	生存配偶者
効果	復氏届＝創設的届出 原則婚姻前の戸籍に復籍 復籍すべき戸籍が除かれているとき ┐ 復氏者が新戸籍編成の申出をしたとき ┘新戸籍を編成 姻族関係は復氏では当然に終了しない
必要書類	配偶者の死亡事項が記載されているもの：戸籍全部事項証明書（除籍全部事項証明書） 本籍地以外の市区町村役場に提出するとき：届出人の戸籍全部事項証明書 届出人の印鑑
窓口	市町村窓口の戸籍担当課

第 2 章　面談前の準備「おひとりさま」編

③　一人暮らしになった父が家にゴミを溜めて捨てさせてくれない

イ　ケース解説

　配偶者の死が原因でセルフ・ネグレクトに陥る高齢者は少なくありません (p73「**2-1** ❸ ②セルフ・ネグレクトのリスクファクター」参照)。特に男性は困りごとを相談できる人間関係が希薄なため，周囲が異変に気づいた時には，本人も限界状態に陥っていることも少なくありません。(p69「**2-1** ❷ ジェンダー視点でおひとりさまを捉えると？」参照)。

　相続手続業務の依頼者から「配偶者（妻）を亡くした父親の家がいつの間にか『ゴミ屋敷』状態になり，子どもの片付け等を拒むようになった」と相談をされることも考えられます。セルフ・ネグレクトをできるだけ早い段階で食い止めるためにも，基本的な知識を持ち，自治体の相談窓口等を紹介できるようにしておきましょう。

ロ　解決のヒント

　日本にはセルフ・ネグレクトに関して直接定めた法律はありません (p75「**2-1** ❸ ③セルフ・ネグレクトをめぐる法制度」参照)。

　「東京都高齢者虐待対応マニュアル」(2006) には，高齢者虐待に準じた対応が求められる例としてセルフ・ネグレクトが挙げられています。厚生労働省の「市町村・都道府県における高齢者虐待への対応と養護者支援について」（令和5年3月改訂版）では，「セルフ・ネグレクト状態にある高齢者は，認知症のほか，精神疾患・障害，アルコール関連の問題を有すると思われるものも多く，それまでの生活歴や疾病・障害の理由から，（中略）市町村や地域包括支援センター等の関与を拒否することもある」が，「必要に応じて，高齢者虐待防止法の取り扱いに準じた対応として，やむを得ない事由による措置による保護や成年後見制度の市町村申立等を検討」[16]すると述べられています。

　以下にセルフ・ネグレクトの人への対応・支援のポイントを紹介します。セルフ・ネグレクト支援に関わる際の基本的な心構えとして頭に入れておき

90

ましょう（p50「1-4 **2** ②障がい者に対する専門家のあり方」参照）。支援者が「自己決定できない人」として本人を見たり，パターナリズムに陥ることのないよう，自己点検する必要があります。

【図表 2-11】セルフ・ネグレクト支援に関わる際の心構え

1 自己決定を支援する	高齢者本人が無力感や罪責感にさいなまれないよう，まずはできていることを認める。憲法第13条の「自由権」を尊重しながら憲法第25条の「生存権」の実現を図る。
2 生命のリスクを見極め，明確に伝える	本人の心身の状況に関し正しい知識や情報を提供した上で，本人の意思を確認する。
3 具体的な選択肢を提示する	正しい情報や具体的な選択肢を提示し，本人の意思を尊重する。
4 ライフスタイルを尊重する	本人の「その人らしい生活」をどこまで尊重するか，介入するかなど，支援に関わる多職種と合意形成しておく。「その人らしい生き方」を支援することがゴール。
5 本人をエンパワメントする	生きる力を取り戻せるよう，本人の心に寄り添い，元気なときの様子や本人の望む生き方等を丁寧に聞き取るといった交流をする。
6 チームで対応する	担当者一人が抱え込まず，計画に沿ってチームで対応する。地域包括支援センターだけでなく，行政の高齢福祉担当部署，民生委員，民間業者，地域住民との協働により支援のネットワークを構築する。

（参考）岸恵美子編『セルフ・ネグレクトの人への支援』(2015) p68～72

　セルフ・ネグレクトの問題はできるだけ多職種で（チーム）で関わることが重要です。初期段階では，家族内で抱え込むことのないよう，行政の福祉担当窓口や地域包括支援センターに繋げる必要があります。予防段階での「見守り契約」による関わりなど，今後行政書士がセルフ・ネグレクト分野でできることは増えていくでしょう。支援ネットワークの一員となり，ファシリテーターとして動くことも考えられます。自治体の動きにはばらつきがあるものの，公表されているサポート体制等や介入事例から学ぶことが多くあります。

第2章　面談前の準備「おひとりさま」編

② 選択的おひとりさま（非婚）

①　遺産を社会貢献に使ってほしい

イ　ケース解説

　近年自分の遺産を社会に還元したいというニーズが高まっています。「お
ひとりさま」の増加や終活ブームに加え，東日本大震災による寄付意識の高
まりが背景にあると考えられています。

　「遺贈寄付」が新たな社会貢献の形として注目され始め，遺贈寄付を包括
的に相談できる団体も設立されています。また，遺贈寄付を募るNPO法人
等に対するセミナーが開催されるなど，遺贈をする側・される側両者が情報
を必要としています。

　「選択的おひとりさま」のように老後のライフプランを綿密に考えている
相談者の場合，社会貢献意識が高い傾向があります。遺産を「誰に・どのよ
うに活用して欲しいのか」を丁寧に聞き取り，実行可能なプランを遺言に書
き込みましょう。

ロ　解決のヒント

　寄付とは，公益又は公共の目的のために，市町村・宗教団体・学校・慈善
施設その他各種福祉団体等に対し，自己の財産を譲渡する無償行為をいいま
す。寄付遺贈の意思が確実に実現されるためには，以下の工夫が必要です。

92

2-3 抱えている悩みと解決のヒント

【図表2-12】寄付遺贈の確認事項

1　寄付の相手方の特定	＜個人の場合＞ ①氏名 ②住所 ③職業 ④生年月日 ＜団体の場合＞ ①団体の正式名称 ②主たる住所等の所在場所 ③法人格の有無 ④代表者に関する事項
2　寄付の相手方の意向確認	本来遺贈の相手方から事前に同意を得る必要はないが，活動内容や「寄付遺贈」を受け付けているかを確認しておくことが望ましい ※特に不動産や有価証券等を換金手続きをせずに遺贈したい場合は相手方に要相談

(参考) 雨宮則夫・寺尾洋『Q & A遺言・信託・任意後見の実務』(2015) p220～

　遺贈先の選定には団体のホームページやパンフレットが参考になります。団体の資料は必ず収集し，遺贈先として信頼できるかをしっかり確認しましょう。場合によっては，依頼者と共に遺贈者の担当者と面談することも有益です。行政書士が依頼者と団体の架け橋として，依頼者の意思を実現するための調整役となることも必要です。

　寄付遺贈を円滑に実現するには「公正証書遺言」を作成し，遺言執行者を指定することがポイントです。法定相続人がいる場合は，遺留分への配慮や「みなし譲渡課税」の有無も確認しておきましょう。

② 高齢になったとき保証人はどうしたらよいのか

イ　ケース解説

　賃貸物件の契約，高齢者向け施設への入居，病院への入院といった場面では，多くのケースで「身元保証人」が求められます。

93

第 2 章　面談前の準備「おひとりさま」編

　そもそも「身元保証人」や「身元引受人」という言葉には，法律上明確な定めがありません。調査ではそれを知らない病院，施設等が 6 割程度ありました。法的な責任の説明が不十分のまま，慣行で署名を求めているケースも多いようです。契約時には各病院，施設等の「身元保証人」の権利義務を精査する必要があります。

　2022（令和 4）年 3 月の総務省関東管区行政評価局による「高齢者の身元保証に関する調査」によれば，「入院・入所の希望者に身元保証人等を求めているか」との質問に，病院・施設の 9 割以上が「求めている」と回答しています。身元保証人を用意できない場合，「入院・入所をお断りする」との回答もあり，施設では 2 割を超える 161 か所，医師法に応招義務が定められている病院[注2]でも 28 か所（5.9 %）が当該回答を選択しています。
　現状でも，「指定介護老人福祉施設の人員，設備及び運営に関する基準」（平成 11 年厚生省令第 39 号）等で正当な理由なくサービスを拒否してはならないと定められている施設でも，身元保証人を得られないことを理由に入所を認めない施設が存在しています。厚生労働省は，2018（平成 30）年に都道府県に対し，①医師法の「正当な事由」とは，医師の不在又は病気等により事実上診療が不可能な場合に限られること，②介護保険施設において入院・入所希望者に身元保証人がいないことは，サービス提供を拒否する正当な理由に該当しないことを挙げており，病院・施設が，身元保証人がいないことのみを理由に入院・入所を拒むことのないよう，適切な指導を依頼しています。

　このような状況で「おひとりさま」が適切な治療やサービスを受けられるか不安に感じるのは当然といえるでしょう。今後はさらに「身元保証人」不在の人が増えることが予想されます。公的機関の保証制度など，誰もが安心して入院・入所できる仕組みが必要です。

注 2　医師法第 19 条 1 項では，「診療に従事する医師は，診察治療の求があった場合には，正当な事由がなければ，これを拒んではならない」とされている（「応招義務」）。

ロ　解決のヒント

　厚生労働省は，2019（令和元）年に「身寄りがない人の入院及び医療に係る意思決定が困難な人への支援に関するガイドライン」を策定しています。本ガイドラインは，身寄りがない場合でも，医療機関や医療関係者が患者に必要な医療を提供し，患者側も安心して必要な医療が受けられるよう策定されています。

【図表 2-13】「身寄りがない人の入院及び医療に係る意思決定が困難な人への支援に関するガイドライン」の概要

本人	身寄りのない人，医療に関する意思決定が困難な人
対象者	医療従事者・介護従事者・成年後見人等
時期	入院・医療に係る意思決定が困難な場面
本人への意思決定支援	①　医療従事者からの適切な情報提供と説明 ②　本人と医療・ケアチームとの合意形成に向けて十分に話し合う ③　時間の経過や心身の状態の変化等に応じて，本人の意思は変化し得るため，家族等も含めて繰り返し話し合う
成年後見人等の役割・関与	①　契約の締結等（受診機会の確保・医療費の支払） ②　身上保護（適切な医療サービスの確保） ③　本人意思の尊重（本人が意思決定しやすい場の設定，チームの一員として意思決定の場に参加する） ※　成年後見人等の権限には，「医療同意権」が含まれないと明記

※参考：厚生労働省ホームページ（ガイドラインの比較）
https://guardianship.mhlw.go.jp/common/uploads/2023/09/20230908_1.pdf

　このケースの行政書士業務は，「見守り契約」「財産管理委任契約」「任意後見契約」「死後事務委任契約」の文案作成，受任業務があります。これらの契約は相手（受任者）があって初めて成立するものであり，おひとりさまの相談者にとっては，受任者を誰にするのかは「高齢期」の生活を左右する重大な判断となります。行政書士が後見業務をメインとする場合は，受任者として，依頼者の高齢期から死後までをサポートすることが可能です。

第 2 章　面談前の準備「おひとりさま」編

　「身元保証人」がいない場合，後見人にその役割を求める病院・施設が多い
ようです。後見人がつけばほとんどのケースで身元保証人問題はクリアでき
るでしょう。上記ガイドラインを病院と共有しながら，後見人の役割を明確
に説明する必要があります。

　行政書士個人が後見受任者となる場合は，後見人の職務範囲を委任者との
間で明確化しておく必要があります。相談者によっては，後見人に対し法律
行為以外の事実行為も委任できると思っている方もいます。受任者の行政書
士がその都度権利義務を確認し，責任の範囲を病院・施設側と話し合う必要
があります。

　「財産管理委任契約」「任意後見契約」「死後事務委任契約」を受託する法
人組織も増えています。特定非営利活動法人りすシステムは，1993（平成 5）
年から生前契約等の受託機関として活動しています。りす（LiSS＝Living
Support Service）システムのパンフレットには「家族の役割引き受けます」
とあります。おひとりさまが増え，家族のかたちが多様化した現代のニーズ
に応えるサービスといえるでしょう。

　また，身元保証サービスを行う自治体も出てきています。東京都足立区社
会福祉協議会の「高齢者あんしん生活支援事業」は，預託金の範囲内で，入
院や施設入所の際に保証人に準じた支援を行っています。各自治体が主体と
なって提供する同様のサービスは，今後さらに広がりを見せると予想されま
す。

　今後は「新しい社会保障システム」として，家族が無償で担ってきた役割
を第三者が担うサービスが増えていくでしょう。将来的に「おひとりさまサ
ポート」を掲げる事業者と相談者間のトラブル回避のために，行政書士が
「予防法務」の視点で契約書のリーガル・チェック等に関わることもできる
分野です。

③　遺品整理を友人に頼みたい

イ　ケース解説

　近年「デジタル遺品」という言葉を耳にするようになりました。デジタル遺品は，スマートフォンやパソコンに保存されたデジタルデータやインターネット上のアカウントなどを指します。高齢者のインターネット使用率が年々高まる現代は，ほとんどの人が「デジタル遺品」を抱えています。

　デジタル遺品をはじめ，親族に見られたくない（知られたくない）物を抱えている人は少なくありません。ほとんど会ったことのない相続人や親族に，遺品整理の負担をかけたくないと考える人も多いです。おひとりさまの場合は特に，「誰に」「何を」「どのように」整理してもらうかを考えておく必要があります。

ロ　解決のヒント

　遺品整理等の「死後事務」分野の困りごとは，遺言作成業務に付随して相談を受けるケースがほとんどです。相談者の多くは，遺言で解決できること，「死後事務委任契約」で解決できることの区別はついていません。行政書士は，相談者の「死」に関わる様々な不安を分野ごとに仕分け，オーダーメイドの解決策を提案する必要があります。

　相談者が友人等に遺品整理を任せたいと考えている場合は，主に「①死後事務委任契約」「②負担付き死因贈与契約」「③負担付き遺贈」による方法が考えられます。遺言の付言でかなえられる範囲の死後事務であれば，付言にとどめてもよいでしょう。各方法のメリット・デメリットを検討し，相談者の状況に一番適したものを提案する必要があります。

　「死後事務委任契約」を結ぶ場合は，死後事務の範囲をしっかり特定する必要があります。さらに「デジタル遺品」となる SNS アカウントの処理など，「遺品整理」の個別具体的な要望は丁寧に聞き取ります。委任者・受任者双方に「(受任者が) すること・しないこと」を明確化するために，契約書とは別に，「委任リスト」を簡略に列記したシートを作るといった工夫をする

第2章　面談前の準備「おひとりさま」編

とよいでしょう。

④　「おひとりさまの老後」に必要な法的な準備を知りたい

イ　ケース解決

　特に選択的おひとりさまの場合，高齢期から死後の法的な準備に関し，勉強熱心な方が多い印象です。専門家によるセミナーへの参加や書籍による情報収集など，勉強家で自立心の高い人が多い傾向にあります。

　また，推定相続人である甥・姪の連絡先が不明であるなど，親族と一切交流がない人もいます。親族と交流があっても，「迷惑をかけたくない」「自分の希望どおりの医療・ケアを受けたい」という気持ちが強い人も少なくありません。

ロ　解決のヒント

　おひとりさまに必要な代表的な法的準備は，①見守り契約の締結，②財産管理委任契約の締結，③任意後見契約の締結，④遺言作成，⑤死後事務委任契約の締結の5つです。起こることが確定的な「死後」の手続きへの対処（④⑤）は必須です。少しずつ心身ともに脆弱さが増していく高齢期の対処（①②③）については，経済状況や周囲の人的資源，不安の大きさに合わせてカスタマイズしていきます。

▌【図表2-14】おひとりさまに必要な法的準備

名称	依拠する法律	内容	開始時期
①見守り契約	民法（民643〜656）	主に任意後見契約を締結した際に，本人の判断能力の減退をいち早く察知するために締結する契約	契約の定めにより事由に規定可能
②財産管理委任契約	民法（民643〜656）	本人（委任者）が判断能力を備えている間，受任者が日常的な財産管理を行う契約	

98

③任意後見契約	任意後見契約に関する法律	将来認知症等で判断能力が低下したときに備えて，財産管理や身上監護に関する事務をあらかじめ受任者に委任しておく契約	請求により，裁判所が任意後見監督人を選任した時
④死後事務委任契約	民法（民643～656）	死後の祭祀等の執行や様々な残債務の支払い等を委任する契約（事務内容は事由に定めることができる）	委任者の死亡時
⑤遺言	民法（民968～1025）	遺言者（被相続人）の財産の処分について生前に最終意思を表現するもの	遺言者の死亡時

　筆者が団塊の世代の相談者からお話を伺うと，「ピンピンコロリ」願望が非常に強いように感じます。そこには「人に迷惑をかけたくない」という切実な心情が隠されているようにも思えます。高齢期特有の孤独感や寂寥感が隠れていることもあります。

　しかし，高齢期にどのように老いていくかは，誰にも予測することができず，コントロールすることはできません。以下の図表に示した３つのパターンは，代表的な高齢期の状況です。パターン１は，大きな骨折等をきっかけに，徐々に身体が衰えていくケースです。パターン２は，認知症を発症するケースです。パターン３は特に大きな病気や認知症等発症することなく，肺炎等で亡くなるケースです。それぞれのパターンで，①②③の契約発効の有無・時期が異なります。

第 2 章　面談前の準備「おひとりさま」編

【図表 2-15】高齢期から死後の様々なパターン

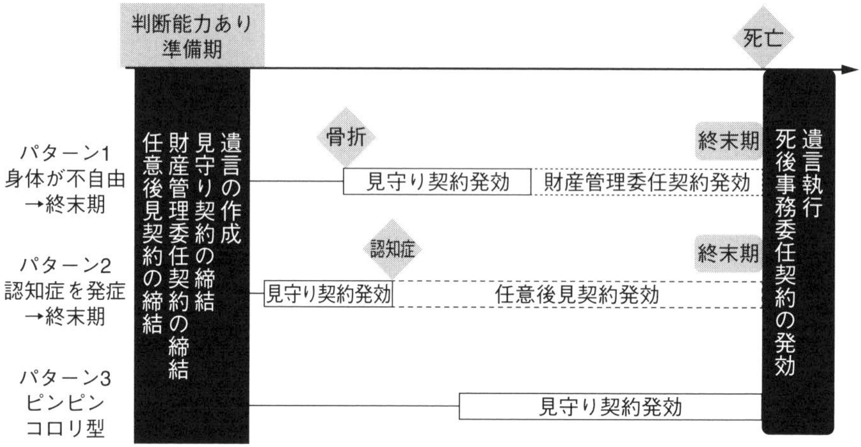

　死後の手続きへの対処（④⑤）が必須であることは，おひとりさまの相談者の場合，当然のこととして受け入れている方がほとんどです。一方で，高齢期の対処（①②③）については，様々な理由から「自分に本当に必要な手続きなのか」と逡巡している方もおられます。以下の視点から，相談者が引っかかっているポイントを丁寧に聴き取りましょう。

【図表 2-16】疑問解消リスト

受任者を誰にするか	・専門職（相談を受ける行政書士） ・知人，友人 ・親族 ・法人 →それぞれのメリット・デメリット
経済問題	・締結時の費用（専門職への報酬・公証人手数料） ・契約発効〜死亡まで定期的に発生する報酬 ・死後事務委任契約・遺言の場合は，執行費用
契約内容	・民法上の委任契約（①②④）と任意後継契約の違い ・委任事項の相違 ・受任者が「できること」「できないこと」
成年後見制度全般	法定後見と任意後見の相違

100

これらについて，何度も面談を重ね，相談者に正確に理解してもらう必要があります。筆者の場合，遺言・死後事務委任契約の締結の場合は，面談回数は最低でも4回（1回2時間程度）を要します。任意後見契約とそれに付随する契約（見守り・財産管理）を締結する場合は，最低でも6回はお会いしています。

ご高齢の方の場合，慣れない話題や入り組んだ法制度の説明は，長時間にわたると大きな負担になり，集中力が保たないことがあります。相談者にお見せする説明資料は，細かな文字情報によるのではなく，カラーで図示し，簡略化したPowerPoint等を用いると理解の助けになります。

行政書士が任意後見契約とそれに付随する契約の受任者となる場合，「高齢期のライフプラン」の聞き取りが不可欠です。任意後見受任者として意思決定支援をする場合，その判断材料を多いに越したことはありません。以下の事項をメインに対話を重ねながら，依頼者の性格・選好・価値観を理解するようにしましょう。

【図表2-17】「高齢期のライフプラン」聞き取りリスト

分野	事項
医療	・治療方針（終末期治療・延命治療・告知方法） ・医療同意（事前の意思表示・キーパーソン） ・病院選択（かかりつけ医・希望しない病院）
住まい	・在宅か住み替えか ・在宅の場合の自宅の管理・リフォームの希望 ・住み替えの場合の施設の希望（条件・施設での過ごし方） ・自宅の処分方法・タイミング
介護	・介護のキーパーソン ・受けたいケア／受けたくないサービス ・好きな食べ物・場所・趣味
死後	・葬儀の希望 ・埋葬の希望（「墓じまい」の有無）

任意後見契約は，本人の死亡によって終了します（民653）。後見人には，

第2章　面談前の準備「おひとりさま」編

委任終了時の緊急事務処理義務（民654）以外に，被後見人の死亡後の事務を遂行する法的な権限・義務はないため，死後事務委任契約が必須となります。なお，死後事務委任契約に関する事務項目は，任意後見契約の公正証書中に記載することも可能です。

【図表2-18】死後事務の範囲と例

死後事務の範囲と例	
短期的なもの	・遺体の引取り ・親族・友人等への連絡 ・火葬，埋葬 ・葬儀 ・入院，入所費用等の生前債務の支払い ・入所施設等の居住空間の明渡し ・関係者への謝礼 ・納骨，永代供養 ・ペットの新しい飼い主への引き渡し
長期的なもの	・年忌法要
注意事項	死亡届の「届出義務者」は，①同居の親族，②その他の同居者，③家主，地主又は家屋若しくは土地の管理人（戸87①②）である。「届出権利者」は，親族以外の親族，後見人，保佐人，補助人及び任意後見人である。 死後事務の受任者であるだけでは，死亡届の届出権限がないため，届出人を確保する必要がある。

※参考：松川正毅『成年後見における死後の事務―事例に見る問題と対応策』2011，p68

⑤　医療同意や終末期医療に関して準備しておくべきことを知りたい

イ　ケース解説

長寿化が進む日本では，自分の終末期にどのような医療・ケアを受けたいかを考える高齢者が増えています。

おひとりさまにとって，自分が意識不明の状態に陥った際に医療行為の意思決定を誰が代行してくれるのかは，大きな関心事です。医療現場では家族や親族の判断が重要視されています。しかし，疎遠な家族や親族よりも信頼

のおける友人や知人に，「もしも」のときの医療同意を頼みたいというニーズもあるでしょう。

　QOL（Quality Of Life）は「人生の質」「生活の質」と訳される言葉です。心身ともに健康で生き生きと暮らす状態を「QOLが高い」などと表現します。それに対し最近はQOD（Quality Of Death/dying）という言葉を耳にするようになりました。「死の質」と訳されます。「質の高い終末期，死とは何か」を問う言葉です。

　QOLが高い理想的な生き方は，QODが高い理想的な死と繋がっています。今後は「どこで」「どのような」医療・ケアを受けたいのか，「誰に」意思決定の代行を頼みたいのかを考え，意思表示しておくことが必要になるでしょう。

　厚生労働省の「令和4年度　人生の最終段階における医療に関する意識調査」によると，「自分が意思決定できなくなった時に備え，事前指示書を作成しておくこと」に賛成と答えた一般国民は，69.8％でした。医師・看護師・介護支援専門員の場合は，8割以上が賛成しています。書面の形式や記載事項などの「お手本」が示され，相談窓口が増えれば，書面作成のハードルは下がっていくでしょう。

ロ　解決のヒント

　以下に「医療同意」と「終末期医療の意思表示」の2点について，希望を実現させるための手段を紹介します（p183「**3-3 1** ④パートナーの「もしものとき」病院で説明を聞きたい／意識がなくなったときパートナーに医療同意を頼みたい」参照）。

　a　医療同意

　そもそも医療に関する同意権・決定権は本人（医療を受ける者）が有する一身専属権です。本人の同意なく医療行為を行うのは違法です。そのため，本人が意思能力を失ったときや意識不明等で同意能力がないときに，

第 2 章　面談前の準備「おひとりさま」編

誰が本人の代わりに意思表示をするかが問題になります。

医療同意権は法律の定めがないため，各医療現場で慣習的に家族や親族に同意を求めている状況です。しかし医療に関する同意権・決定権は「一身専属」とされるため，本来家族に医療同意権はありません（成年後見人も同様）。

また，「医療行為は身体への侵襲を伴うものであるから，その同意や拒否は本人しか行うことができず，他者に委任することができない」との見解が多数です[17]。

しかし，本人の自己決定が重要視される現代は，医療現場でも本人が意思表示した「書面」が尊重されていくでしょう。「療養看護の委任に関する書面」「医療における事前指示書」「医療に関する意思表示書」といった形で，医療に関する希望を書面に記すことは十分意義があります。

厚生労働省は，人生の最終段階における医療・ケアについて，本人が家族や支援者等と話し合う取組みである「人生会議（アドバンス・ケア・プランニング）」の普及啓発に取り組んでいます。各自治体においても，医療に関する本人の希望を書面で残す取組みが活発になっています。

愛知県半田市は，①本人に代わって，医療やケアに関する判断・決定をする「代理判断者」，②望む医療処置・望まない医療処置，③残された人生を「自分らしく過ごす」ために望むことなどを記す「終末期医療に関する事前指示書」の作成を勧めています。愛知県半田市以外にも，続々と同様の取組みをする自治体が増え続けています。

【図表 2-19】終末期医療に関する事前指示書（愛知県半田市）

私の事前指示書

①代理判断者の選択

自分に代わって，自分の医療・ケアに関する判断や決定をする人を記載

※代理判断者は，身体状態や周囲の状況，あるいは医学の進歩を考慮して「その時のあなたにとって最善の利益判断をしてくれる人です。

「私が自分自身で，医療・ケアに関する判断・決定ができなくなった時，以下の人を代理判断者とします。」

第1判断者

氏名	（続柄　　　）
住所	
電話	（緊急連絡先）

第2判断者

氏名	（続柄　　　）
住所	
電話	（緊急連絡先）

②終末期に「望む医療処置」と「望まない医療処置」

病気が治る見込みがないにもかかわらず実施される「延命治療」について，「何を希望するか」を記載

※延命治療とは，人工呼吸器・心肺蘇生術（心臓マッサージや人工呼吸）・人工的水分栄養補給（点滴，経管栄養，胃ろうなど）・人工透析・大手術など，延命に関わるものすべてを指します。助かる見込みのある救命治療は含まれません。

※「延命治療をしない」ということは，すべての医療処置やケアをやめることではありません。「快適な日常ケア」や「苦痛を取り除くための治療」は必要です。

「私の病気が治る見込みがなく延命治療が単に死期を延長させるだけの手段であると医師が判断した場合，私は以下について希望します」

（いずれかを選んでください）

第2章　面談前の準備「おひとりさま」編

☐　私は延命治療を受けたい。
☐　私は延命治療を受けたくない。
☐　その他の希望すること

----

③残された人生を『自分らしく過ごす』ために望むこと
　　残された人生を自分らしく充実したものとするために，家族や医療介護を
する人に尊厳をもって行ってほしいことを記載

（希望するものすべてを選んでください）

☐　私は「苦痛」のある状態を望みません。苦痛を和らげるための十分な処
　　置や投薬をしてください。
☐　可能であれば，自宅で療養し，自宅で死ぬことを望みます。
☐　私に苦痛と不快をもたらさない限り，日常ケア（ひげ剃り・爪切り・髪
　　をとかす・歯磨きなど）をしてください。
☐　私の知人・友人などに私が病気であることを伝え，私の元に訪れるよう
　　頼んでください。
☐　可能な時は，好きな物を食べさせてください。
☐　可能な時は，誰かが側にいてください。
☐　可能な時は，声をかけたり，手を握ったりしてください。
☐　その他希望すること

作成日　平成　　年　　月　　日

署名＿＿＿＿＿＿＿＿＿＿＿＿＿＿㊞

（出所）愛知県半田市「終末期医療に関する事前指示書」

b 終末期医療の意思表示

　高齢社会は「多死社会」でもあります。「高齢化・長寿化」が進む日本では，終末期に受けたい医療・ケアについて考えることは，その人の人生の締めくくりに関わることであり，とても重要です。

　日本は生命倫理に関する法律が非常に少ないのが現状です。そのため「積極的安楽死」(注3)や終末期医療における治療行為の中止，差控えが問題になってきています。

　医療従事者からは，かねてからガイドラインの策定や法整備が強く求められていました。そのような声を受け，2007（平成19）年に厚生労働省は「人生の最終段階における医療の決定プロセスに関するガイドライン」を策定しました。2018（平成30）年には，改訂版の「人生の最終段階における医療・ケアの決定プロセスに関するガイドライン」（以下「改訂版ガイドライン」）が策定されました。

　改訂版ガイドラインは，人生の最終段階における医療・ケアのあり方，方針の決定手続が説明されています。中でも特筆すべきは，本人が医療の意思決定を伝えられない状況になった際に，それを推定する者について「家族以外の存在」が明記されたことです(注4)。

　また，終末医療の希望について話し合った内容を文書化しておくことの重要性が述べられています。今後もガイドラインの改訂や法整備の流れに注視しておきたい分野です。

　最近は「回復の見込みのない末期状態の患者に対し，生命維持治療を差し控え，又は中止し，人間としての尊厳を保たせつつ，死を迎えさせ

注3　積極的安楽死：意図的に死を招くような医療措置を講じること。それに対し消極的安楽死は，延命措置の中止や苦痛の除去・緩和を目的とした医療措置を講じること。

注4　改訂版ガイドラインには「家族等とは，今後，単身世帯が増えることも想定し，本人が信頼を寄せ，人生の最終段階の本人を支える存在であるという趣旨ですから，法的な意味での親族関係のみを意味せず，より広い範囲の人（親しい友人等）を含みますし，複数人存在することも考えられます。」とある。

第 2 章　面談前の準備「おひとりさま」編

る」[18]尊厳死という概念が医療従事者以外にも認知されてきています。

　それにより，自己決定権に基づき行われる「事前指示」「意思表明でき
なくなった場合に備えて事前に行う治療上の指示」として，末期状態での
生命維持治療の差控え・中止を指示する文書の「リビング・ウィル (living
will)」が広まっています。

　リビング・ウィルは「尊厳死公正証書」として公正証書で作成されるこ
とがほとんどです。公正証書で作成する場合，多くが「事実実験公正証
書」の形式で作成されます。これは，本人の尊厳死に関する宣言を公証人
が本人の真意に基づくものであることを確認して作成する「宣言型公正証
書」です[19]。

　リビング・ウィルの作成を希望する相談者からは，「①動機，②具体的に
どのような医療を望むのか」を丁寧に聞き取りましょう。相談者の QOD
を考えたオーダーメイドの文案を作成する必要があります。また，家族等
「医療のキーパーソン」となる関係者の了承があるかを確認しておくと安
心です。尊厳死宣言は家族の同意が要件ではありませんが，家族間の対立
を防ぐためにも，事前に同意をとっておく，意思を説明しておくといった
工夫が必要です。

Column 3

「自己決定」には怖さもある

　生命倫理に関する法律が少ない日本でも，尊厳死に関する法制化の動きがありま
す。現状では，延命治療の中止等を含む患者の事前指示や，それに従って治療を中止
した医師の免責を規定した法律はありません。

　「自分の病気が治る見込みがなく死期が迫ってきたときに，延命治療を断るという
形の死のありかたを選ぶ権利をもち，それを社会に認めてもらうこと」（一般財団法人
日本尊厳死協会ホームページの設立目的より）を目的とする「日本尊厳死協会」は
「リビング・ウィル」の普及と法制化を求めた運動を進めています。「患者の権利」と

しての「死ぬ権利」は，どのようにして，どこまで認められるべきなのでしょうか。

一方で「死ぬ権利」が法制化されることに対し，マニュアル化・ルーティン化の恐れを指摘する声もあります。また，法制化によって，人工呼吸器などを使用している障がい者や高齢者に死の選択を強いる圧力になるという意見も少なくありません。「死ぬ権利」や「自己決定」の名の下に，「生きる権利」が奪われる恐れもあるのです。周囲の人々や社会の支援があれば延命を希望する人でさえも，無言の圧力を感じて尊厳死を選択してしまうという危惧もあります。

行政書士として尊厳死公正証書(リビング・ウィル) の作成に関わる際には，依頼者の作成動機と意思を丁寧に聞き取りましょう。人の気持ちは変わるものであり，そのときは変更・撤回すれば良いという声がけも大切です。尊厳死に関する法制化，ガイドラインの内容を注視するとともに，「自己決定」という言葉に含まれる怖さを知っておきましょう。

3 余儀なくおひとりさま（未婚）

① 親に介護が必要になったらどうしたらよいのか（息子の場合）

イ ケース解説

親と同居する「世帯内単身者」である未婚の子どもの多くは，非正規雇用で不安定な経済状況です。親に頼らざるを得ない子どもにとって「親の介護」と「親亡き後の自身の生活」は切迫した問題です。有配偶者の兄弟姉妹がいる場合，親の介護を担うことが期待されるのは未婚の子どもです。

2017 (平成29) 年に改正された「育児休業，介護休業等育児又は家族介護を行う労働者の福祉に関する法律 (以下「改正育児・介護休業法」)」は，正規雇用者だけでなく非正規雇用者も介護休業・介護休暇[注5]を取得できると定めています。

介護は終わりの見えないケア労働です。先の見通しの立たなさから休業をいつ取得すればよいのか判断に困り，制度を活用できない利用者も多いよう

第 2 章　面談前の準備「おひとりさま」編

です。

【図表 2-20】育児・介護休業法の改正のポイント

1　介護休業の分割取得	対象家族 1 人につき通算 93 日まで，3 回を上限として介護休業を分割して取得可能
2　介護休暇の取得単位の柔軟化	1 日又は時間単位で取得が可能
3　介護のための所定労働時間の短縮措置等	介護のための所定労働時間の短縮措置等（選択的措置義務）について，介護休業とは別に利用開始から 3 年間で 2 回以上の利用が可能
4　介護のための所定外労働の制限（残業の免除）	介護のための所定が労働の制限（残業の免除）について，対象家族 1 人につき介護終了まで残業の免除が受けられる　★新設

（参考）厚生労働省『育児・介護休業法のあらまし』(2024)

　父子家庭の生活問題や高齢者介護の問題を長年研究している春日キスヨは，『変わる家族と介護』で，介護を担う未婚の息子の孤立と孤独の実態を以下のように分析しています。

> 　未婚の非正規雇用の息子が，両親の介護のために「介護離職」すれば，次の就職口は限られてしまう。今の日本では，一度無職状態になると，次の就職先の多くは，前職よりもさらに低賃金で短期間の非正規雇用である。そのような状況で，「働くために支払わなければならない介護サービス料」と「働いて得られる賃金」を天秤にかけ，「働かないほうがマシ」という選択をせざるを得ないおひ

注 5　介護休業：労働者（日々雇用される者を除く）が，要介護状態（負傷，疾病又は身体上若しくは精神上の障害により，2 週間以上の期間にわたり常時介護を必要とする状態）の対象家族を介護するための休業。
　　　介護休暇：労働者（日々雇用される者を除く）が，要介護状態（負傷，疾病又は身体上若しくは精神上の障害により，2 週間以上の期間にわたり常時介護を必要とする状態）にある対象家族の介護や世話をするための休暇。対象家族が 1 人の場合は年 5 日まで，2 人以上の場合は年 10 日まで取得可能。

2-3 抱えている悩みと解決のヒント

とりさま男性も多い[20]。

　性別役割分業意識が強い方の場合，「男性は仕事が第一」という認識が強固に残っています。そのような意識が親・子どもの両者にあると，息子のケア労働は報われません。介護離職により，無職の自分への侮蔑感や自責感も強まります。そして，初めから「ケア労働の担い手」と期待されることが多い娘が介護するときよりも，一層孤独をつのらせることになります。

　そのような生活の中で一度生きる希望を失えば，セルフ・ネグレクト状態に陥るリスクが高くなります。

ロ　解決のヒント

　「余儀なくおひとりさま」が，自ら相談の場に訪れることは多くありません。相談者の多くはその親世代です。高度経済成長期を支えた現代の高齢者は，ある程度の経済的余裕があります。「余儀なくおひとりさま」の家族構成の多くは，「経済力のある親（主に団塊の世代以上）＋親の経済力に頼らざるを得ないおひとりさまの子ども」となっています。

　親世代には，遺言書の作成や任意後見契約の締結を勧めます。同時に，介護離職のリスクや，経済的に不安定な子どもが「親亡き後」に生き延びるためのプランを情報提供します。介護制度に関する専門家（社会保険労務士，地域包括センター等）への橋渡しも重要です。

② 　親に介護が必要になったらどうしたらよいのか（娘の場合）

イ　ケース解説

　春日は『変わる家族と介護』で，娘介護を以下のように分析しています。

　親の経済力に頼る以外に収入の道を持たない未婚の娘は，親が死亡するまで親の『金縛り』にあって介護役割に縛り続けられる可能性がある。親の介護をす

111

> る間に仕事も収入も失い、婚期も逃し、身も心もボロボロになってしまう。そしてそれは、親がある程度経済力がある場合のほうが、リスクは高い[21]。

さらに母親を介護する際の子どもジェンダー差について、臨床心理士の信田さよ子による卓越した分析を紹介します。

> 母たちは見上げておもねる息子と、見下ろし支配する娘とを巧妙に使い分けている。息子に対しては、かけがえのなさを強調して庇護欲求を刺激する。いっぽう娘に対しては、罪悪感を刺激することで「母を支え続けなければならない」という義務感を植え付ける[22]。

【図表 2-21】母との関係

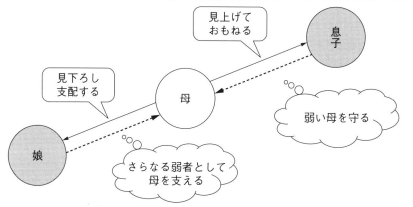

(参考) 信田さよ子『母が重くてたまらない 墓守娘の嘆き』(2008)

春日の『変わる家族と介護』には、母の期待どおり「母の人生に縛られた」人生を送った娘が介護を続けた結果、要介護状態の母に暴力を振るうケースが紹介されています。

もともと経済的に不安定な「余儀なくおひとりさま」の娘が「かわいそうな母」の介護のために仕事を辞め、無収入になれば、親の経済力に縛られる人生になってしまいます。良好な親子関係でも、ケア役割を1人で担い続け

2-3 抱えている悩みと解決のヒント

ることは「親亡き後」の娘の人生の大きなリスクとなります。

ロ　解決のヒント

　「息子介護」のケース同様，親世代が元気なうちに遺言書の作成や任意後見契約の利用を勧めます。ジェンダー規範が強い親の場合は，娘だけにケア役割を担わせることのリスクに無自覚な傾向にあるため，時には負担の偏りへの指摘をすることも必要です。「自分が何とかしなければ」と抱え込んでいる子どもに対し，そもそも子どもに親の介護をする法的義務はないことを教示するだけでも（p87「2-3 **1**②夫が亡くなったのを機に義実家とは関係を解消したい」参照），肩の荷が下りることがあります。

　このケースの相談場面では，親の本音・子どもの本音両方をキャッチする繊細さが必要です。「仲良し親子」に見える場合でも，子どもが抑圧された苦悩を抱えていることもあります。家族内の権力勾配を見極めながら，場合によっては一人一人と面談するといった工夫も必要です。

　2006（平成18）年4月1日に「高齢者に対する虐待の防止，高齢者の養護者に対する支援等に関する法律」（以下「高齢者虐待防止法」）が施行されました。「東京都高齢者虐待事例情報調査」によると，子どもによる虐待のある世帯の中で最も割合が高いのは「本人と単身の子ども」の世帯です。

　高齢者虐待は決して特殊な事例ではありません。社会のセーフティネットの不整備や家庭内の積年の問題が複雑に絡まり，介護という閉ざされたケア労働が虐待の引き金になります。行政書士は，そのような様々なリスクを理解した上で「予防法務」としての情報提供をする必要があります。

113

第 2 章　面談前の準備「おひとりさま」編

Column 4

アダルトチルドレンと依存症

　家族法務に関する業務において，援助の助けとなる概念のひとつに，「アダルトチルドレン（AC）」があります。語源はアメリカ発祥の「アダルトチルドレン・オブ・アルコールホリックス（ACoA）で，アルコール依存症の親のもとで育ち，大人になった人たちを表しています。日本では，1980 年代以降，依存症治療に関連する保健所や福祉事務所，病院，市民団体，当事者へと広がって行きました。

　AC とは，カウンセラーの信田さよ子の言葉を借りれば，「現在の自分の生きづらさが，親との関係に起因すると認めた人」[23]を指す「自己認知」の言葉です。専門家の診断により名付けられるのではなく，「自分は AC である」と定義づけるのは本人ということです。

　相談者（あるいはその家族）には，自分は AC だと捉えている方がいるかもしれません。自分の人生を理解し，「なぜこうなったのか」という問いの答えを探す際に，AC という概念は，回復のガイドラインになります。現在の置かれた状況を自己責任と捉えるのではなく，歴史性や物語性を持って捉えることの有用性を感じます。

　AC が抱える生きづらさは，ときにアルコールや薬物，ギャンブル，摂食障害等の依存症の症状となって現れることがあります。依存症問題については，各自治体の精神保健福祉センターが依存症相談拠点としての依存症専門相談窓口になっています[24]。依存症は「孤独の病」とも言われており，プレッシャーや不安感，焦りなどから依存対象に頼るようになります。依存症は，当事者が問題を認めにくい「否認の病」でもあり，本人よりも家族等の周囲の人々がその問題に振り回されるという構図が見られます。つまり，本人だけに焦点を当てるのではなく，まずは周囲の家族等が支援に繋がることが重要なのです。

　社会学者の中村英代は，著書『依存症と回復，そして資本主義』（光文社，2022）において，医療，福祉，司法，心理等の様々な分野で依存症に関わる支援者にインタビューをしています。中村が彼らの支援の実践から見出した共通点は，①相手を変えようとしない支援，②依存症者を何らかのネットワークなはつなげようとする「つなげる支援」，③当事者をひとりの人として理解し，彼らから学び続ける「相手から学ぶ

支援」の３つです。私たちの相談においても，法的な観点から必要な要素だけを聞き取るのではなく，その人自身を知ろうとすることが大切なのではないでしょうか。

　家族問題というと，どうしても誰が「悪」か（誰のせいで問題が起きたのか）という悪者探しに意識が向いてしまいます。しかし，あらゆる現象はその家族のシステムや個人史が複雑に絡まって起きています。権力勾配を意識しながらも，鳥瞰的視点で家族を眺めることが大切だと思います。

③　困りごとに対応してくれそうな知人・友人が思いつかない

イ　ケース解説

　おひとりさまにとって孤立死（孤独死）の不安は切実です。上野が『おひとりさまの老後』で述べたように，人は急に「孤独死」するのではありません。孤立した生活を続けてきた人が，孤立した死・孤独な死を迎えるのです[25]。

　地域の繋がりが希薄な現代は，「スープの冷めない距離」で互いの安否を確認するような関係性を築くのは難しくなっています。不安定な非正規雇用が増え，職場の人間関係も老後のセーフティネットにはなり得ません。そのため，メディアが取り上げるセンセーションな孤独死像に不安を抱く人が増えています。

　貧困問題の社会活動家である湯浅誠は，困難を抱えたときに私たちを守るものを「溜め」という言葉で表現しています[26]。「溜め」の喪失は貧困に直結します。

　金銭的な「溜め」，人間関係の「溜め」，精神的な「溜め」など，「溜め」状況は人それぞれです。どのような「溜め」に守られているかによって，困難な状況を乗り越えられるか否かが左右されるのです。「溜め」を失うリスクが大きいのが「余儀なくおひとりさま」です。「溜め」の獲得と維持が安心した老後を支える重要な要素です。

第2章　面談前の準備「おひとりさま」編

ロ　解決のヒント

　前項で紹介した「りすシステム」も「溜め」の一つを担うものです（p93「2-3 **2** ②高齢になったとき保証人はどうしたらよいのか」参照）。最近は行政も高齢者等への「見守りネットワーク」の構築に力を入れています。自治体の差があるものの，区市町村・地域包括支援センター・地域住民のネットワークが相互に連携し見守り活動を行う仕組みが整えられつつあります。

　福岡県福岡市は，福岡市高齢者住まい・生活支援モデル事業『住まいサポートふくおか』という制度を運用しています。住み替えの困難を抱えた高齢者を対象に，民間賃貸住宅入居に協力する協力店（不動産事業者）・様々な生活支援を行う支援団体・市・社会福祉協議会が連携し，円滑な入居と生活を支援する制度です。

　定期的な安否確認による見守り・日常生活支援・死後事務委任等のサービスを受けられる画期的な仕組みになっています。住まいの確保から死後の不安まで，トータルな対応がなされています。

　上野は『おひとりさまの最期』で「自己決定能力が失いつつあるとき……人持ちならひとに頼ればよいが，それが無理ならシステムをつくることが必要」(27)と述べています。上野が「トータル・ライフ・マネージメント」(28)と呼ぶ終末期と死後を支えるカスタムメイドのチーム概念は，今後の行政書士のあり方の示唆に富んでいます。

　「トータル・ライフ・マネージメント」は，家族・友人・医療従事者・福祉関係者・各専門士業・葬儀業者などが当事者を中心にチームを組み，当事者の情報共有・相互監視を行いながら死をサポートするものです。上野はその中の誰かが「司令塔」の役割を担うことが理想だと述べています(29)。行政書士はその業務の幅広さからも「ファシリテーター」の役割が適任です。今後は書面作成等のスポット業務だけでなく，様々な専門家，機関の仲介役としてマネジメントすることが重要になるのではないでしょうか。

116

【図表 2-22】 トータル・ライフ・マネージメントのイメージ

（参考）上野千鶴子『おひとりさまの最期』(2015) p217の図に一部加筆

【図表 2-23】 ファシリテーターとしての行政書士

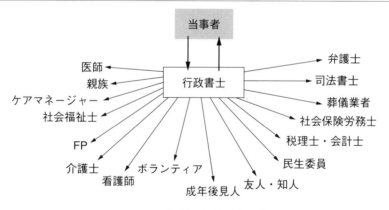

（参考）上野千鶴子『おひとりさまの最期』(2015)

④ ひとりで賃貸物件に住み続けられるのか不安
　イ　ケース解説
　　単身高齢者やひとり親世帯，低所得者等の賃貸住宅への入居の難しさは想像に難くありません。2015（平成27）年に(公財)日本賃貸住宅管理協会が

第 2 章　面談前の準備「おひとりさま」編

行った調査よると，高齢者世帯が入居することに対して，70.2％の賃貸オーナーが拒否感を抱いています。家賃支払いへの不安や居室内での死亡事故等への不安から，一定数の賃貸オーナーが入居制限を行っているようです。

　住宅問題と貧困問題は密接に繋がっています。2000年半ば以降「ネットカフェ難民」や「脱法ハウス」といった，ワーキングプアと不安定な住居問題がメディアで取り上げられるようになりました。

　貧困問題に関し幅広い活動と提言を行う稲葉剛は「ハウジングプア」という言葉を使うことで，住まいの貧困の全体像をみていく必要性を述べています[30]。

　住宅政策提案・検討委員会は「ハウジング・リスク」を持つ人々として，世帯内単身者・単身女性・母子世帯・不安定就労層・障がい者・低所得高齢者・刑務所出所者・期間工・飯場生活者を挙げています[31]。

　現代は，高度経済成長期以降に一般的・標準的とされたライフコース（正規雇用→結婚→新たな家庭を築く→持ち家を取得）を歩むのは難しい時代です。「余儀なくおひとりさま」の場合，経済的事情から重い家賃負担を負うのは難しく，その多くが親と同居する「世帯内単身者」です。不安定雇用の未婚のおひとりさまが「親なき後」の住環境に不安を抱くのはごく自然なことです。

ロ　解決のヒント

　2017（平成29）年10月25日「住宅確保要配慮者に対する賃貸住宅の供給の促進に関する法律の一部を改正する法律」（以下「改正住宅セーフティネット法」）が施行されました。

　改正住宅セーフティネット法は「住宅確保要配慮者」（高齢者，低所得者，障がい者，子育て世帯等の住宅の確保に困難を抱えている者）の入居を拒まない賃貸住宅の登録制度を定めています。近年問題化されている「空き家問題」と入居制限等による「ハウジングプア問題」の両者を解決する画期的な施策です。全体像は以下のとおりです。

118

> ・住宅確保要配慮者向け賃貸住宅の登録制度
> ・登録住宅の改修・入居への経済的支援
> ・住宅確保要配慮者のマッチング・入居支援

　2017（平成25）年には，日本行政書士会会長から制度活用の声明も出ています。行政書士業務の一例として以下の業務が挙げられています。

> ①　「住宅確保要配慮者の入居を拒まない賃貸住宅（セーフティーネット住宅）」登録申請
> ②　居住支援法人の指定申請
> ③　家賃債務保証業者の登録申請
> ④　住宅確保要配慮者専用住宅改修事業にかかる補助金申請
> ⑤　居住支援法人への当該居住支援活動への補助金申請

　行政書士は，入居希望者・大家・管理会社・自治体等のパイプ役として活動することが期待されています。「ハウジングプア問題」の抜本的な解決を目指すためにも，新制度をフルに活用しましょう。

⑤　経済的にゆとりがなく葬儀・埋葬がどうなるか不安

イ　ケース解説

　全国の自治体で引き取り手のない「無縁遺骨」が急増しています。身元不明の遺骨ではなく「身元が判明しているにもかかわらず引き取り手のない」遺骨が圧倒的に多いようです。

　引き取り手が引き取り拒否する理由は「関わりたくない」「長い期間会っていない」といったものがほとんどです。日本の「無縁死」は年間3万人を超えるとされています[32]。

　身元不明の遺体，引き取り手のない遺体への自治体の対応は，以下のように定められています。自治体は以下の法令に従って火葬・埋葬を行います。

第 2 章　面談前の準備「おひとりさま」編

【図表 2-24】自治体が「無縁死」に対応する際の根拠法

法律名	行旅病人及行旅死亡人取扱法 明治 32 年（1899）7 月 1 日施行	墓地，埋葬等に関する法律 明治 23 年（1948）6 月 1 日施行
対象	住所，居所もしくは氏名が知れず，かつ，引き取る者がいない死亡人（行旅死亡人）	死体の埋葬又は火葬を行う者がないとき又は判明しないとき（引き取り手のない死亡人）
対応	行旅死亡人の所在地の市町村 ① その状況や容貌，遺留物などの本人の認識に必要な事項を記録 ② 遺体を火葬，埋葬 ③ 本人の認識に必要な事項を官報等に公告	死亡地の市町村長 ① 遺体を火葬，埋葬 ② 費用は「行旅病人及行旅死亡人取扱法」の規定を準用 ※埋葬又は火葬は，死亡又は死産後 24 時間経過した後でなければ行ってはならない

　経済的なゆとりがない場合や，情報へのアクセスが難しい環境にある場合は，専門職等の支援者につながることが難しく，何の対策もできぬまま亡くなってしまうケースも多いと考えられます。

ロ　解決のヒント

　引き取り手のない遺骨が増加する中，1 人暮らしで身寄りがなく生活のゆとりのない高齢者を対象に，官民連携で「終活」を支援する事業を開始した自治体が増えてきました。

　研究者の八木橋慶一は，自治体の終活支援を以下のように分類しています。

① 終活支援事業

② 終活情報登録事業

③ その他の終活関連事業（自治体版のエンディングの作成・配布）

　1741 の全市区町村を対象にした八木橋の調査によれば，①か②の事業を実施している自治体は，2023（令和 5）年時点で 20 ％に達していません。支援の必要性が認識されながらも，具体的な支援事業を実施している自治体は，いまだ少数にとどまっています。

　神奈川県大和市は，2021（令和 3）年 6 月に，いわゆる「終活」を支援す

る条例として「大和市終活支援条例」を制定しました。本条例では,「終活」を「自らの死と向き合い,自己の希望及び周囲の人々への影響を考慮したエンディング及び死後の手続きに関する準備を行う活動」(2条1号)と定義しています。

　これらの事業の先鞭をつけた神奈川県横須賀市,神奈川県大和市の取組みを以下に紹介します。今後,同様の事業が各自治体で増加していくと考えられます。相談者が利用できるサポート事業の有無を検討し,適宜行政窓口につなぎましょう。行政書士としても,活動拠点の自治体との連携をアグレッシブに探っていく必要があるのではないでしょうか。

a　神奈川県横須賀市
　横須賀市は,「エンディングプラン・サポート事業」と「わたしの終活登録事業」を行っています。終活登録事業は,本人が緊急連絡先・支援事業所・かかりつけ医・アレルギー・遺言の保管先・墓の所在地等を市役所に登録し,いざという時に,病院や指定者からの問い合わせに市役所が回答するというシステムです。エンディングプラン・サポート事業の対象者は,原則一人暮らしで身寄りがなく月収18万円以下で預貯金250万円以下程度,かつ固定資産評価額500万円以下程度の不動産しか有しない高齢市民です。サービス利用の流れは以下のとおりです。

第2章　面談前の準備「おひとりさま」編

【図表 2-25】エンディング・サポート事業の流れ（神奈川県横須賀市）

1　相談

・担当窓口である横須賀市福祉部生活福祉課担当窓口で，相談者が事業対象者となるかを確認
・条件を満たす場合は，葬儀・納骨・死亡届出人・リビング・ウィルといった事項について相談
・協力葬儀社の情報提供

※相談者が条件に合わない場合は，相談内容に応じて士業の適切な専門家に繋ぐ
※リビング・ウィル（living will）：医療における事前指示書
　意思表明できなくなったときに備え，事前に治療やケアの希望を指示する書面

2　協力葬儀会社との相談，生前契約の締結

・市の担当者同席で，協力葬儀社と生前契約（死後事務委任契約）
・葬儀社に対し，葬儀・納骨代をあらかじめ支払う（原則生活保護基準：20万6千円以内）→これ以外に手数料はかからない

3　登録カードの発行

・市は支援プランを立て，登録カード（大小2枚）を発行
・カード小は本人が携帯，カード大は玄関先に貼付

※登録カードの内容
氏名，生年月日，住所，事業登録番号
延命治療の希望の有無

緩和治療の希望の有無
葬儀社名，かかりつけ医，緊急連絡先
横須賀市福祉部生活福祉課自立支援係の電話番号

4　支援スタート

・本人の希望に応じ，市の職員が本人の自宅を定期的に訪問
・緊急の場合はカードによって市や葬儀社に連絡が入る
・本人死亡の場合，生前に希望した葬儀・埋葬を行う
・市が支援計画どおりに実行されたか確認する

2-3　抱えている悩みと解決のヒント

【図表 2-26】エンディング・サポート事業の関係図（神奈川県横須賀市）

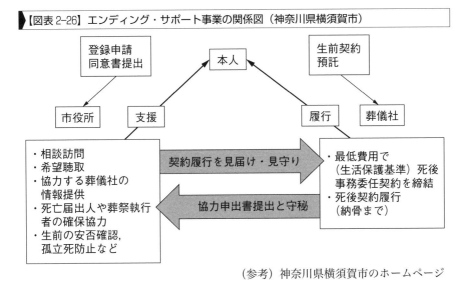

（参考）神奈川県横須賀市のホームページ

b　神奈川県大和市

　神奈川県大和市の「おひとり様などの主活支援事業」が，大和市終活支援条例をもとに事業が行われています。対象は，「市内在住で，自身の死後に不安を抱えているひとり暮らしに人，夫婦や兄弟姉妹のみで暮らす世帯など」とされており，収入要件等はありません。具体的なサービスは，以下のとおりです。

① 葬儀や納骨などを執り行う市内の「協力葬祭事業者」を紹介し，生前に契約できるよう支援する

② 死後の遺品整理や各種契約の解約手続などを希望する場合，司法書士などの法律専門家からの連絡を市が手配する

③ 死後のお墓の所在などの情報を，知人等に連絡する

第 2 章　面談前の準備「おひとりさま」編

【図表 2-27】おひとり様などの終活支援事業の流れ

【登録者（市民）が行うこと】
・葬祭事業者，法律専門家と葬儀・納骨などに関する生前契約を締結，支払い（本人負担）
・登録者自身の同意書提出（必須），家族又は知人等からの同意書提出（状況による）
・登録カード（携帯用）を常時携帯，登録カード（自宅掲示用）を玄関等に掲示

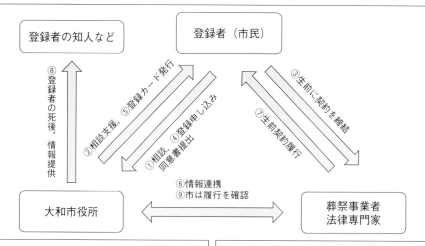

【大和市役所が行うこと】
・相談者の意思に応じて協力葬祭事業者の情報を提供するほか，司法書士や行政書士など法律専門家とのコーディネートを行う
・登録者に登録カードを発行（携帯用と自宅掲示用の2種類）
・登録者の情報管理，安否確認
・死亡時に葬祭事業者等へ連絡及び登録者の知人等へ納骨場所等の情報の提供

【葬祭事業者，法律専門家が行うこと】
・相談者に葬儀・納骨に関する情報，遺品整理，支払い整理等の情報を提供　併せて登録者の意思に沿ったプランを提案
・生前に契約締結
・登録者本人の死後，契約内容を履行及び市役所へ連絡
・市役所開庁時間外の緊急連絡先を担う（葬祭事業者のみ）

（参考）大和市「やまとニュースNo.063」

2-3 抱えている悩みと解決のヒント

Column 5

おひとりさまと死

「孤独死（孤立死）」[注6]の増加は，現代日本を生きる私たちの共通認識です。メディアでも，孤独死（孤立死）の惨状がセンセーショナルに取り上げられています。おひとりさまの死は，孤独死（孤立死）と結びつけられて語られることが多いのではないでしょうか。

しかし，その死は本当に「孤独」なのでしょうか。上野千鶴子は『おひとりさまの最期』で，孤独死は「それ以前から孤立した孤独な生を送っていたひとの話」[35]で，「たとえひとり暮らしでも，孤独でなければ，孤独死ではありません」[36]と述べています。

自宅で誰にも看取られず，1人で死ぬことは，必ずしも孤独死（孤立死）とはいえません。上野は，そのような死を「在宅ひとり死」と名付けました。実際に，最期まで自宅で暮らしたいと考える高齢者は多いようです。在宅医療・介護の現場では，家族の看取りがなくても，既に「ひとりで家で死ねる」仕組みがあることを知っておきましょう。

おひとりさまとして人生を謳歌し，希望どおり「在宅ひとり死」ができる高齢者がいる一方で，生きづらさを抱え，社会との繋がりを失った若者が「孤独死（孤立死）」することもあります。

「孤独死（孤立死）」は，おひとりさまだけの問題ではありません。障がいを抱えた妹とその姉が病死，凍死して発見された事件など，おひとりさまでなくとも，社会的に孤立し，経済的に困窮していれば，孤独死（孤立死）のリスクは高まります。「セルフ・ネグレクト」状態に陥った結果，孤独死（孤立死）に至るケースは非常に多いようです。

注6 孤独死（孤立死）：孤独死と孤立死は特に区別なく使用されている。孤立（isolation）と孤独（loneliness）の意味を考えれば，「孤独死」は生前に寂しさなどの否定的な感情を抱いた中で死亡すること，「孤立死」は生前に人・社会との関係が乏しい中で死亡することと考えることができる[34]。

125

第 2 章　面談前の準備「おひとりさま」編

　目の前の相談者が，どのような終末期を迎えたいと考えているのかを知ること，孤独死（孤立死）の将来的なリスクを察知することは，行政書士の重要な役割の一つなのではないでしょうか。

2-3 抱えている悩みと解決のヒント

引用・参考文献

第2章

(1) 井上輝子『新・女性学への招待』2011，有斐閣，p17

(2) 岩下久美子『おひとりさま』2001，中央公論新社，p6

(3) 上野千鶴子『おひとりさまの老後』2011，文春文庫，p10

(4) 鹿野政直『現代日本女性史—フェミニズムを軸として』2004，有斐閣

(5) 若林靖永／樋口恵子編『2050年超高齢社会のコミュニティ構想』2015，岩波書店，p31

(6) 上野千鶴子『おひとりさまの最期』2015，朝日新聞出版，p14

(7) 小谷みどり『LIFEDESIGNREPORT』2017

(8) 岸恵美子編『セルフ・ネグレクトの人への支援』2015，中央法規

(9) 毎日新聞2016年10月25日朝刊

(10) 岸恵美子編『セルフ・ネグレクトの人への支援』2015，中央法規

(11) 上野千鶴子『おひとりさまの老後』2011，文春文庫，p44

(12) 『こころの科学218号』小瀬古伸幸「訪問看護の現場で出会う依存症のある高齢の人への支援」p54-58

(13) NHK総合あさイチ「女の選択夫の墓に入る？入らない？」2014年1月27日

(14) 槇村久子『お墓の社会学』2013，晃洋書房

(15) 二宮周平『家族法』p279-280

(16) 厚生労働省「市町村・都道府県における高齢者虐待への対応と養護者支援について」（令和5年3月改訂版）p6-7

(17) 新井誠／赤沼康弘／大貫正男『成年後見制度』2014，有斐閣，p374

(18) 日本公証人連合会『新版証書の作成と文例家事関係編【改訂版】』2017，立花書房，p237

(19) 雨宮則夫／寺尾洋『Q&A遺言・信託・任意後見の実務』2015，日本加除出版

(20) 春日キスヨ『変わる家族と介護』2010，講談社現代新書，p57

(21) 春日キスヨ『変わる家族と介護』2010，講談社現代新書，p89

(22) 信田さよ子『母が重くてたまらない』2008，春秋社，p47

(23) 信田さよ子『アダルト・チルドレン　自己責任の罠を抜け出し，人生を取り戻す』2021，学芸みらい社p53

(24) 厚生労働省「依存症対策」https://www.mhlw.go.jp/stf/seisakunitsuite/bunya/0000070789.html

第 2 章　面談前の準備「おひとりさま」編

(25) 上野千鶴子『おひとりさまの老後』2011，文春文庫

(26) 湯浅誠／河添誠『生きづらさの臨界』2008，旬報社

(27) 上野千鶴子『おひとりさまの最期』2015，朝日新聞出版，p217

(28) 上野千鶴子『おひとりさまの最期』2015，朝日新聞出版，p215

(29) 上野千鶴子『おひとりさまの最期』2015，朝日新聞出版

(30) 認定特定非営利活動法人自立生活サポートセンター・もやい「貧困問題レクチャーマニュアル第 3 版」

(31) 住宅政策提案・検討委員会「住宅政策提案書」2013

(32) NHK スペシャル「無縁社会〜“無縁死”3 万 2 千人の衝撃〜」2010 年 1 月 31 日

(33) 季刊『個人金融 2024 冬』八木橋慶一「行政及び社会福祉協議会による終活支援の実態と支援モデル」

(34) 岸恵美子編『セルフ・ネグレクトの人への支援』2015，中央法規

(35) 上野千鶴子『おひとりさまの最期』2015，朝日新聞出版，p27

(36) 上野千鶴子『おひとりさまの最期』2015，朝日新聞出版，p27

第3章 面談前の準備「セクシュアル・マイノリティ」編

　「セクシュアル・マイノリティ」であることを自認する相談者が求めているのは，第一に，そのありようを「そのまま」受容されることです。様々な偏見や好奇の眼差しによって傷つきを抱えた相談者にとって，支援者が人権視点を持っていることは必須条件です。私たち行政書士の援助が，相談者にとって「二次被害」とならないよう，学びを深めていきましょう。その上で，法制度の仕組みをわかりやすく教示し，具体的な解決策の提案することが求められます。

　「セクシュアル・マイノリティ」に関する業務は，続々と新しい法制度が策定されている分野です。裁判例の蓄積も徐々に増えてきました。最新の情報を学び，法解釈を重ねていくことが大切です。

【図表3-1】第3章の流れ

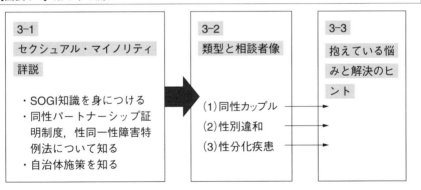

3-1　セクシュアル・マイノリティ詳説

　セクシュアル・マイノリティに関する様々な論点を理解するためには，①基礎知識を身につけること，②社会と法制度の変遷を知ることが大切です。これらのベースになのが，人権擁護に立脚した視点です。

第3章　面談前の準備「セクシュアル・マイノリティ」編

　誰もが同じ一人の人間として，差別的取扱いにNOと表明する権利があります。法制度が充実することは，権利侵害に対して救済（保障）を求めるための根拠となります。ときにセクシュアル・マイノリティに関する議論では，「権利を主張し過ぎている」とか，「特別扱いされている」といったバッシングがなされることがあります。パートナーシップ制度やLGBT理解増進法といった法制度は，特別な「誰か」を優遇するための特権的施策ではなく，現に生じている差別と不正義を少しでも解消するために，ようやく制度化されたものです。法をツールとして使う行政書士として，その歴史と法制度の重要性を理解しておきましょう。

■ 基礎用語を知る

　「セクシュアル・マイノリティ（性的少数者・性的マイノリティ）」は，社会で「典型的」あるいは「多数派」と想定される性のあり方に当てはまらない人たちを表す言葉です。「社会の想定する『普通』からはじき出されてしまう性のあり方を生きる人々」[1]と定義することもできます。最近はセクシュアル・マイノリティの人たちの抱える困難や法制度の欠缺が可視化されるようになりました。

　セクシュアル・マイノリティに関する知識を理解するためには，「セクシュアリティ」という概念を押さえることが必要です。上野千鶴子が「性をめぐる観念と欲望の集合」[2]と定義するように，個々人の性のあり方（性の捉え方）を総体的に表す言葉です。

　セクシュアリティを理解するには，5つの視点から性を捉えることが必要です（5つの性の構成要素）。性のあり方は，多様でグラデーションをなしています。「LGBT」のイメージカラーが虹色なのはその多様性を表現しているからです。この5つの視点を知ると，性は「男女」の二分法だけでは定められないことが理解できます。例えば，「ノンバイナリー（nonbinary）のように，男女のいずれか一方には当てはまるという認識を持たない人もいます。昨今，当事者

130

の異議申立てにより，性別二元論[注1]や異性愛規範への当然視に対して，反省や学び直しがなされています。

（参考）社会福祉法人共生会 SHOWA 編著『性的マイノリティサポートブック』(2021)

① 割り当てられた性

日本において，身分を証明する際の性別（法律上の性別）は「男女」の2つに分けられます。5つの性の構成要素のうち，「割り当てられた性」のみが男女の二分法です。私たちは出生すると，「出生届」を届け出る際に，主に身体的特徴をもとに「性別」が割り当てられます（戸49①）。出産に立ち会った医師や助産師らが記載する「出生証明書」は，「出生届」に添付する必要があります（戸49③）。つまり，医師らが公的証明書に記載される男女の別を判定することになります。

▶【図表 3-2】割り当てられた性

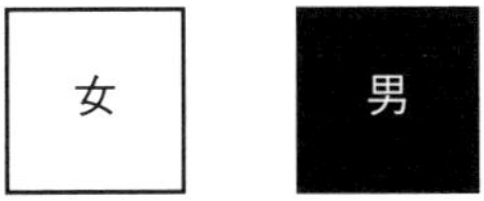

女　男

② 身体的な性

身体的な性の概念には，染色体・内性器・外性器・性ホルモン・生殖腺など一見してわからない特徴と，身長や体重，骨格といった外見上の特徴が含まれています。

③ 性自認／性同一性（Gender Identity）

自分がどのような性別であるかの認識をいいます。「男女どちらでもない性と自認すること」や「どちらでもある」と自認すること（ノンバイナリー：Nonbinary）もあります。

注1　性別二元論：人は男女いずれかのジェンダーに属すると考えること。

第3章　面談前の準備「セクシュアル・マイノリティ」編

【図表3-3】性自認

　自身の身体的な性，割り当てられた性に対して違和感がなく，それらの性別と同一性を認識している人を「シスジェンダー：Cisgerndaer」といいます。一方で，身体的な性，割り当てられた性に対し違和感があり，それと一致しない性自認を有している人を「トランスジェンダー：Transgender」といいます。身体的な性・割り当てられた性が男性で性自認が女性の場合を「トランス女性」，身体的な性・割り当てられた性が女性で性自認が男性の場合を「トランス男性」といいます。

　「トランスジェンダー」をめぐる用語はいささか複雑です（p134【図表3-4】参照）。【図表3-4】「トランスジェンダー概念の見取り図」にある①「（広義の）トランスジェンダー」は，社会から割り当てられた自分の性別に何らかの違和感を持ち，その性別の枠を越えようと考える人たちの「総称」です。
　③「トランスヴェスタイト（異性装者）」は，異性の服装を身につける人たちです。トランスヴェスタイトの人たちは常に「異性装」をしているとは限りません。また，必ずしも身体的な性・割り当てられた性と性自認に不一致があるわけではありません[3]。
　④「トランスセクシュアル」は，身体的な性・割り当てられた性とは異なる性自認を持ち，性別適合手術を望む人（手術を行った人）を表します。
　⑤「性同一性障害」は，医学診断名・公式用語として定着した用語です（例：『性同一性障害の性別の取扱いの特例に関する法律』）。この名称は，世界保健機構

132

（WHO）が作成する「疾病及び関連保健問題の国際統計分類（国際疾病分類）」第10版（ICD-10）に沿った名称です。

⑥「（狭義の）トランスジェンダー」は，性別適合手術といった医療的介入を必ずしも必要としない人たちを指します[4]。

②「性別違和」は，アメリカの精神医学会の診断基準『DSM-5』が医学診断名の性同一性障害を「性別違和（Gender Dysphoria）」に改められたことで広まりつつある用語です（日本精神神経学科による公式訳としての採用は2014年）。「性別違和」が選択されたことの意義は，性同一性に違和感を持つこと自体は「障害」ではないと明示されたことです。脱病理化の流れを受けて，2022年（令和4）に発効した「疾病及び関連保健問題の国際統計分類（国際疾病分類）」第11版（ICD-11）においても，「性別不合（gender incongruence）」と疾患名が変更になり，精神疾患の分類から除かれています。

日本では「性同一性障害」の使用が廃止されたわけではありませんが，今後は「性別違和」「性別不合」が使用されることになります。2024（令和6）年3月17日，トランスジェンダーに関する研究を行う「GID（性同一性障害）学会」は，「日本GI（性別不合）学会」に改名すると発表しました。

なお，ここで留意したいのは，「トランスジェンダーの「脱病理化」（病気扱いしないこと）の達成は，トランスジェンダーの「脱医療化」（医療との関係を断つこと）」[5]ではないということです。「トランスの人たちは固有の医療を必要とすることがあり，医療的なサポートを必要とするほかのすべての人たちと同じように，その医療を安心して受ける権利」があるのです。

トランスジェンダー概念については，今後も「どのような状態を医療の対象にするのか」「その状態を何と定義づけるか」といったことが，社会の進展と共に変化していく分野です。トランスジェンダーの多様なあり方を正しく理解するためにも，世界的な認識の変化にも注視しましょう。

第3章　面談前の準備「セクシュアル・マイノリティ」編

【図表 3-4】トランスジェンダー概念の見取り図

（参考）森山至貴『LGBTを読みとく―クィア・スタディーズ入門』（2017）p53図（一部改変）

④　性的表現（Gender Expression）

服装や言葉遣い，立ち居振る舞い等によって，社会に向けて自身の性をどのように表現しているかを指す概念です。自分の性別をどのように「表現」するかは，性自認と別の概念です。

⑤　性的指向（Sexual Orientation）

自分がどのような性別を恋愛や性愛の対象とするかを表す概念です。性的「嗜好」（Sexual preference）とは異なる概念です[注2]。

性的指向は多くが生得的ですが，後に自覚することもあります。異性愛（ヘテロセクシュアル：heterosexual）でシスジェンダーの場合，性的指向や性自認を理由に差別されることはほとんどないため，性的指向について「自分ごと」として考えることが少ないかもしれません。しかし，SOGI概念が示すように，性的指向はすべての人が有しており，すべての人に関わる概念です。以下に，多数ある性的指向の一部を紹介します。

注2　嗜好：好み。ある物を特に好みそれに親しむこと。性的嗜好は「何を」性的に好むかを表す。
　　指向：ある方向・目的に向かうこと。

3-1 セクシュアル・マイノリティ詳説

【図表 3-5】性的指向の例

ヘテロセクシュアル	異性に性的指向が向く人
ホモセクシュアル	同性に性的指向が向く人 女性とされる人に性的指向が向く女性自認の人をレズビアン，男性とされる人に性的指向が向く男性自認の人をゲイという
バイセクシュアル	同性・異性のどちらにも性的指向が向く可能性がある人
クエスチョニング	どのような性的指向であるかわかっていない人，模索中の人
パンセクシュアル	対象となる相手の性別や性別概念にこだわらない人
アセクシュアル	性的指向が特定の誰かに向くことがない人

Column 6

変わる民間企業

　渋谷区を皮切りに全国に広がった同性パートナーシップ証明制度の策定以降，民間企業も変わり始めています。セクシュアル・マイノリティ当事者だけでなく，すべての人が参加・利用しやすい仕組みをつくる「インクルージョン」の視点を持つ企業が増えています。多様性を認め，互いの違いを活かし合うという企業文化が，日本の企業にも根づきつつあるようです。

　かつては法律婚カップルにしか適用されなかった「家族向け」サービスにも，同性カップルが含まれるようになってきています。以下のサービスは一例ですが，今後さらに「LGBT フレンドリー」な企業が増えていくでしょう。

　　・「住宅ローン」の収入合算における配偶者に同性パートナーを含める。

　　・生命保険の受取人に同性パートナーを指定できる。

　　・携帯キャリアの家族割サービスを同性パートナーと利用できる。

　　・同性カップルのフォトウエディング，挙式を行うことができる。

　　・LGBT フレンドリーな賃貸物件を紹介する。

135

第 3 章　面談前の準備「セクシュアル・マイノリティ」編

　また，職場環境も変化しています。差別やハラスメントの対象になることを恐れ，自身の性的指向や性自認を隠して就労する当事者は少なくありません。2022（令和 4）年 4 月 1 日から，中小企業においても防止措置が義務化された改正労働施策総合推進法（以下「パワハラ防止法」）では，性的指向や性自認に関する侮辱的言動やアウティングがパワーハラスメントであるとはっきりと明記されています。企業は，以下のような対策を講じなければなりません。

　（1）事業主の方針の明確化及びその周知・啓発

　（2）相談（苦情を含む）に応じ，適切に対応するために必要な体制の整備

　（3）職場におけるパワーハラスメントに係る事後の迅速かつ適切な対応

　（4）（1）～（3）に併せて講ずべき措置

　企業内での啓発・ニーズに応じた対応が期待されます。

　・社内規定（就業規則）に明記する。

　・結婚祝い金や休暇制度など，福利厚生を適用する。

　・セクシュアル・マイノリティに関する社内研修を実施する。

　・採用ポリシーにセクシュアル・マイノリティへの差別禁止を明記する。

　・社内に相談窓口を設置する。

　自治体の施策だけでなく，民間企業のサービスも，セクシュアル・マイノリティの相談者に対応する際の大きな指針になります。

２ 社会と法制度の変化

　セクシュアル・マイノリティ当事者の相談を受ける際は，日本の法制度の変遷は必須の知識です。相談者にとって有益な法制度を具体的に提示する必要があります。

　ここでは，「性的指向及びジェンダーアイデンティティの多様性に関する国民の理解に関する法律」（以下「LGBT 理解増進法」），「性同一性障害の性別の取

扱いの特例に関する法律」（以下「特例法」），「同性パートナーシップ制度」（以下「パートナーシップ制度」）を概観しながら，社会の変化や法制度の変遷を整理していきます。

① LGBT 理解増進法の成立

2023（令和5）年6月19日，「性的指向及びジェンダーアイデンティティの多様性に関する国民の理解の増進に関する法律」（以下「LGBT 理解増進法」）が成立しました。LGBT 理解増進法は，性的指向や性自認といった多様な性のあり方への理解に関する施策の増進に向けて，基本理念や国・地方自治体の役割を定めています。国や自治体，企業や学校等は，セクシュアル・マイノリティへの理解増進や啓発，環境整備等が努力義務として定められました。

議員立法である本法律は，成立までに紆余曲折の複雑な経過をたどりました。東京五輪・パラリンピックが開かれた 2021（令和3）年に一度機運が高まったものの，法案の国会提出は見送られています。その後，2023（令和5）年の先進7か国（G7）首脳会議（G7 サミット）の広島開催に向けて，再度議論が加速することになりました。

本法律が，当事者らが長年運動の中で求めてきた差別禁止法ではなく，理解増進法となったことは，成立過程において大きな議論となりました。罰則のない理念法であるため，「差別」をしても本法律で罰せられることはありません。

しかし，LGBTQ への差別は，既に他の法律等で禁止されていることに留意が必要です。例えば，SOGI ハラスメントを禁止したパワハラ防止法や，セクハラを禁止した男女雇用機会均等法が存在しており，自治体においても差別禁止条例が制定されています。

LGBT 理解増進法の概要は以下のとおりです。

第 3 章　面談前の準備「セクシュアル・マイノリティ」編

【図表 3-6】LGBT 理解増進法の概要

目的（第 1 条）	性的指向及びジェンダーアイデンティティの多様性に関する国民の理解の増進に関する施策の増進に関し， ①　基本理念を定め ②　国及び地方公共団体の役割等を明らかにする ③　基本計画の策定その他の必要な事項を定める ↓ 多様性を受け入れる精神を涵養 多様性に寛容な社会の実現に資する
基本理念（第 3 条）	理解増進に関する施策 すべての国民が，等しく基本的人権を享有するかけがえのない個人として尊重される ↓ 性的指向及びジェンダーアイデンティティを理由とする不当な差別はあってはならない ↓ 相互に人格と個性を尊重し合いながら共生する社会の実現に資することを旨とする
国の役割（第 4 条）	【努力義務】国民の理解の増進に関する施策を策定，実施
地方公共団体の役割 （第 5 条）	【努力義務】国と連携をはかり，国民の理解の増進に関する施策を策定，実施
事業主等の努力（第 6 条）	【努力義務】①事業主 雇用する労働者の理解の増進に関し，普及啓発，就業環境の整備，相談機会の確保等を行う ↓ 労働者の理解の増進に自ら努め，国又は地方公共団体が実施する施策に協力する ①学校の設置者 学校の児童，生徒又は学生の理解の増進に関し，教育又は啓発，教育環境の整備，相談の機会の確保等を行う ↓ 児童等の理解の増進に自ら努め，国又は地方公共団体が実施する施策に協力する

138

3-1 セクシュアル・マイノリティ詳説

Column 7

トランス排除言説を考える

LGBT 理解増進法をめぐっては，インターネット空間等で，トランス女性を排除する誤った言説が流布されました。例えば，「法案が成立することで，男性が「自分は女性だ」と言い張り，トランスジェンダーのふりをして女子トイレや女性風呂に入ってくるのでは？」といったものです。

LGBT 理解増進法が施行されても，男女を区別する施設の利用基準は変わりません。「性自認」だけで施設利用の区分が決定されるという解釈は，明らかに誤っています（そもそも，そのような条文はどこにもありません）。2023（令和 5）年 6 月，厚労省は，通知「公衆浴場や旅館業の施設の共同浴室における男女の取扱いについて」において，公衆浴場法の「おおむね 7 歳以上の男女を混浴させないこと」を基準に，「身体的特徴をもって判断するもの」という技術的助言を行っています。つまり，男性が「心が女性」というだけで女性用施設やトイレを利用できることにはならないのです。

トランスジェンダーの方たちは，周囲の環境や自身の性別移行状況を繊細に判断しながら，性別による区別がある施設を利用しています。多くは多目的トイレを利用するなど，性自認に沿った日常生活を送ることについては，大きなストレスを抱えているのが現状です。もし，女性トイレ等への侵入を目的に，トランス女性を名乗る人がいるならば，その人は「（トランスジェンダーを）偽装した人」です。非難すべきは「トランスジェンダー」というカテゴリではなく，性犯罪者です。カテゴリや属性のみで，その人を「性犯罪リスクのある人」と見ることは，差別的言動です。

とはいえ，上記のような言説を信じ，恐怖を覚える女性たちの声も無視できません。その恐怖を引き起こす原因には，性暴力被害者へのケアが不十分であることや，性暴力を防ぐための環境設計や法制度化の欠缺があるのではないでしょうか。そして，その恐怖は，シスジェンダーの女性だけでなく，トランスジェンダー女性も同様に体験するものだと思います。

私たちは，制度やケアに不足のある社会を，様々な不安を抱えながら生きる者同士，手を携えることが必要なのではないでしょうか。トランスジェンダーの方の性別移行に関する制度設計や，同性婚の法制化等，現在の日本には議論が尽くされていない課

139

第3章　面談前の準備「セクシュアル・マイノリティ」編

題が山積しています。今後も，様々な議論の場で，互いの権利が拮抗し，摩擦が起きる場面が増えることでしょう。だからこそ，恐れや不安を感じたときに，様々な属性を生きる人の声を聴き，語り合うことが必要であると私は考えます。自分と同じく，かけがえのない生を生きる他者をモンスター化せずに，その声に耳を澄ますことから，連帯は始まります。

②　トランスジェンダーをめぐる論点

イ　特例法ができるまで

トランスジェンダーをめぐる日本の法制度の変遷の中で，重要なトピックが2つあります。「ブルーボーイ事件」と特例法の制定です。

「ブルーボーイ事件」は，当時「ブルーボーイ」と呼ばれていた男娼3人に産婦人科医が不妊手術（当時は「性転換手術」といわれた）をし，優生保護法違反[注3]に問われ摘発された事件です。その後1969（昭和44）年に医師の有罪が確定しました（東京地判昭44［1969］・2・15判タ233号231頁）。この事件では，手術までに医師が十分な精神科診療をせず，手術の必要性や動機の確認を怠っていたことが，優生保護法の「故なく」不妊手術を行ったと判断されました。

1969（昭和44）年の東京地裁判決は，以下の条件を満たす場合は「性転換手術」が「正当な医療行為」になると示しました。

① 　精神的，心理的観察を行い，一時的な気分によるものを排除すること

② 　家族，生活環境を調査し，人間形成の過程を調べ手術がやむを得ないかどうかを調べること

③ 　精神科医を含んだ複数の医師団の決定によること　等

判決が，条件を満たした場合の「性転換手術」を可能としたにも関わら

注3　現在は「母体保護法」に改正・改題。当時の優生保護法違反（28条違反）に問われた。「故なく，生殖を不能にすることを目的として手術又はレントゲン照射を行なってはならない」（優生28）

ず，事件以後「性転換手術は優生保護法違反」との誤解が広まりました。以後日本では，長い間「性転換手術」が行われなくなります。その結果，「性転換手術」が正当な医療行為であるという認識の広まりを大きく遅らせることになったのです。

平成9年 (1997)，トランス男性が手術を希望したことで，日本精神医学会による「性同一性障害に関する診断と治療のガイドライン」（以下「ガイドライン」）が作成されます。ガイドラインの策定は，トランスジェンダー医療を正当な医療行為として位置づけることにつながりました。これにより当事者たちは，自己責任で医療ルートを開拓し，医療行為を受けるというリスクと負担から解放されることになりました。

ガイドラインが「性同一性障害」という呼称を普及させた一方で，その問題点も指摘されています。ガイドラインによる「正規ルート」の誕生は，「個々人のニーズよりもルートに沿うことが優先される状況を当たり前のもの」[6]としたという側面もあるのです。世界に目を向けてみると，「脱病理化」（トランスジェンダーを障がいや疾病と扱わない）への流れが主流となっています。

2000年代前半には，トランスジェンダーに性別変更を認める立法への動きが活発化します。当事者たちは，議員への陳情や社会運動を必死に行いました。議員立法である特例法は，要件をめぐる当事者の葛藤もありながらも，「不備のある法律でもいったん成立させて改正の可能性に賭ける」[7]という選択をし，成立に至ることになりました。

【図表3-7】トランスジェンダーをめぐる法制度年表

年度	出来事
1950年代	ゲイバーが開店 ※「ゲイ」という言葉：戦後進駐軍によって輸入 「性転換手術」を受ける人が現れ始める：法整備なし
1958年	ゲイ・ブーム →ゲイバーやゲイボーイがメディアに取り上げられる ※当時のゲイバーは男性同性愛者と女装者（異性装者）が混在→両者の概念は明確に分かれていなかった

第3章　面談前の準備「セクシュアル・マイノリティ」編

1964 年	産婦人科医が3人のトランス女性に「性転換手術」 →優生保護法違反で産婦人科医が逮捕
1969 年	→有罪判決：ブルーボーイ事件
1980 年	米国精神医学会：「性同一性障害」を公式な診断名称に
1997 年	日本精神神経学会：「性同一性障害に関する診断と治療のガイドライン」を作成
1998 年	埼玉医科大学で日本初の公式の性別適合手術
2001 年	岡山大学で国内2施設目の性別適合手術 埼玉医科大学等で性別適合手術を受けた6名が戸籍の特別訂正の申立て →各家裁：申立てをすべて却下
2003 年	「性同一性障害の性別の取扱いの特例に関する法律」公布 （以下「特例法」）
2008 年	特例法の改正
2023 年	特例法の「生殖不能要件」に違憲判断がなされる

（参考）二宮周平編『性のあり方の多様性』（2017）p50〜
　　　　森山至貴『LGBTを読みとく―クィア・スタディーズ入門』（2017）p102〜

ロ　特例法の概要

　2003（平成15）年に成立した特例法施行後，2022（令和4）年までに1万2,217人が性別変更の申立てを行っており，1万1,919人が認容されています。「性同一性障害」の認知の広まりとともに，申立数は年々増加傾向にあります（p143【図表3-8】参照）。

142

3-1　セクシュアル・マイノリティ詳説

【図表 3-8】 性別の取扱いの変更申立事件件数

年	その他	容認
2022	15	889
2021	15	729
2020	12	676
2019	11	948
2018	10	868
2017	13	903
2016	18	885
2015	12	855
2014	15	813
2013	11	769
2012	16	737
2011	9	609
2010	13	527
2009	15	448
2008	7	422
2007	13	268
2006	16	247
2005	12	229
2004	4	97

■その他
□容認

(出所) 司法統計

　特例法第 2 条は，法律が適用される「性同一性障害」を以下のように定義しています。特例法においては，性同一性障害者でなければ性別変更手続を行うことはできません。

①	生物学的には性別が明らかであるにもかかわらず，
②	心理的にはそれとは別の性別であるとの持続的な確信を持ち，
③	自己を身体的及び社会的に他の性別に適合させようとする意思を有する者であって，
④	必要な知識及び経験を有する 2 人以上の医師の診断が一致しているもの

　さらに，第 3 条は以下の 5 つの「性別変更の要件」を掲げています。

143

第3章　面談前の準備「セクシュアル・マイノリティ」編

要件	概要
① 18歳以上であること （成年要件）	親権者の同意があっても未成年者であるうちは性別変更ができない。
② 現に婚姻をしていないこと （非婚要件）	婚姻していた場合も，離婚をしていれば性別変更は可能。 同性婚を避けるための要件。
③ 現に未成年の子がいないこと （子なし要件）	2008（平成20）年の特例法改正により，「現に子がいないこと」から「未成年の子がいないこと」に改められた。 日本のみの規定。
④ 生殖腺がないこと又は生殖腺の機能を永続的に欠く状態にあること （生殖不能要件）	卵巣・子宮あるいは精巣を切除する性別適合手術を受けること。 ※2023（令和5）年違憲無効判断。
⑤ その身体について他の性別に係る身体の器に係る部分に近似する外観を備えていること （外観器近似要件・外観要件）	変更後の性別の外性器に近似したものを外科手術で作ること。

　①～⑤すべてに該当する場合は，特例法に基づき「性別の取扱いの変更」の審判を受けることができます。審判後は，民法その他の法令について他の性別に変わったものとみなされます。そのため，変更後の性別で婚姻や養子縁組が可能です。「性別の取扱いの変更」の審判前に生じた身分関係や権利義務は従前のままです（特例法4②）。

　性別変更の要件③の「現に未成年の子がいないこと」は，2008（平成20）年の改正法で改められたものです。特例法成立当初は「現に子がいないこと」とされており，未成年の子に限定されていませんでした。これは，諸外国にはない日本独自の要件です。

　本要件の導入理由は，「親子関係などの家族秩序に混乱を生じさせ，あるいは子の福祉に影響を及ぼすことになりかねない」というものでした。しかし，当事者からの反対意見や親子関係の多様性を鑑み，現在の要件に緩和されました。本要件の違憲性が争われたケースでは，最高裁が子なし要件は憲法13条に違反しないと判断しています（最決令3［2021］・11・30判タ1495

号 79 頁）。本判例において，宇賀克也裁判官は，反対意見として「未成年の子に心理的な混乱や不安などをもたらすことが懸念されるのは，外見の変更の段階で，戸籍の性別変更は，既に外見上変更されている性別と戸籍上の性別を合致させるにとどまるもの」と指摘し，挙げられる懸念は漠然とした観念的懸念であると疑問を示しています。

②の「非婚要件」についても，同性婚が認められている国では導入されていません。④⑤の手術要件は，諸外国のほとんどが導入していません。以下では，特例法の違憲判決をもとに，手術要件の是非について考えます。

ハ　特例法の違憲判決

2023（令和5）年10月25日，最高裁大法廷で戦後12例目となる違憲判断が下り，特例法の生殖不能要件（生殖腺がないこと又は生殖腺の機能を永続的に欠く状態にあること）の規定が，憲法違反であると判断されました（特例法3①四）。生殖不能要件を違憲とする多数意見は，15人の裁判官全員一致によるものでした。

特例法の手術要件（特例法3①四・五）は，身体的侵襲の大きい手術を受けたくない当事者，健康上・経済的理由で手術を受けられない当事者にとって，性別変更の大きな障壁となってきました。本決定は，「自己の意思に反して身体への侵襲を受けない自由が，人格的生存に関わる重要な権利として，憲法13条によって保障されていることは明らか」であり，生殖不能要件の存在が，「身体への侵襲を受けない自由を放棄して強度な身体的侵襲である生殖腺除去手術を受けることを甘受するか，又は性自認に従った法令上の性別の取扱いを受けるという重要な法的利益を放棄して性別変更審判を受けること断念するかという過酷な二者択一を迫るもの」となっていることを理由に，特例法3条1項4号を憲法13条違反としました（最大決令5［2023］・10・25判タ1517号67頁）。

最高裁は，生殖不能要件については違憲としたものの，外観要件については高裁段階で検討されていないとして，自ら判断することなく審理を高裁に差し戻しました(注4)。この判断には，3人の裁判官が「5号要件も違憲とし，

第 3 章　面談前の準備「セクシュアル・マイノリティ」編

ただちに女性への性別変更を認めるべき」とする反対意見を述べています。

　世界的には，性別変更手続を定めた法律において当事者に「不妊化」を義務づけることは人権侵害であると捉えられており，各国で不妊化要件の撤廃が進んでいます。2017（平成 29）年には，欧州人権裁判所が不妊化の義務づけが欧州人権規約違反であると判断しています。

【図表 3-9】特例法をめぐる主張

	申立人（トランス女性）の主張[注5]	家裁・高裁	最高裁大法廷
生殖不能要件（特例法 3 ①四）	ホルモン投与などで要件を満たしている手術要件は違憲	要件を満たさない性別変更不許可	違憲
外観要件（特例法 3 ①五）		判断せず	判断せず差し戻し

（参考）朝日新聞 2023 年 10 月 26 日

二　性別変更手続

　現行法において，トランスジェンダーが社会的・医学的に性別移行する際の大まかな流れは以下のとおりです。「名の変更」と「性別の取扱いの変更」は，同時にすることも別のタイミングですることもできます。つまり，性別

注 4　本件の差し戻し家事審判で，2024（令和 6）年 7 月 10 日，広島高裁（倉地真寿美裁判長）は，外観要件は「違憲の疑いがあるといわざるを得ない」とし，性器の外観を変える手術をすることなく，性別の変更を認める決定を出した。倉地裁判長は，外観要件について「他者の目に触れたときに特段の疑問を感じない状態で足りると解釈するのが相当」と指摘し，手術なしでも外観の要件は満たされるという考え方を示した。本件では，当事者がホルモン療法を受け，医師の診断においても女性的な体になっているとし，性別変更が認められた[(8)]。

注 5　最高裁への特別抗告理由として，「医学的に必要とはいえない手術を強制されないことのみならず，法律上の性別取り扱いを生活上の実際の性別と一致させることも重要な人格的利益であり，憲法 13 条により保障される人権である」と主張した。また，これまで裁判所が，「性同一性障害特例法の審判において，身体の男女の区分によって第 3 条 1 項 4 号と 5 号の要件に関して，全く異なる法適用をしていることも，憲法 14 条 1 項に違反する」と指摘した。

（引用）『法学セミナー830 号』南和行＝吉田昌史「性同一性障害特例法の第 3 条 1 項 4 号を違憲無効とした最高裁大法廷決定」

3-1　セクシュアル・マイノリティ詳説

変更の前に名前だけを改名することが可能です。

なお，2024（令和 6）年 3 月現在，生殖不能要件の違憲判決を受けて，各地の家庭裁判所で，男性ホルモン治療中で性別適合手術未実施の状態にあるトランス男性に，性別変更が認められる例が続いています[注6]。

▶【図表 3-10】性別変更手続の流れ

要件のクリア① （特例法 2）	精神科を受診 カウンセリング→身体的な性別診断 2 人以上の医師から性同一性障害であることの診断を受ける （添付書類として提出する診断書をもらう）	
要件のクリア② （特例法 3） →<u>生殖不能要件</u> 外観要件	ホルモン治療を受ける 外科的治療を受ける <u>性別適合手術（SRS）を受ける</u> ※2023（令和 5）年 10 月 25 日付最高裁大法廷決定において， 　生殖不能要件は違憲無効判断	
名の変更 （戸 107 条の 2）	家庭裁判所に名の変更許可を申し立てる （正当な事情を証する資料として，通称名の使用実績を証明するもの，性同一性障害の診断書を提出）	
	申立人	名の変更をしようとする者（18 歳未満のときは，その法定代理人）
	申立先	申立人の住所地の家庭裁判所
	費用	収入印紙 800 円分 連絡用の郵便切手
	必要書類	(1)申立書 (2)標準的な申立添付書類 ・申立人の戸籍謄本（全部事項証明書） ・名の変更の理由を証する資料（通称名として長年使用してきたことを証する資料，診断書等）

注 6　外観要件に関連したホルモン療法の影響は，トランス男性とトランス女性で異なる。長年にわたり，トランス男性の場合は，陰茎形成手術等を行わなくても性別変更が認められてきた。トランス女性の場合は，陰茎切除手術を行わない場合，外観要件を満たさないと解釈されてきたことから，これまで女性ホルモン療法のみの段階では，性別変更の申立てがなされてこなかったと考えられている。

147

第 3 章　面談前の準備「セクシュアル・マイノリティ」編

性別の取扱いの変更 （特例法 3）	家庭裁判所に性別の取扱いの変更の審判を申立てる	
	申立人	性別の取扱いの変更を求める本人
	申立先	申立人の住所地の家庭裁判所
	費用	収入印紙 800 円分 連絡用の郵便切手
	必要書類	(1)申立書 (2)標準的な申立添付書類 ・申立人の出生時から現在までのすべての戸籍（除籍，改製原戸籍）謄本（全部事項証明書） ・所定の事項の記載のある 2 人以上の医師による診断書
	書類等に問題なし→審判期日の指定 審判期日当日：裁判官からの審問 すべての審理終了→審判	
その後の手続き	本籍地又は住所地の市区町村役場に変更の届出 運転免許証，旅券，民間サービス等の変更手続	

③　自治体の施策

　2015（平成 27）年以降，パートナーシップ制度に関する自治体の施策が注目を集めています。しかし，それ以前からセクシュアル・マイノリティへの理解を啓蒙する施策を策定していた自治体は数多く存在します。施策の有無は自治体のセクシュアル・マイノリティへの理解度・支援度の指針になります。地方自治体によるセクシュアル・マイノリティへの差別的取扱いを禁止する施策の整備は，国による法整備（LGBT 理解増進法の制定）に先んじて行われてきました。

　以下に，性的指向や性自認，セクシュアル・マイノリティであることを理由とする差別的取扱いを禁止する規定が存在する条例を紹介します。

3-1　セクシュアル・マイノリティ詳説

【図表3-11】性の多様性に関する条例の制定状況

パートナーシップ制度を規定する条例

自治体名	条例の名称	施行日	備考
大阪府泉南市	泉南市男女平等推進条例	H23.4.1	
東京都文京区	文京区男女平等参画推進条例	H25.11.1	区民・事業者による苦情申立て規定
東京都多摩市	多摩市女と男の平等参画を推進する条例	H26.1.1	市民・事業者及びその他の団体による苦情申立て規定
大阪府羽曳野市	羽曳野市男女平等共同参画推進条例	H26.4.1	
東京都台東区	台東区男女平等推進基本条例	H27.1.1	
徳島県鳴門市	鳴門市男女共同参画推進条例	H28.1.1	
大阪府松原市	松原市男女耀きまちづくり条例	H27.4.1	
東京都渋谷区	渋谷区男女平等及び多様性を尊重する社会を推進する条例（全部改正前）	H27.4.1	
和歌山県橋本市	橋本市男女共同参画推進条例	H27.10.1	
埼玉県戸田市	戸田市男女共同参画推進条例	H28.10.1	
鳥取県日野町	日野町男女共同参画推進条例	H29.3.21	
東京都武蔵野市	武蔵野市男女平等の推進に関する条例	H29.4.1 R4.4.1（改正）	アウティングとカミングアウト強制・禁止の禁止規定
奈良県五條市	五條市男女共同参画推進条例	H29.3.28	

149

第3章　面談前の準備「セクシュアル・マイノリティ」編

東京都国立市	国立市女性と男性及び多様な性の平等参画を推進する条例	H30.4.1 R3.4.1（改正）	
東京都世田谷区	世田谷区多様性を認め合い男女共同参画と多文化共生を推進する条例	H30.4.1	
東京都	東京都オリンピック憲章にうたわれる人権尊重の理念の実現を目指す条例	H30.10.15 R4.11.1（改正）	
東京都国立市	国立市人権を尊重し多様性を認め合う平和なまちづくり基本条例	H31.4.1	アウティングとカミングアウト強制・禁止の禁止規定
兵庫県宝塚市	宝塚市男女共同参画推進条例	H31.3.29（改正）	
奈良県大和郡山市	大和郡山市男女共同参画推進条例	H31.4.1	
岩手県北上市	北上市男女共同参画と多様性社会をし推進する条例	H31.4.1	
岡山県総社市	総社市多様な性を認め合う社会を実現する条例	H31.4.1	アウティングとカミングアウト強制・禁止の禁止規定
茨城県	茨城県男女行動参画推進条例	H31.4.1（改正）	
東京都豊島区	豊島区男女共同参画推進条例	H31.4.1（改正）	アウティングとカミングアウト強制・禁止の禁止規定
神奈川県横須賀市	横須賀市男女共同参画及び多様な性を尊重する社会実現のための条例	H31.4.1（改正）	
岡山市	岡山市男女共同参画社会の形成の推進に関する条例	H31.4.1（改正）	
岩手県盛岡市	盛岡市男女共同参画推進条例	R1.6.28	

150

3-1 セクシュアル・マイノリティ詳説

沖縄県久米島町	久米島町男女共同参画推進条例	R1.7.1	
大阪府	大阪府性的指向及び性自認の多様性に関する府民の理解の増進に関する条例	R1.10.30	
川崎市	川崎市差別のない人権尊重のまちづくり条例	R1.12.16	
宮崎県高鍋町	高鍋町男女共同参画推進条例	R2.4.1	
茨城県守谷市	守谷市男女共同参画推進条例	R2.3.26（改正）	
大阪府岬町	岬町男女共同参画推進条例	R2.3.26（改正）	
東京都港区	港区男女平等参画条例	R2.4.1（改正）	アウティングとカミングアウト強制・禁止の禁止規定
東京都狛江市	人権を尊重しみんなが生きやすい狛江をつくる基本条例	R2.7.1	
三重県いなべ市	いなべ市性の多様性を認め合う社会を実現するための条例	R2.7.1	アウティングとカミングアウト強制・禁止の禁止規定
香川県丸亀市	丸亀市人権を尊重し多様性を認め合うまちを実現する条例	R3.1.1	
奈良県宇陀市	宇陀市男女共同参画推進条例	R2.12.25	
兵庫県宍粟市	宍粟市誰もが自分らしく生きる共同参画社会づくり条例	R3.4.1	アウティングとカミングアウト強制・禁止の禁止規定
宮崎県木城町	木城町多様性を認め合い他者を思いやる差別のない社会を推進する条例	R3.3.18	アウティングとカミングアウト強制・禁止の禁止規定

151

第3章　面談前の準備「セクシュアル・マイノリティ」編

三重県	性の多様性を認め合い，誰もが安心して暮らせる三重県づくり条例	R3.4.1	
沖縄県浦添市	浦添市性の多様性を尊重する社会を実現するための条例	R3.10.1	
茨城県潮来市	潮来市男女共同参画基本条例	R3.3.24（改正）	
静岡県富士市	富士市男女共同参画条例	R3.4.1（改正）	アウティングとカミングアウト強制・禁止の禁止規定
鹿児島県南さつま市	南さつま市男女共同参画推進条例	R3.8.1	
鳥取県	鳥取県人権尊重の社会づくり条例	R3.4.1（改正）	
大阪府守口市	守口市男女共同参画推進条例	R4.2.16（改正）	
宮崎県国富町	国富町男女共同参画推進条例	R4.4.1	
埼玉県深谷市	深谷市性的指向及び性自認の多様性を理解し尊重する社会の推進に関する条例	R4.3.23	
兵庫県加西市	加西市誰もが性差にとらわれず共に生きる社会づくり条例	R4.4.1	アウティングとカミングアウト強制・禁止の禁止規定
秋田県	秋田県多様性に満ちた社会づくり基本条例	R4.4.1	
東京都江戸川区	江戸川区性の平等と多様性を尊重する社会づくり条例	R4.4.1	アウティングとカミングアウト強制・禁止の禁止規定
徳島県阿南市	阿南市男女共同参画推進条例	R4.3.25（改正）	

152

京都府福知山市	福知山市みんなの多様な性を尊重する条例	R4.4.1	アウティングとカミングアウト強制・禁止の禁止規定
沖縄県南風原町	南風原町男女共同参画推進条例	R4.4.1	
茨城県取手市	取手市男女共同参画推進条例	R4.4.1（改正）	
長野県安曇野市	安曇野市多様性を尊重し合う共生社会づくり条例	R4.4.1（改正）	
愛知県岡崎市	岡崎市男女共同参画の推進及び多様な性を尊重する社会を実現するための条例	R4.4.1（改正）	アウティングとカミングアウト強制・禁止の禁止規定
三重県	差別を解消し，人権が尊重される三重をつくる条例	R4.5.19	
神奈川県逗子市	逗子市男女平等参画及び多様性を尊重する社会を推進する条例	R4.10.1	アウティングとカミングアウト強制・禁止の禁止規定
埼玉県	埼玉県性の多様性を尊重した社会づくり条例	R4.7.8	
兵庫県加西市	加西市人権尊重のまちづくり条例	R4.10.1	
岡山県美作市	美作市男女共同参画まちづくり促進に関する条例	R4.10.1（改正）	アウティングとカミングアウト強制・禁止の禁止規定
鹿児島県志布志市	志布志市ひとがともに輝くまちづくり条例	R5.4.1	
三重県明和町	明和町男女共同参画推進条例	R5.1.1	
兵庫県明石市	あかしジェンダー平等の推進に関する条例	R5.4.1	アウティングとカミングアウト強制・禁止の禁止規定
東京都杉並区	杉並区性の多様性が尊重される地域社会を実現するための取組の推進に関する条例	R5.4.1（一部）	

第 3 章　面談前の準備「セクシュアル・マイノリティ」編

長野県松本市	差別をなくし多様性を認め合うまちまつもと条例	R5.3.22	
千葉県木更津市	木更津市彩豊かな個性が集う共生社会づくり条例	R5.4.1	
愛知県大府市	大府市人権を尊重した誰一人取り残さないまちづくり推進条例	R5.4.1	
山梨県	山梨県多様性を認め合う共生社会づくり条例	R5.3.23	
千葉県流山市	流山市多様性を尊重する社会の推進に関する条例	R5.4.1	
東京都町田市	町田市性の多様性の尊重に関する条例	R5.4.1	アウティングとカミングアウト強制・禁止の禁止規定
沖縄県	沖縄県差別のない社会づくり条例	R5.4.1	
東京都墨田区	墨田区女性と男性及び多様な性の共同参画基本条例	R5.4.1　（改正）	アウティングとカミングアウト強制・禁止の禁止規定
東京都日野市	日野市すべての人の性別等が尊重され多様な生き方を認め合う条例	R5.4.1　（改正）	
福山県勝山市	男女共同参画及び多様な性を尊重する社会づくり推進条例	R5.4.1　（改正）	
愛知県豊橋市	豊橋市男女共同参画及び性の多様性を尊重する社会づくりを推進する条例	R5.4.1　（改正）	アウティングとカミングアウト強制・禁止の禁止規定
埼玉県横瀬町	横瀬町男女共同参画推進条例	R5.7.1	
島根県浜田市	浜田市人権を尊重するまちづくり条例	R5.7.7	

154

東京都渋谷区	渋谷区人権を尊重し差別をなくす社会を推進する条例（全部改正後）	R6.4.1	包括的な人権課題にも対応 アウティングとカミングアウト強制・禁止の禁止規定
相模原市	相模原市人権尊重のまちづくり条例	R6.4.1	
東京都品川区	品川区ジェンダー平等と性の多様性を尊重し合う社会を実現するための条例	R6.4.1	アウティングとカミングアウト強制・禁止の禁止規定
東京都三鷹市	人権を尊重するまち三鷹条例	R6.4.1	
	三鷹市パートナーシップ宣誓手続条例		
	三鷹市パートナーシップ宣誓手続条例の施行に伴う関係条例の整理に関する条例		

（参考）一般財団法人地方自治研究機構「性の多様性関する条例」
http://www.rilg.or.jp/htdocs/img/reiki/002_lgbt.htm

❸ 婚姻制度とパートナーシップ

① 法律婚できないことによる不利益

　2015（平成27）年7月7日，同性カップルら455人が日本弁護士連合会に「人権救済の申立て」を行いました。これは，現在日本で同性婚が認められないことが，同性愛者・両性愛者等同性婚を求めるものに対する人権侵害に当たるとして，同性婚の法制化に向けた日弁連の勧告を求めたものです。

　「人権救済申立書」には，同性カップルが婚姻制度から排除されることで被っている不利益が仔細にまとめられています。これらは「抱えている悩みと解決のヒント」にも繋がる「当事者の声」です（p174「**3-3** 抱えている悩みと解決のヒント」参照)。以下に同申立書の「不利益一覧」（一部加筆）を掲載します。

155

第3章　面談前の準備「セクシュアル・マイノリティ」編

▶【図表 3-12】同性カップルが被る不利益一覧

民事関係	財産関係	遺言書がない限り相続が認められない
		帰属不明財産の共有推定（民 762②）の直接適用がなく適用されるかも不明
		別れる際の財産分与請求が認められるか不明
		公営住宅の入居が認められないことが多い
		成年後見開始審判の申立権者ではない（民 7） 申立権者：本人，配偶者，四親等内の親族，未成年後見人，未成年後見監督人，保佐人，保佐監督人，補助人，補助監督人又は検察官
	身分関係	別れる際の慰謝料請求が認められるか不明
		生命侵害を受けた者の配偶者による第三者に対する損害賠償請求（民 711）が認められるか不明
		同居・協力・扶助義務の不存在（民 752）
		一方のパートナーの実子について共同親権が認められない
		「配偶者からの暴力の防止及び被害者の保護等に関する法律」が適用されるか不明
	医療関係	同性パートナーの病状について説明を受けられない場合やカルテの開示請求が認められない場合がある
		意識不明の入院中の同性パートナーと面会できない場合がある
刑事関係		弁護人の選任権が認められていない（刑訴 30②）
		受刑者への面会は原則認められない（刑収 111①）
		遺族給付金（犯罪被害給付制度）を受け取れるか不明（犯給 5①一）
税制分野		所得税の配偶者控除・配偶者特別控除を受けることができない（所 83，83 の 2）
		相続税の配偶者に対する相続税額の軽減制度が適用されない（相 19 の 2）
		医療費控除のための医療費合算ができない（所 73）

社会保障分野	「被扶養者」に該当するか不明（健保3⑦）	
	「3号保険者」に該当するか不明（国年5⑦）	
	遺族基礎年金・遺族厚生年金が支給されるか不明（国年37・42，厚年59）	
	労災補償の遺族補償・遺族給付が原則認められない（労補16の2①）	
外国人関係	「日本人配偶者等」「家族滞在」在留資格による入国が認められない	
	配偶者の帰化特例制度が認められない（国籍7）	
	オーバーステイの外国人同性パートナーに対し在留特別許可が認められない	
民間サービス	生命保険：同性パートナーを保険受取人にできるところが少ない	
	住宅ローンのペアローンがほぼ利用できない	
	賃貸物件を賃借するときの困難	

(参考)「同性婚人権救済申立書【概要版】」(2015) p8 表（一部加筆）

② 法律婚・事実婚・同性カップル・養子縁組の権利義務の比較

　同性婚が認められていない日本は，同性カップルの法的保護は非常に不安定です。異性の事実婚カップルは，事実上夫婦と同様の生活をしている場合は，「法律婚に準じた関係」として一定の法的保護が与えられています。内縁関係の不当破棄や婚姻費用負担義務，貞操義務，関係解消時の財産分与等について，内縁準婚理論が確立しているのです。

　それに対して同性カップルは，内縁準婚理論の適用について，個別法・判例法理ともに消極的な姿勢でした。ところが，最高裁は2024（令和6）年3月26日，犯罪被害者等給付金支給法の支給対象について，「被害者の死亡で，精神的，経済的打撃を受けるのは，異性か同性かで異なるとはいえない」とし，「被害者と同性のパートナーも事実婚に該当し対象になりうる」という初めての判断をしました。本判例において，「事実上の婚姻関係にあった人」に同性パートナーが含まれると判断されたことで，事実婚のパートナーを法律婚と同様に扱う規定を設ける社会保障関係の法制度（労災保険，年金等）について，議論が

第3章　面談前の準備「セクシュアル・マイノリティ」編

なされることが予想されます。

　ここでは，法的・社会的に認められる事項を「法律婚・事実婚・同性カップ
ル・養子縁組」別に整理します。最近は同性カップルを「家族」として扱う
サービスを設けるなど，民間企業の意識が大きく変わり始めています。今後は
「社会的に認めれらる事項」の範囲がさらに広がると予想できます。

▶【図表3-13】権利義務の比較一覧

法律婚＝婚姻制度に則って婚姻した男女のカップル，法律上の夫婦

事実婚＝事実上婚姻している状態にある男女のカップル

同性カップル＝戸籍上同性のカップル

養子縁組＝同性カップルが法律上の親族関係を作るために縁組した場合

○＝権利義務が認められるもの

●＝書面等の作成や意思表示で権利義務が発生するもの

△＝事業主体者・自治体の判断によるもの

×＝権利義務が認められないもの

	認められている事項	法律婚	事実婚	同性カップル	養子縁組	備考
法律で定められている事項	同居・協力・扶助の義務（民752）	○	○	●	×	
	日常家事代理権（民761）	○	○	●	×	
	所得税・住民税の配偶者控除（所83）	○	×	×	×	
	国民年金の第3号被保険者（国年7①三）	○	○	×	×	
	配偶者ビザの取得（入管19の16）	○	×	×	×	
	子の共同親権（民818③）	○	×	×	×	
	特別養子縁組（民817の2）	○	×	×	×	

158

	相続権（民 890）	○	×	×	○	「遺贈」は可能
	相続税の控除・税率の優遇（相 15）	○	×	×	○	
	加害者への損害賠償請求（民 711）	○	○	×	○	
	遺族年金の受給権（国年 37 の 2）	○	○	×	○	
	犯罪被害者給付金（犯給 5 ①一）	○	○	※	○	p157 参照
	傷病手当金	○	○	△	○	
	災害弔慰金	○	○	△	○	
	祭祀主宰者（民 897）	●	●	●	●	
	慰謝料請求権（民 710）	○	○	●	×	
	財産分与請求権（民 768）	○	○	●	×	
社会的に認められる事項	金融機関のローン	○	△	△	△	
	生殖補助医療	○	○	×	×	
	企業における配偶者手当	△	△	△	×	
	健康保険への配偶者の加入	△	△	△	×	
	入院手続	○	△	△	○	
	手術の同意書への署名	○	△	△	○	
	家族割サービスの利用	○	△	△	○	
	死亡保険の受取人	○	△	△	○	

（参考）杉浦・野宮・大江『パートナーシップ・生活と制度［増補改訂版］』(2016) p58
エスムラルダ・KIRA『同性パートナーシップ証明，はじまりました』(2015)
（一部改変）

第 3 章　面談前の準備「セクシュアル・マイノリティ」編

column 8

「結婚の自由をすべての人に」訴訟

　「結婚の自由をすべての人に」訴訟とは，法律上の性別が同性同士のカップルの婚姻を認めない現行の民法・戸籍法が，婚姻の平等や法の下の平等を保障する憲法に違反することを正面から問う日本初の訴訟です。2019 年 2 月 14 日に，札幌・東京・名古屋・大阪・福岡の 5 つの地裁に一斉提訴され，原告らは，国の立法不作為について国家賠償を請求しています。原告らが求めるのは，現行の民法・戸籍法の定める婚姻制度に，同性婚も包摂されることです。

　本訴訟は，「同性婚」訴訟と名付けられていません。それは，「現行の婚姻制度とは別の「同性婚」という特別な制度を新たに構築することを求める訴訟」ではないことや，一方が性別変更前のトランスジェンダーのカップルのように，「同性間の婚姻を求める当事者は同性愛者に限られないこと」[9]等を踏まえているためです。

　2021 年 3 月 17 日の札幌地裁の判決を皮切りに，現在，6 つの地裁で判決が言い渡されています。各地裁の憲法判断をまとめると，以下の表のようになります。なお，詳しい主張や訴訟資料，進捗等は，公共訴訟プラットフォーム「CALL4」のサイトをご覧ください（https://www.call4.jp/info.php?type＝items&id＝I0000031）。

▶【図表 3-14】各地裁の判断（2024 年 4 月時点）

	憲法 24 条 1 項 婚姻の自由	憲法 24 条 2 項 個人の尊厳に立脚した法制定	憲法 14 条 1 項 法の下の平等
札幌　2021 年 3 月	合憲	合憲	**違憲**
大阪　2022 年 6 月			合憲
東京　2022 年 11 月		違憲状態	
名古屋　2023 年 5 月		**違憲**	**違憲**
福岡　2023 年 6 月		違憲状態	合憲
東京　2024 年 3 月			

　本訴訟を通じて考えたいのは，「分離すれども平等（separate but equal）」の是非です。ほとんどの地裁判決では，「同性カップルを現行の婚姻制度から排除したま

160

ま，同性カップル用の別制度を構築することで，現行法ないし現状の違憲性が治癒され得る」[10]との判断がなされています。はたして，異性婚と同性婚を別制度にすることはどのような問題があるのでしょうか。憲法学者の木村草太は，「分離すれども平等」を，「同じ効果やサービスを提供する制度でも，分ける理由がないのにあえて分けること」[11]と定義し，「悪名高い差別の一形態」と批判します。たとえ法律婚と法的効果が同様の登録パートナーシップ制度が導入されたとしても，同性カップルには登録パートナーシップ制度しか適用されない場合，それは，「二級市民」を作り出すことでもあるのです。

　法学者の三成美保は，同性カップルにも開かれた婚姻制度の「今後」について，以下のように述べています。

> 同性婚の法的保障は，カミングアウトできる裕福な個人やカップルのためのものではない。それは，カミングアウトできないがゆえにハラスメントや貧困に陥るLGBTQの現実に目を向け，彼ら・彼女たちが築こうとする親密なケア＝生活共同体に法的保護を与え，異性カップルと同様の条件で公的支援を保障し，生活を安定的に支えるという公的承認システムの確立を意味する。性的指向・性自認が多数者と異なるだけで，人権の平等を享受すべき個人をこれらの公的承認システムから排除するに足る合理的理由は存在しない[12]。

　私たちは今，「合理的根拠のない区別」を温存する婚姻制度を見直す時期を迎えています。あらゆる人々が，自身のSOGIに誇りを持てる社会が形成されることを望みます。

③　パートナーシップ制度をめぐる論点

イ　パートナーシップ制度の概要

　2015（平成27）年に東京都渋谷区で制定されたパートナーシップ制度以降，LGBTという言葉が広く知られるようになりました。認定NPO法人虹色ダイバーシティの調査によれば，2023（令和5）年5月31日時点で，328の自治体がパートナーシップ制度を導入しており，人口カバー率は7割を超えています。

第3章　面談前の準備「セクシュアル・マイノリティ」編

【図表3-15】パートナーシップ制度の導入自治体と交付件数

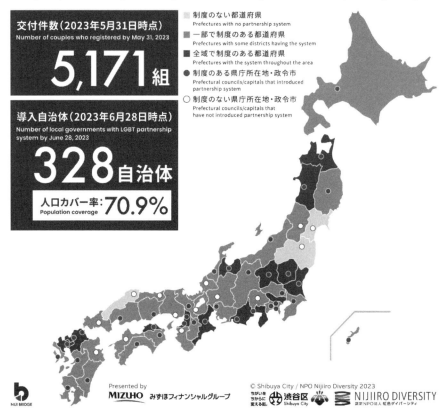

（出所）認定NPO法人虹色ダイバーシティHP（https://nijiirodiversity.jp/6340/）

　社会学者の森山至貴は「同性愛の歴史は、否定的なアイデンティティを刷り込まれた人々が、まさにそのアイデンティティを足場にして、否定的な意味づけを肯定的なそれへと塗り替えていく歴史」[13]だったと述べています。近年のセクシュアル・マイノリティをめぐる社会の動きは、スティグマと闘った当事者運動の帰結であるといえるでしょう。

　留意したいのは、地方自治体によるパートナーシップ制度は「同性婚制

度」ではないということです。現在の日本の法律は，同性間のパートナーシップについて何の規定もしていません。日本で「婚姻」できるのは法律上（戸籍上）異性のカップルのみです。そのため，自治体が法律の範囲を超えて法的効果を定める規定を作ることはできません。

　パートナーシップ制度を利用したカップルは，生活上のパートナー関係について公的に認定を受けることができます。パートナーシップ制度は，「公共空間において不可視化されてきた同性カップル等の存在を自治体が正面から認めて，生活上の困難の解消を目指すもの」であり，「関係性の安定と社会からの承認をもたらす機能」[14]があるのです。

　しかし，パートナーシップ制度は，あくまで自治体の「条例」や「要綱」を根拠にした制度です。そのため，民法が定めた婚姻と同様の法的効果を得ることはできません。配偶者としての相続権もないため，パートナーシップ制度の利用の有無を問わず遺言を作成する必要があります。

▶【図表 3-16】根拠規範の比較

条例	条例の制定・改廃には議会の議決を要する（地方96①一） 条例により法的効果を付与される 義務を課し，権利を制限することが可能 罰則規定や制裁的公表規定を設けることが可能
要綱	地方自治体の内部規定 地方公共団体の長の決裁によるため，議会の議決が不要 制定・改廃を柔軟に行うことができる 要綱により義務を課し，権利を制限することはできない 罰則規定を設けることはできず，証明書等に法的な権利・義務を付与することはできない

（参考）国立国会図書館調査と情報 No,1269「地方公共団体のパートナーシップ認定制度」

　同性婚が制度化されていない現在では，各自治体のパートナーシップ制度は最も効果的な制度です。セクシュアル・マイノリティのあり方が可視化され，社会の意識変革のきっかけになったことの意義は非常に大きいといえるでしょう。

第3章　面談前の準備「セクシュアル・マイノリティ」編

【図表 3-17】セクシュアル・マイノリティ全体の制度の変遷

年度	出来事
1910 年代	西洋の性科学による同性愛概念が日本に輸入される →女学校内での女性同士の親密な関係が問題化 →男性同性愛「変態性欲」として問題化 ※「同性愛者」アイデンティティの誕生
1950 年代	アルフレッド・キンゼイ『人間女性における性行動』の日本語訳発売 →新語「レズビアン」が広まる アルフレッド・キンゼイ『人間における男性の性行為』の日本語訳発売 →差別的なニュアンスを持った新語「ホモ」が使われ始める
1970 年代	ゲイ雑誌が数多く創刊される 欧米のゲイ解放運動の影響が日本にも波及
1980 年代	セクシュアル・マイノリティ当事者の運動団体が発足
1992 年	東京国際レズビアン＆ゲイ映画祭
1994 年	セクシュアル・マイノリティ当事者によるパレードが始まる 厚生省（現在の厚生労働省）が同性愛を治療の対象から除外したWHOの見解を踏襲→脱医療化 文部省（現在の文部科学省）が同性愛を指導書の「性非行」から除外
1997 年	府中青年の家事件(注7)で控訴審判決 ＝性的指向に基づく公共施設の宿泊利用拒否に対する訴訟
2003 年	「性同一性障害の性別の取扱いの特例に関する法律」公布
2012 年	「よりそいホットライン」（24 時間無料の電話相談）に LGBT 専用回線
2013 年	大阪府淀川区が LGBT 支援宣言

注7　府中青年の家事件（東京高判平 9［1997］・9・16 判タ 986 号 206 頁）：1990 年2 月，同性愛者の人権に関する啓蒙・サポート団体「動くゲリとレズビアンの会」（アカー）が東京都府中青年の家で合宿を行った際に，他団体のメンバーからいやがらせを受けた。アカーは対応を求め，その後再度宿泊利用を申し込んだ。それに対し東京都教育委員会は都青年の家条例 8 条 1 号の「秩序を乱すおそれがあるとき」にあたるとして宿泊利用を拒否。これを受けアカー側は同処分が憲法 14 条，21 条，26 条，地方自治法 244 条に反し違憲・違法であるとして国家賠償請求訴訟を提起。第一審，控訴審判決ともに，東京都の不承認処分の違法性を認めた(15)。

164

2014 年	男女雇用機会均等法のセクハラ指針に同性間セクハラが明記
2015 年	日本で初めての同性カップルの権利保障制度ができる 東京都渋谷区「渋谷区男女平等及び多様性を尊重する社会を推進する条例」施行 東京都世田谷区「世田谷区パートナーシップの宣誓の取扱いに関する要綱」施行
2016 年	大阪府大阪市で，男性カップルを「養育里親」と認定
2017 年	「LGBT」が初めて教科書に掲載 LGBT 自治体議員連盟発足
2019 年	「結婚の自由をすべての人に」訴訟が全国各地で提訴される
2020 年	パワハラ防止法施行 SOGI ハラスメントやアウティングはパワーハラスメントに含まれると指針に明記
2023 年	LGBT 理解増進法施行

(参考) 森山至貴『LGBT を読みとく―クィア・スタディーズ入門』2017，p74
　　　労働教育センター編集『女も男も―自由・平等―No 139 セクシュアルマイノ
　　　リティ―意識・制度はどう変化したか』松岡宗嗣「性的マイノリティをめぐる
　　　10 年の動き―意識や制度の変化と課題」

ロ　パートナーシップ制度の仕組み

　各自治体のパートナーシップ制度は，以下の要件が共通して設けられています。

① 　当事者がパートナーシップ関係を有すること

② 　当事者双方が 18 歳以上であること（成人要件）

③ 　当事者双方が相手方以外の者と婚姻又はパートナー関係にないこと（非婚等要件）

④ 　当事者双方が相手方と近親関係にないこと（非近親者要件）

⑤ 　当事者双方又は一方が制度の適用を受けようとする地方公共団体に住民登録を有し又は居住していること（居住要件）

　成人要件，非婚等要件，非近親者要件は，民法上の婚姻の成立要件と原則

第3章　面談前の準備「セクシュアル・マイノリティ」編

的に同じものですが，居住要件については，パートナーシップ制度独自の要件となっています。なお，カップルの「同居要件」を定めている自治体もありますが，親類や職場等にカミングアウトをしておらず，同居が難しいカップルも多く，当事者からは柔軟な制度設計を求める声が上がっています。

　パートナーシップ制度は，各自治体が独自に制定するものであるため，制度の効力も自治体の区域内に限られます。そのため，制度利用者が当該自治体から転居する場合，転出元の自治体に証明書等を返還し，改めて転入先の制度を利用する必要があります。このような負担を軽減するために，一部の自治体間では，連携協定（自治体間連携）の動きが進んでいます。

　パートナーシップ制度の認定手続は，以下のように大別することができます。パートナーシップ制度の利用を考える相談者に対しては，制度利用による効果を教示するとともに，各自治体が公表する手引き等を共に確認し，手続きの流れを熟知することが重要です。行政窓口での対応に不安を覚える当事者に対しては，必要に応じて同行支援することも有効です。

▶【図表 3-18】認定手続の概要

類型	概要	代表的な自治体
契約型	公正証書等に基づいて当事者間の契約関係を役所が証明する	渋谷区，港区
宣誓型	当事者が関係性を役所で宣誓し，宣誓書受領証の交付を受ける	世田谷区
登録型 （宣誓型の変形）	当事者の申請を受けて役所が登録簿に記載する	那覇市，高知市
届出型 （宣誓型の変形）	当事者の届出や申し出に基づいて役所が受理証明書等を交付する	豊島区，明石市
選択型	当事者の希望により契約型又は登録型を択一的に利用できる	帯広市
複合型	届出型を基本としつつ，当事者が公正証書等を提出した場合に公正証書受理証を交付する	杉並区，武蔵野市

（参考）国立国会図書館調査と情報 No,1269「地方公共団体のパートナーシップ認定制度」

【図表3-19】認定手続の類型

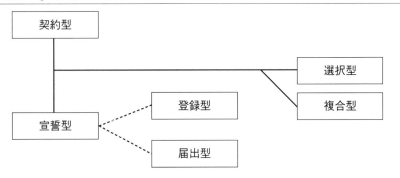

　パートナーシップ制度を利用したカップルは，証明書等を提示することで，①公営住宅の入居申込み，②公営墓地の利用申込み，③公立病院での面会・治療に関する同意といった場面で，法律婚夫婦と同様に取り扱われる場合があります。パートナーシップ制度を利用したカップルに適用するサービスのリストを公開している自治体もあるため，ホームページ等を細かくチェックし，最新の情報を入手することが大切です。

ハ　特徴的な取組みの例
　a　対象カップルの拡大
　　最近では，パートナーシップ制度の対象者を異性カップルに拡大している自治体もあります。制度開始時点では「戸籍上の性別が同一」であるカップルを対象とする自治体がほとんどであったところ，制度の導入数が増加するにつれ，ニーズに即した要件を設ける自治体が増えてきています。
　　性別要件を「一方又は双方がセクシュアル・マイノリティであるカップル」とすることで，あらゆるSOGIの人々が利用しやすくなる効果があります。さらに，「セクシュアル・マイノリティ」に限らず，異性の事実婚カップルを対象とする場合は，法律婚を利用できないことによる不利益をカバーすることにも繋がっています。各自治体のホームページや制度利用に手引きを読み，「パートナーシップ関係」の定義を確認しておきましょう。

第 3 章　面談前の準備「セクシュアル・マイノリティ」編

b　ファミリーシップ制度

　同性カップル等の二者関係を対象とするパートナーシップ制度だけでなく，子どもや親などを含めた家族の関係について証明するファミリーシップ制度を導入する自治体も増えています。

　同性同士の両親による子育てにおいては，子どもの病院・学校等の手続き等で，親子関係を証明することの困難が生じています。そのような場合に，証明書を提示することで「家族」として扱われる効果が期待できます。

c　通称名の利用

　パートナーシップ制度において，宣誓・届出をした者の氏名について，日常的に使用している通称名を記載することができる自治体がほとんどです。トランスジェンダーや外国籍の方等にとって，日常的・社会的に使用している通称名が公的な書面に記載されることは，大きな安心となります。通称名の記載を希望する場合は，通称名を社会生活において日常的に使用していることを客観的に証するもの（社員証，郵便物等）の提示が必要です。

3-2　類型と相談者像

　ここでは「セクシュアル・マイノリティ」の多様なあり方を紹介します。留意したいのは，ここに紹介する相談者像はあくまでセクシュアル・マイノリティの一部を切り取ったものだということです。同じカテゴリーにあっても，抱えている困難は当然異なります。また，セクシュアル・マイノリティという要素が彼らのアイデンティティのすべてではありません。誰にとっても様々な自己定義の要素があるように，セクリュアリティや性自認はその一つに過ぎません。

　最近は，当事者が自身のセクシュアリティをカミングアウトした著書やライフヒストリーを語ったインタビュー等を目にするようになりました。イメージ

168

として形作られた一面的な見方にとらわれないためにも，書籍やメディアから「当事者のナマの声」を知ることが大切です。

　セクシュアル・マイノリティの相談者はカップルでの来所がほとんどです。「同性パートナーシップ証明制度」だけでなく，ライフプランも含めたパートナーシップ全般に関する対応が求められます。婚姻に準ずる関係を形成する意思の有無を確認するためにも，双方と面談し，本人確認をすることが大切です。相談者の年齢やライフステージに合わせ，遺言のほか「任意後見契約」「信託」「死後事務委任契約」等，パートナーシップを守るための解決策をいくつか提案できるよう準備しておきましょう。

1 同性カップル

　同性愛者にもジェンダー差があります。男女の賃金格差が大きい日本は，ゲイカップルとレズビアンカップルの経済状況に違いがあります。ゲイカップルは安定した雇用状況の場合が多く，経済的にも余裕があり支出が多い傾向にあります。一方レズビアンカップルは，非正規雇用等で不安定な経済状況にあることが少なくありません。

　また，メディアでの活躍が多いゲイに比べレズビアンは姿が見えにくいという特徴があります。「ゲイの人たちの自己主張の出版活動や社会に向けての運動が盛んであるのに対して，レズビアンの雑誌や著作の出版は，経済的理由で，なかなか難しい」[16]との指摘もあります。抱える困難には個別性があることを前提としつつも，ジェンダー差を意識して困難を捉えることも重要です。

 ゲイカップルの場合

　しんとした病室に，カシャとシャッターの音が響いた。マサヒロは今日も約束通り，朝食の写真をカズヤに送って，サラダを食べ始めた。
　42歳のマサヒロは，5歳年下のカズヤと交際して，まもなく2年になる。大手企業に勤務し，経済的に余裕があるマサヒロは，これまで特定のパート

第 3 章　面談前の準備「セクシュアル・マイノリティ」編

ナーを持つことに興味がなかった。そのため，当初はカズヤからの猛アプローチに対しても，なんだかんだと理由をつけてはぐらかしていたのだが，ついに根負けして付き合うことになった。強引な始まりではあったが，マサヒロも徐々に，カズヤの人間性に惹かれ，そろそろ将来のことを考えようと思っていた矢先のバイク事故だった。数週間の入院を余儀なくされたマサヒロは，そこで自分とカズヤが「家族」ではないということをまざまざと突きつけられた。面会や病状の説明は「家族」のみとされ，カズヤには，毎日メールで現状を伝えるしかなかった。年老いた両親にはまだカミングアウトできておらず，弟のツヨシだけがカズヤとの関係を知っている。

　「今日はパンなんだ！　よかったね！」とすぐにカズヤから返信がきた。グッド！とスタンプを送る。「何か必要なものがあったら，またツヨシ君に持っていってもらうから言ってね！」とまたすぐに返信がくる。本当は自分が行きたくてたまらないはずだが，それを隠すカズヤの姿に，マサヒロはやるせない思いがした。カズヤを家族として認めてもらいたい。カズヤを守ってあげたい。マサヒロは，入院期間中に調べた行政書士事務所のURLを添付し，「退院したら，今後のこと相談に行ってみない？」と送る。カズヤからイエスと泣き顔のスタンプが返ってきたのを見て，マサヒロの口元が緩んだ。

 レズビアンカップルの場合

　サナから渡されたエコー写真を見て，「わあ！　人間っぽくなってきた！」とミナミは喜びの声をあげた。「もう，安定期に入ったって先生に言われたよ。順調だって」ソファに座って，お腹を触りながら，サナも嬉しそうに話す。

　ミナミとサナは，3年の交際を経て去年，パートナーシップを結んだ。20代である二人の周りには，セクシュアル・マイノリティのカップルも多く，悩みも相談しやすい。子どもについても，先輩カップルの話を聞いたうえで，サナが第三者から精子提供を受ける方法を選択し，妊娠した。

　「そう，それでね」サナは立ち上がって，以前二人で結んだ公正証書を持ってきた。「これ，行政書士の先生のところで結んだ時さ，将来，子どもができた

170

ら，子どもの扶養に関することも追記したらいいって言われたのを覚えてる？」ミナミとサナは，自治体が行うパートナーシップ制度は利用せず，パートナーシップ合意契約書を公正証書で作成した。その時に相談した行政書士に，将来，子どもを持った際の助言を受けていた。「覚えてるよ。赤ちゃんは，サナが産んだら，私には親権がないから，何かあったときのために，私も親だってことを明記しておくといいって言ってたよね」「そう。あと，私が死んじゃった場合に，ミナミが赤ちゃんの未成年後見人になれるように遺言を書くといいって」ミナミは黙ってうなずいた。

　子どもの成長を喜んでいる中，リスクのことを考えるのはやるせない。しかし，生まれてくる子どものために，今ある制度で，最大限の準備をしなくてはならない。ミナミは，自分を鼓舞して，「そうだね！　赤ちゃんのために万全の準備をしておこう！」とサナの手を強く握った。

❷ トランスジェンダー

　トランスジェンダーが望む性別移行には，多様性があります。必ずしも全員が戸籍上の性別変更をゴールにしているわけではありません。相談者を「トランスジェンダー」という一つのイメージで捉えてしまうと，相談者が望む生き方やあり方を正確につかむことができません。相談者がどのように自己定義をしているのか，どのように生きていきたいのかを丁寧に聞き取る必要があります。

【トランジェンダーの多様な実態】[17]

- 　幼少期から明確なジェンダーアイデンティティーを有し，それが出生時に割り当てられた性別と一致していない人たち
- 　ジェンダーアイデンティティーに沿って身体的・社会的な性別移行を行う，もしくは行いたいと考えている人たち

171

第3章　面談前の準備「セクシュアル・マイノリティ」編

- 　出生時に割り当てられた性別に典型的な身体のまま生きることや，その性別として生きることが困難になり，様々な模索の結果として，そうでない性別へと身体の特徴や社会生活を移行していく人たち
- 　医学的な措置により，性別と結びついた一部の身体の特徴を改変する（乳房切除，睾丸摘出など）一方で，社会生活上の性別を変えることのニーズは強くない人たち
- 　医学的な性別移行のニーズは強くないものの，社会生活上の性別を変えていく人たち

　トランスジェンダーの性別移行には金銭的・身体的負担が伴うことから，就労においても特有の困難が生じます。職種の傾向としては，トランス男性は他の人々と比較すると，サービス職やブルーカラー職についている割合が高く，トランス女性は専門職・技術職に就いている割合が高いという調査[18]もあります。

　性別適合手術は身体的・心理的負担だけでなく，非常に大きな経済的負担がかかります。厚生労働省は，2018年度の診療報酬改定で「性別適合手術」を公的保険摘要にすることを決定しました[19]。

　しかし，ホルモン療法は公的保険の適用外とされたため，「混合医療」にあたる場合はこれまでどおり医療費を全額負担することになります。

> **Episode　トランスジェンダーの場合**
>
> 　ハルトの手術は2か月後に決まった。自宅に帰って，病院からもらった書類をチェックするハルトは，念願の手術に胸が踊っていた。
>
> 　ハルトは20歳の時に「性同一性障害（FTM）」の診断を受け，ホルモン注射を開始して5年が経過した。普段は戸籍上の名前ではなく，通称名の「ハルト」を使用している。日を追うごとに男性化していくことで，日常生活は過ごしやすくなったが，いつかは手術をして，戸籍も男性に変えることを望んでいた。

必要書類にサインをする途中，緊急連絡先を書く欄で，ハルトの手が止まった。数年前から交際しているアイカとは，同棲中で，結婚も考えているが，現時点では何の手続きも取っていない。もしもの時は，アイカを家族として対応してもらいたいが，可能なのだろうか……。不安になったハルトは，すぐにスマホで検索を始めた。どうやら，パートーナーシップ契約等を結んでいると，円滑に進むことがあるらしい。以前，アイカにも提案されたことがあったが，どうせ戸籍が変われば結婚できるのだから，自分には必要ないと思っていた。ホルモン注射などの治療に関しては，かかりつけ医に聞けば説明してくれるので，悩みはなかった。しかし，今後の氏名や戸籍の変更も含め，法的な部分については，アイカと一緒に専門家に相談してみるのもいいかもしれない。不安が少し軽くなったハルトは，また書類にサインをし始めた。

3 性分化疾患

　性分化疾患は様々なパターンがあり，そのあり方をひとくくりにすることはできません。「半陰陽」「両性具有」「男でも女でもある（ない）性」「インターセックス」「第三の性」といった表現は誤った見方であり，差別的表現にあたります。2009（平成21）年に日本小児内分泌学会は「性分化疾患」と呼称を統一しています。

　性分化疾患は，セクシュアル・マイノリティの中でもとりわけ可視化されにくい存在です。「人は男女どちらかの性に必ず区分されるはずである」という性別二元論に立つ認識によって，社会的偏見にさらされやすいのです。当事者を含め家族も包括的な支援に繋がれないケースが目立ちます。
　出生時からの外科的治療やホルモン治療等は，経済的・身体的・心理的に大きな負担です。また，戸籍上の手続き（訂正手続）は当事者の中でもあまり情報共有されていません。

第3章　面談前の準備「セクシュアル・マイノリティ」編

☑ **ここが受任の ポイント④** | **「アライ (Ally)」であるために**

　セクシュアル・マイノリティの支援者・理解者であることを表明する者を「アライ (Ally)」といいます。「支援者・理解者」の看板をかかげた専門職には深い知識が期待されます。専門職の場合は，より一層，二次被害（セカンド・ハラスメント）となるような対応に留意しなければなりません。既に社会の無理解・不寛容に晒されてきた当事者を傷つけることがないよう，謙虚に学び続けることが必要です。

▎3-3　抱えている悩みと解決のヒント

　ここでは，困りごとを「同性カップル」「性別違和」「性分化疾患」に大別し，「抱えている悩みと解決のヒント」を紹介します。よりリアルな相談者像を掴むために，当事者が著した書籍等も参考にしてください。

■ 同性カップル

①　パートナーと同一世帯で住民登録したい

イ　ケース解説

　同居する同性カップルは，双方を世帯主として住民登録するケースが多いようです。その一方で，婚姻制度によって保護されないからこそ，「片方を世帯主として同一世帯で住民登録をしたい」というニーズもあります。

　社会保障の面で法律婚カップルと同様の取扱いを受ける異性の事実婚カップルは，同一世帯で住民登録する場合，住民票の続柄に「妻（未届）」「夫（未届）」と記載されます。

　住民登録におけるニーズが顕在化すれば，自治体が同性カップルへの保障を検討する可能性もあります。同性パートナーシップ制度とともに，自治体の新しい動きを注視する必要があります。

174

ロ　解決のヒント

　同性カップルが同一世帯で住民登録する場合，パートナーと世帯主の続柄は「同居人」「縁故者」となることが多いようです。自治体によって対応は異なります。

　二宮周平は『性のあり方と多様性』で「同性カップルの共同生活も事実婚として，これまでの内縁保護法理を適用することは可能である」[20]と述べています。事実婚としての法的保護を求めるためには，共同生活のパートナーであることの証明が必要です。

　二宮は以下の証明方法を挙げています。

---

①　共同生活に関する合意書（パートナーシップ合意契約書）を作成する

②　一方が住民票の世帯主となり，他方の世帯主との続柄を「同居人」と記載する

③　双方を世帯主として同一住所で住民登録する

④　家族や友人が当該カップルを共同生活のパートナーとして証明する書面を作成する

　行政書士は自治体窓口での説明・届出代理を行うことができます。窓口でのカミングアウトの可能性から気後れし，自身で届出することに抵抗感がある当事者も少なくありません。「行政と国民の架け橋」として，同行支援による法令の補足説明を行うことも重要な役割です。

　また，二宮が挙げる内縁保護法理を適用するための工夫も情報提供します。「共同生活に関する合意書（パートナーシップ合意契約書）」「当該カップルをパートナーとして証明する書面」は権利義務に関する書類のひとつであり，この文案作成は，当然に行政書士業務です（p180「3-3 **1** ③同性パートナーシップ合意契約にはどのような事項を記載すればよいのか」参照）。

　なお，「家族や友人が当該カップルを共同生活のパートナーとして証明する書面」の例としては，パートナーシップ合意契約書の末尾に証人の欄を設けることが考えられます。

第3章 面談前の準備「セクシュアル・マイノリティ」編

《実務文書　証人記載の例》

　本事例では，婚姻届や離婚届には成年の証人二名以上が署名することが求められていることに倣い，契約当事者の甲・乙の他，成人の証人二名が署名捺印しています。

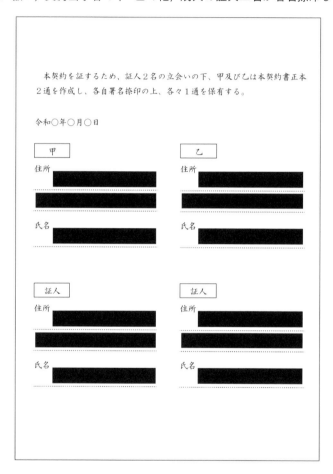

② パートナーと家族として賃貸住宅や公営住宅に入居したい

　イ　ケース解説

　　同性カップルが賃貸住宅を借りる際の困難は想像に難くありません。友人同士の「シェア」ではなく，「同性カップル」が家族として居住することを想定している貸主は多くありません。住まいの確保の難しさは，同性カップル

にとって大きな課題となっています。自ずと「住まいの貧困（ハウジングプア）」に陥るリスクも高くなります（p117「**2-3 3** ④ひとりで賃貸物件に住み続けられるのが不安」参照）。

　特定非営利法人パープル・ハンズ事務局長で行政書士の永易至文は，セクシュアル・マイノリティが制度や既存の枠組みからとりこぼされ，不利益を強いられることを「セクシュアル・マイノリティの医・職・住の困難」と呼んでいます。まさに当事者の現状を言い当てた表現です。

医＝医療現場での性別の取扱いや同性パートナーの医療面会・代諾の場面での困難

職＝トイレをはじめとする処遇や転勤・福利厚生などでの同性パートナーへの配慮の場面での困難

住＝住まいをめぐるセクシュアル・マイノリティならではの困難

（引用）虹色百話〜性的マイノリティへの招待〜「第72話　公営住宅と同性パートナーシップ保証を探ってみた」（https://yomidr.yomiuri.co.jp/article/20170215—OYTET50056/）

　かつての公営住宅法は「現に同居し，又は同居しようとする親族があること」を入居資格とする「同居親族要件」を定めていました。同法は2012（平成24）年の改正で「同居親族要件」が廃止されています。公営住宅法の規定の変遷は以下のとおりです。

【図表3-20】公営住宅法の変遷

規定	理由等（逐条解説）
S26年法制定 同居親族要件を規定	戦後〜昭和中期 　１人世帯は，１戸の住宅を持たずとも同居や間借で著しい生活上の不便が生じないため，１戸の住宅を必要としない者とされた。２人以上の世帯に住宅を供給することが先決とされた。 昭和後期〜平成23年法改正まで 　民間賃貸住宅市場では単身者向けの賃貸住宅は比較的供給量が多いが，家族向けの賃貸住宅は，その家賃水準も含め，市場での供給が十分とはいえない状況にある。

第3章　面談前の準備「セクシュアル・マイノリティ」編

S55年法改正 高齢単身者, 障害者等を単 身入居可	単身者の中でも高齢者や障害者については，その居住に適した設備を有する賃貸住宅は，市場においても未だ十分供給されているとはいえない。 　また，1人暮らしの高齢者や障害者等はその高齢や障害を有するがゆえに他の者と比べて居住の安定を図る必要性がより高い。
H17年法改正 精神障害者等, DV被害者を 単身入居可	精神障害者等の単身生活の地域支援体制が整う方向にあり，単身生活が可能になる者も生じている。ノーマライゼーションの観点から身体障害者同様，単身入居を認める必要がある。 　DV被害者については，民間賃貸住宅への入居が極めて困難であること，自立を図るための中長期的な住宅が必要であることから，対応を強化するため。
H23年法改正 同居親族要件 を廃止	単身世帯数が単身世帯向け住戸の供給量を大幅に上回っており，単身者でも住宅困窮度の高い場合が増加しているとともに公営住宅ストック供給を弾力的に行うことが可能となったため。

（出所）兵庫県ホームページ

ロ　解決のヒント

a　民間の賃貸住宅

　貸主の偏見が根強く残る一方で「LGBTフレンドリー」を掲げる不動産業者も増えています。東京都渋谷区の「渋谷区人権を尊重し差別をなくす社会を推進する条例」は区内の事業者に対し以下のように差別を禁じています。渋谷区内の賃貸住宅での効果が期待できます。

（事業者の責務）

第6条　事業者は，区が実施する人権を尊重し差別をなくす社会を推進する施策に協力するよう努めるものとする。

2　事業者は，採用，待遇，昇進，賃金等における就業条件の整備において，この条例を遵守しなければならない。

3　事業者は，職場環境の整備，長時間労働の解消等に努めるものとする。

（パートナーシップ制度への事業者の配慮）

第18条　渋谷民及び事業者は，その社会活動の中で，区が行うパートナー

シップ証明を最大限配慮しなければならない。

2　区内の公共的団体等の事業所及び事務所は，業務の遂行に当たっては，区が行うパートナーシップ証明を十分に尊重し，公平かつ適切な対応をしなければならない。

　さらに，「住宅セーフティネット法」の効果も期待できます（p117「**2-3 3** ④ひとりで賃貸物件に住み続けられるのが不安」参照）。住宅セーフティネット法の「住宅確保要配慮者」には「自治体の供給促進計画で位置づけられる者」として「LGBT」が例示されています[21]。セクシュアル・マイノリティが居住支援の対象に含まれることが予想されます。

　同性パートナーシップ制度や住宅セーフティネット法の対象にならない場合は，「パートナーシップ合意契約書」や「任意後見契約」等によりパートナーシップを証明することで，賃貸人に法律婚カップルと同様の永続的・安定的関係性を築いているという理解を得ることが期待できます。

b　公営住宅

　公営住宅は，1951（昭和26）年に制定された公営住宅法に基づき住宅に困窮する低所得者を対象としています。「国庫補助をもとに地方公共団体が建設・所有・管理する低家賃の」[22]住宅です。

　パートナーシップ制度を制定している自治体の中には，同性カップルの公営住宅入居を可能とするため関連条例の改正を行うところもあります。パートナーシップ制度を導入する自治体の公営住宅入居に関する対応を精査するほか，制度が導入されていない自治体の対応を，相談者に代わって問い合わせるといったことも重要です。

▌【図表 3-21】同性カップルの公営住宅入居への対応

自治体名	対応	根拠の引用
東京都渋谷区	同性カップルの区営住宅応募を認める	渋谷区人権を尊重し差別をなくす社会を推進する条例（18条） 渋谷区営住宅条例（平成9年渋谷区条例第40号）

第3章　面談前の準備「セクシュアル・マイノリティ」編

		及び渋谷区区民住宅条例（平成8年渋谷区条例第27号）その他区条例の規定の適用に当たっては，この条例の趣旨を尊重しなければならない。
東京都世田谷区		世田谷区営住宅管理条例（5条④） 区長は，相当と認めるときは，区営住宅を使用しようとする者が現に同居して共同生活を営み，又は共同生活を営むため同居しようとする同性者（規則で定める者に限る）を同居予定者とみなすことができる。
兵庫県宝塚市	同性カップルの市営住宅応募を認める	宝塚市パートナーシップ・ファオミリーシップ宣誓の手引き 受けられるサービス（列挙事項のうちの一つ） 市営住宅への申し込み
三重県伊賀市		伊賀市パートナーシップ宣誓制度Q&A 伊賀市営住宅に入居したいときに，受領証の提示で入居申請ができます。
沖縄県那覇市		那覇市営住宅入居募集のしおり（入居申込資格） 那覇市パートナーシップ登録証明書の交付を受けている方
北海道札幌市		札幌市営住宅入居者募集のご案内 市営住宅の申込みにおける親族とは，配偶者や6親等以内の血族，3親等以内の姻族をいいます（配偶者には婚約者，住民票の統柄が見届け（内縁関係）の夫又は妻の方を含みます）。又，パートナーシップ宣誓書受領証等の交付を受けているパートナーは，配偶者と同じ取扱いとします。
福岡県福岡市		福岡市住宅供給公社ホームページ（入居申込資格） 福岡市より「パートナーシップ宣誓書受領書」の交付を受けている。

（参考）各自治体のホームページ

③　パートナーシップ合意契約にはどのような事項を記載すればよいのか

イ　ケース解説

　同性婚制度がない日本で同性カップルが互いの権利を守るには，2人の関係性を証する書面の作成が必須です。

180

パートナーシップ合意契約は，パートナーシップ制度の利用の有無を問わず作成することが望ましいでしょう。同性カップルだけでなく，法律婚をすることができず，関係性が保証されていないカップルのすべてが依頼者になり得ます（p171「**3-2 2** トランスジェンダー」参照）。当事者間の権利義務を規定するだけでなく，互いの気持ちを確かめ合うことで，婚姻と同様に「けじめ」として仲が深まるというメリットもあります。

　かつては「公序良俗に反する」として，公証役場で同性パートナーシップ合意契約書の作成が断られることがあったといわれています[23]。しかし2015（平成27）年の渋谷区同性パートナーシップ制度以降，公証役場においても，書面作成への理解が深まっています。渋谷区の制度自体が「任意後見契約公正証書」「合意契約公正証書」の作成を要件としています。現在公証役場で作成を断られるということは考えにくいでしょう。

ロ　解決のヒント
　「同性パートナーシップ合意契約」の文案は，東京都渋谷区の「渋谷区パートナーシップ証明　任意後見契約・合意契約公正証書作成の手引き」(2017)，平等な結婚制度の実現に向け活動するNPO法人EMA日本が公表している「婚姻契約書」などが参考になります。
　（参考）NPO法人EMA日本婚姻契約書（http://emajapan.org/aboutemajapan/婚姻契約書）
　パートナーシップ合意契約の名称は「パートナーシップ契約」「同性婚契約」「同性パートナーシップ契約」「事実婚契約」「婚姻契約」などが考えられます。これらは事実婚カップルが作成する際も参考になります。

　渋谷区のパートナーシップ制度は「任意後見契約公正証書」「合意契約公正証書」の作成が要件です。合意契約公正証書には，「①両当事者の真摯な関係の確認，②同居，協力及び費用分担義務」を明記する必要があります（渋規4）。個別の事情に即して必須事項以外の記載も可能です。

第3章　面談前の準備「セクシュアル・マイノリティ」編

　渋谷区のパートナーシップ制度を利用しない場合も，パートナーシップ合意契約書の作成を勧めましょう。カップルが若年である場合は，公正証書ではなく私文書で作成することを望むこともあります。私文書の場合も，公証役場で「私文書認証」を得ることで，私文書の成立の真正を証明することができます。なお，私文書で契約書を作成する場合は，署名押印（実印）の上，印鑑証明書を添付することで，書面の真正性を高めることができます。

　公証役場の作成手数料は以下のとおりです。

・公正証書作成手数料：1万1,000円
（証書の枚数が4枚を越えるときは1枚ごとに250円加算）

・私署認証：1万1,000円

・正本の作成手数料：1枚250円×枚数分

【書面作成時の確認事項（形式面）】

・公正証書か，私文書か

・私文書の場合，私文書認証を希望するか

・証人をつけるか

▶【図表3-22】同性パートナーシップ契約記載事項

同性パートナーシップ契約記載事項	
渋谷区必須事項	①　両当事者が愛情と信頼に基づく真摯な関係であること ②　両当事者が同居し，共同生活において互いに責任を持って協力し，及びその共同生活に必要な費用を分担する義務があること ※　特定の事由に該当し，任意後見契約公正証書を作成しない場合は，付加条項にその事由を記載する
任意事項	療養看護に関する委任 日常家事債務に関する責任 財産関係 財産関係の清算 慰謝料　など

【私文書認証の例】

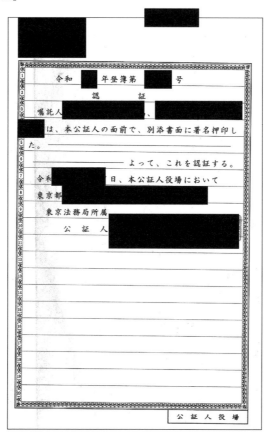

④ パートナーの「もしものとき」病院で説明を聞きたい／意識がなくなったときパートナーに医療同意を頼みたい

イ　ケース解説

　a　パートナーの病状説明

　　セクシュアル・マイノリティのカップルの医療に関わる悩みは切実です。パートナーが事故や急病の際，医療機関で関係性を「恋人」「家族」と答えることができず，パートナーの状態を一切教えてもらえなかったというエピソードが語られることもあります。パートナーとの関係を説明でき

第3章　面談前の準備「セクシュアル・マイノリティ」編

ても，法的に親族でない者への情報提供は拒まれることがあります。

このような対応の背景には個人情報保護と医療現場の家族主義的な慣習があります。「個人情報の保護に関する法律」（以下「個人情報保護法」）には個人情報の第三者提供の制限として以下のような条文があります。

第23条　個人情報取扱事業者は，次に掲げる場合を除くほか，<u>あらかじめ本人の同意を得ないで</u>，個人データを第三者に提供してはならない。

一　法令に基づく場合

二　人の生命，身体又は財産の保護のために必要がある場合であって，本人の同意を得ることが困難であるとき。

三　公衆衛生の向上又は児童の健全な育成の推進のために特に必要である場合であって，本人の同意を得ることが困難であるとき。

四　国の機関若しくは地方公共団体又はその委託を受けた者が法令の定める事務を遂行することに対して協力する必要がある場合であって，本人の同意を得ることにより当該事務の遂行に支障を及ぼすおそれがあるとき。

個人情報保護法の「第三者」は家族も含まれます。法的には本人の同意がなければ家族であっても個人情報を提供してはならないはずです。しかし，ほとんどの医療機関が慣習的に親族に情報提供しています。血縁や婚姻関係の有無を重視する慣習がある以上，同性カップルは事前の準備が必要です。

2017（平成29）年に策定された厚生労働省の「医療・介護関係事業者における個人情報の適切な取扱いのためのガイダンス」（2024年3月一部改正）には，家族等への病状説明について以下のような記述があります。

（個人情報保護）法においては，個人データを第三者提供する場合には，あらかじめ本人の同意を得ることを原則としている。一方，病態によっては，治

療等を進めるに当たり，本人だけでなく家族等の同意を得る必要がある場合もある。（中略）本人以外の者に病状説明を行う場合は，本人に対し，あらかじめ病状説明を行う家族等の対象者を確認し，同意を得ることが望ましい。この際，本人から申出がある場合には，治療の実施等に支障を生じない範囲において，<u>現実に患者（利用者）の世話をしている親族及びこれに準ずる者</u>を説明を行う対象に加えたり，説明を行う対象を<u>家族の特定の人に限定</u>するなどの取扱いとすることができる。

　ガイドラインでは，本人が望めば「現実に本人を世話している親族及びこれに準ずる者」を説明の対象に加えることが可能とされます。同性パートナーは「これに準ずる者」に該当すると考えられるため，当該記載を根拠に，医療機関に希望を伝えることも有効です。
　さらに，本人に判断能力がないときの対応として以下のように記載されています。

　意識不明の患者の病状や重度の認知症の高齢者の状況を家族等に説明する場合は，本人の同意を得ずに第三者提供できる場合と考えられる。この場合，医療・介護関係事業者において，本人の家族等であることを確認した上で，治療等を行うに当たり必要な範囲で，情報提供を行うとともに，本人の過去の病歴，治療歴等について情報の取得を行う。本人の意識が回復した際には，速やかに，提供及び取得した個人情報の内容をその相手について本人に説明するとともに，本人からの申出があった場合，取得した個人情報の内容の訂正等，病状の説明を行う家族等の対象者の変更等を行う。なお，患者の判断能力に疑義がある場合は，意識不明の患者と同様の対応を行うとともに，判断能力の回復にあわせて，速やかに本人への説明を行い本人の同意を得るものとする。

　本人の病歴や生活状況は，親族と疎遠な場合パートナーのほうが詳しいことがあります。本人にとって最適な医療を実現するためにも，パートナーシップを証明する手立てが必要です。

第 3 章　面談前の準備「セクシュアル・マイノリティ」編

b　パートナーの医療同意

　東京都渋谷区の同性パートナーシップ制度制定時，パートナーの医療同意権の有無が問題となりました。渋谷区の制度は，原則当事者が相互に「任意後見契約」を結ぶことを要件としています。

　しかし，医療同意権は一身専属権であるため，成年後見人に代理権はありません。そのため渋谷区式の「パートナーシップ合意契約」「任意後見契約」を結んでも，パートナーに医療同意権を与えることはできません。医療における意思決定の代行に関しては，同性カップルも個別に対応をとる必要があります（p102「**2-3 2** ⑤医療同意や終末期医療に関して準備しておくべきことを知りたい」参照）。

ロ　解決のヒント

a　書面作成による効果

　パートナーに病院での面会権を与えたい場合や判断の代行を頼みたい場合は，パートナーが医療・介護における「キーパーソン」であることを，前もって書面で意思表示する必要があります。

　医療に関し不安を抱いている相談者には「療養看護の委任に関する書面」「医療における事前指示書」「医療に関する意思表示書」の作成を勧めましょう（p102「**2-3 2** ⑤医療同意や終末期医療に関して準備しておくべきことを知りたい」参照）。

　パートナーに医療行為の情報提供を求める旨や治療方針の決定にパートナーの意向を尊重する旨など，パートナー間で必要とされる事項を明記すると安心です。

　書面による意思表示だけでなく，パートナーが医療機関に駆けつけられるようにすることも必要です。エンディング・サポート事業の「登録カード」のように，医療機関からパートナーに連絡が入るよう工夫が必要です（p119「**2-3 3** ⑤経済的にゆとりがなく葬儀・埋葬がどうなるが不安」参照）。「書面＋カード」のセットを互いに保管すれば実効性が高まります。

186

3-3 抱えている悩みと解決のヒント

【Point 条項】

（療養看護に関する委任等）

1 甲又は乙の一方が疾病に罹患し，医療機関において治療，療養，延命又は手術（以下「治療等」という。）を受ける場合に備え，甲及び乙は，相互に，相手方に対し，治療との場面に立ち合い，本人と共に，又は本人に代わって，医師その他の医療関係者から，症状や治療等の方針・見通し等に関する説明（カルテの開示を含む。）を受けることを委任する。

2 前項の場合に加え，疾病に罹患した甲又は乙の一方は，その通院・入院・手術時並びに意識不明時及び危篤時において，相手方に対し，入院時の付き添い，面会謝絶時の面会，治療方針（延命の是非の判断を含む。）の決定及び手術に同意することを委任する。この場合，相手方の決定は，本人の最近親の親族（子・父母・兄弟姉妹その他本人の当該時点における最も近い親等の親族を指す。）に優先するものであることを相互に確認する。

3 甲及び乙は，事故の治療等に関する希望，意向その他の意思を，あらかじめ相手方に説明するとともに，治療等に関する相手方の意思を常に確認し，理解するように努める。

※パートナーシップ合意契約書に含める条項

【図表 3-23】医療に関する意思表示カード

医療に関する意思表示カード例

表

医療に関する意思表示カード

私が事故・発病等により意思表示が難しい場合は，すみやかに裏面記載の連絡先にお知らせください。裏面記載の方に病状等を説明するほか、面会・入室を許可してください。

署名 ＿＿＿＿＿＿＿＿＿＿
（署名日：　　年　　月　　日）

なお、＿＿＿＿＿＿＿＿＿と私は、
パートパーシップ合意契約書を作成しています。

裏

氏名 ＿＿＿＿＿＿＿＿
関係性
住所 ＿＿＿＿＿＿＿＿
連絡先 ＿＿＿＿＿＿＿

氏名 ＿＿＿＿＿＿＿＿
関係性
住所 ＿＿＿＿＿＿＿＿
連絡先 ＿＿＿＿＿＿＿

第3章　面談前の準備「セクシュアル・マイノリティ」編

b　同性パートナーシップ証明制度の効果

　東京都渋谷区の「渋谷区人権を尊重し差別をなくす社会を推進する条例」は，区が行うパートナーシップ証明について以下のように定めています。

（パートナーシップ制度への事業者の配慮）

第18条　渋谷民及び事業者は，その社会活動の中で，区が行うパートナーシップ証明を最大限配慮しなければならない。

2　区内の公共的団体等の事業所及び事務所は，業務の遂行に当たっては，区が行うパートナーシップ証明を十分に尊重し，公平かつ適切な対応をしなければならない。

（ジェンダー平等に関する禁止事項）

第20条　区，渋谷民及び事業者は，性別による固定的な役割分担の意識を助長し，若しくはこれを是認させる行為又は性的少数者を差別する行為をしてはならない。

2　何人も，性のありようの表明に関して，正当な理由なく，強制し，禁止し，又は本人の意に反して，公表してはならない。

　渋谷区内の医療機関は，パートナーシップ証明を取得したカップルに対し最大限の配慮義務があります。そのため，同性パートナーを疎外する対応の減少が見込まれます。

　パートナーシップ制度利用の効果として，公立の医療機関における面会等の場面で証明書を利用することを想定する自治体は増えています。相談者に対しては，前述の書面作成とパートナーシップ制度の証明書を利用することで，医療機関に対し，関係性と委任事項を説明することができる旨を助言しましょう。

188

3-3　抱えている悩みと解決のヒント

⑤　外国人の同性パートナーと海外で同性婚をしたい（海外のパートナーシップ制度を利用したい）

イ　ケース解説

　同性カップルにも「国際結婚」のニーズがあります。一方が外国人の同性カップルの場合は「①諸外国の同性婚制度の仕組み，②日本における同性婚の取扱い」について知る必要があります。

ロ　解決のヒント

a　諸外国の同性婚制度の仕組み

　諸外国の同性間のパートナーシップ保証にはさまざまなかたちがあります（【図表3-24】参照）。日本人が外国人パートナーと以下の制度を利用するには，各制度に定められた要件をクリアする必要があります。以下の表は諸外国の同性間のパートナーシップ保証制度を5つの類型に分類し，国ごとに比較したものです。

▌【図表3-24】同性間のパートナーシップ保証制度の5類型

①　同性婚制度：法律婚の異性パートナー（配偶者）と同様に婚姻を認める
②　登録パートナーシップ制度（シビル・ユニオン）：同性婚制度の地位に準じる地位を認める
③　法定同棲（コアビテーション）：同棲関係に一定の法律上の地位を認める
④　民事連帯契約（PACS）：成年2人間の共同生活に関して，財産的効果を中心とした契約に基づく届出制度
⑤　ドメスティック・パートナー制度：お互いをパートナーとして申請したカップルに，各州・自治体等が定めた福祉や法的保護が与えられる

（参考）調査と情報 No. 798「諸外国の同性婚制度等の動向—2010年度以降を中心に—」(2013)

189

第3章　面談前の準備「セクシュアル・マイノリティ」編

【図表3-25】同性間のパートナーシップ保証制度の比較

制度の類型	国名	制定年	備考
同性婚制度	（米国）		※米国は，2015年6月26日，連邦最高裁判所のオバーゲフェル裁判この判断により，同性婚米国全土で実質的に合法化された。2022年12月8日には，アメリカ連邦議会が同性婚を律法で明確に合法とする「結婚尊重法案」を可決。「結婚尊重法(Respect for Marriage Act) 13日に連邦法として成立した。
	マサチューセッツ州	2004	
	コネチカット州	2008	
	アイオワ州	2009	
	ニューハンプシャー州	2009	
	バーモント州	2009	
	コロンビア特別区	2009	
	ニューヨーク州	2011	
	メイン州	2012	
	メリーランド州	2012	
	ワシントン州	2012	
	カリフォルニア州	2013	
	デラウェア州	2013	
	ミネソタ州	2013	
	ロードアイランド州	2013	
	オランダ	2001	
	ベルギー	2003	
	スペイン	2005	
	ノルウェー	2008	
	スウェーデン	2009	
	ポルトガル	2010	
	アイスランド	2010	
	デンマーク	2012	
	フランス	2013	
	ルクセンブルク	2014	
	フィンランド	2014	
	アイルランド	2015	
	スロヴェニア	2015	
	ルクセンブルク	2015	
	メキシコ	2015	
	コロンビア	2016	
	フィンランド	2017	
	マルタ	2017	
	ドイツ	2017	
	オーストラリア	2017	
	オーストリア	2019	

190

3-3 抱えている悩みと解決のヒント

	台湾	2019	
	エクアドル	2019	
	コスタリカ	2020	
	チリ	2022	
	スイス	2022	
	スロヴェニア	2022	
	キューバ	2022	
	アンドラ	2023	
	ネパール	2023	
	エストニア	2024	
	ギリシャ	2024	
登録パートナーシップ制度（シビル・ユニオン）	（米国）		
	ニュージャージー州	2006	
	ハワイ州	2011	
	イリノイ州	2011	
	コロラド州	2013	
	オランダ	1998	
	フィンランド	2001	
	ドイツ	2001	
	英国	2004	
	スイス	2004	
	オーストリア	2009	
	アイルランド	2010	
	エストニア	2014	
	マルタ	2014	
	クロアチア	2014	
法定同棲（コアビテーション）	ベルギー	1998	同居している2人であれば異性・同性カップル，友人，兄弟姉妹等，誰でも利用可能
民事連帯契約（PACS）	フランス	1999	同性・異性を問わない
ドメスティック・パートナー制度	（米国）		
	コロンビア特別区	1992	
	ハワイ州	1997	
	カリフォルニア州	1999	
	メイン州	2004	
	オレゴン州	2007	
	ワシントン州	2007	

191

第 3 章　面談前の準備「セクシュアル・マイノリティ」編

| | ネバダ州 | 2009 | |
| | ウィスコンシン州 | 2009 | |

(参考) 調査と情報 No. 798 「諸外国の同性婚制度等の動向—2010 年度以降を中心に—」(2013) 表 1, 表 2

　　　NPO 法人 EMA 日本ホームページ (2023 年 2 月時点):「世界の同性婚」http://emajapan.org/promssm/world

　b　日本における同性婚の取扱い

　　日本では 2002 (平成 14) 年 5 月 24 日の民事局民事第一課長通知 (「法務局で交付する婚姻要件具備証明書の様式について」) 以降, 日本人が外国人の同性パートナーと外国で同性婚をすることが認められていませんでした (【図表 3-26】参照)。

▌【図表 3-26】法務局で交付する婚姻要件具備証明書の様式に関する通知

　　　　　　　　　　　　　　　　　　　　　平成 14 年 5 月 24 日

　　　　　　　　　　　　　　　　　　　民事局民事第一課長通知

通知の要約

・外国において認められている同性婚に使用するために婚姻要件具備証明書が取得された事例があった

・従来の証明書の様式は相手方の性別が記載されない

→同性の相手方との婚姻について, 日本法上の法律的障害がなく日本においても有効に成立させ得るように誤解されるおそれがある

　　　　↓

・今後証明書を交付する際は, 婚姻の相手方である外国人の性別を記載して交付する (性別欄のある新様式の婚姻要件具備証明書)

・婚姻の相手方が日本人当事者と同性であるときは, 日本法上婚姻は成立しないので, 証明書を交付するのは相当でない

　　　　　　　　　　(参考)『平成 30 年度版　戸籍実務六法』(2017) p1366

しかし，2009（平成21）年3月26日，法務省は従来の方針を改め「（独身）証明書」（従来の「婚姻要件具備証明書」に代わる単に独身であることを証明する新証明書）の発行を決定しました。

2009（平成21）年9月1日に民事局民事第一課長通知「外国での使用を目的として日本人の身分事項に関する証明書の交付請求があった場合の取扱いについて」が出され，性別欄のない「（独身）証明書」の発行が可能になりました。

これにより同性婚が認められている諸外国での同性婚が可能となりましたが，日本での国内的効力までが認められたわけではありません。そのため「報告的届出」の受理は拒否されます。

この通知以降，新証明書は婚姻要件具備証明書とは別様式の証明書として発行されることになりました。新証明書は，当事者の日本人が独身であり婚姻適齢に達していることが証明されます。婚姻要件具備証明書に記載される「相手方の氏名，生年月日，国籍，性別」は記載されないことになりました。

Column 9
在留制度と同性カップル

行政書士にとって身近な入管実務において，同性カップルはどのように扱われているのでしょうか。

日本政府は現在，法律上同性のカップルについては，外国で婚姻していたとしても，「家族滞在」や「日本人の配偶者等」の在留資格を認めていません。法務省入国管理局入国在留課長による通知（2013年10月18日法務省管在第5357号「同性婚の配偶者に対する入国・在留審査について（通知）」）は，「家族滞在」や「永住者の配偶者等」における「配偶者」とは，日本の婚姻に関する法令において有効なものとして取り扱われる婚姻の配偶者であり，外国で有効に成立した婚姻であっても，同性婚による配偶者は含まれないとしています。一方で，外国で有効に成立した同性婚における配偶者が「特定活動」の在留資格で滞在することは，原則として認められるとしていま

第3章　面談前の準備「セクシュアル・マイノリティ」編

す(注8)。つまり，双方が外国国籍の同性カップルが外国で婚姻し，その一方が就労ビザで日本に在留する場合，他方のパートナーは「特定活動」の在留資格が付与されるのです。しかしこの扱いは，日本国籍と外国国籍の同性カップルの場合には認められていませんでした。したがって，外国国籍の他方配偶者が，他に何らかの在留資格を得ていなければ，2人が日本で共に暮らすことはできないのです。

　2022年，米国で日本国籍男性Aと婚姻した米国籍男性Bが，配偶者であることを前提とした「定住者」の在留資格への変更の不許可処分について，取消し等を求める訴訟を提起しました。また，この変更を認めなかったことについて，A及びBが国家賠償請求を行いました。

　東京地裁は，双方が外国国籍の同性カップルのケースでは，通知を根拠に他方配偶者に「特定活動」の在留資格を与えているのにもかかわらず，日本人と結婚した外国人配偶者にはそれを与えない国の運用は「憲法の平等原則の趣旨に反する」と指摘し，「男性に特定活動の資格を認めなかったのは違法」であったと判断しました（東京地判令4［2022］・9・30）。その後，東京入管在留管理局が男性Bに対し「特定活動（1年）」の在留資格を許可したものの，就労制限等を不服として，男性Bは，引き続き「定住者」資格を求めて控訴しました。

　控訴審は，一審の判決を支持し，国の対応に違法性は認められないとして訴えを棄却したものの，「特定活動」の在留資格付与について，双方が外国国籍の場合と差が生じることは「合理的な理由を見出すのは困難で，少なくとも同等程度に保護する必要がある」と言及しました（東京高判令5［2023］・11・2判決）。本判決は，男性Bに「特定活動」への在留資格の変更を認めるべきであったとしたものですが，他のケースでも同様に在留資格該当性が肯定されるわけではなく，「当該外国人の出入国状況，同性婚の成否・手続き，本邦での生活実態等の個別の事情を検討し，人道的な配慮に基づいて在留を認める場合に該当するか否かを検討することになる」(24)と解されています。なお本件は，2024年4月現在，最高裁に上告中です。

注8　本通知には，「本国で同性婚をしている者について，その者が本国と同様に我が国においても安定的に生活できるよう人道的観点から配慮し，一般，同性婚による配偶者については，原則として，「特定活動」により入国・在留を認めることとしました」とある。

194

本ケースのように，外国人と日本人の同性カップルは，非常に不安定な生活状況を強いられています。「婚姻の平等」が実現していない日本の法制度下では，「人がその性的指向にしたがって特定の他者と互いに人生を共にするパートナーとして家族を形成し，維持する自由（「家族生活の自由」）」[25]侵害されているといえるでしょう。家族法務だけでなく，入管業務に関わる場合は，本ケースに類似する事件の判断蓄積や実務運用の変遷を注視していきましょう。

(参考) 東京弁護士会ホームページ「性の平等に関する委員会「同性パートナーの在留資格」(https://www.toben.or.jp/know/iinkai/seibyoudou/column/2022129.html)
時事通信ニュース 2023 年 11 月 2 日

⑥ 認知症など老後の健康面の不安に備えたい

イ ケース解説

認知症等で判断能力が衰えた際に本人の権利や財産を守る制度が「成年後見制度」です。しかし「法定後見」は，同性カップルにとって非常に使いにくい仕組みになっています。

法定後見の場合，後見開始の審判を申し立てられるのは「本人，配偶者，四親等内の親族，未成年後見人，未成年後見監督人，保佐人，保佐監督人，補助人，補助監督人又は検察官」です（民7）。

誰よりも本人の健康状態を察知できるにもかかわらず，「配偶者」に当たらないパートナーは申立人になれません。親族に2人のパートナーシップをカミングアウトしていない場合，申立権者の親族に制度利用の相談をするのは簡単ではありません。

また，法定後見の場合，後見人を選任するのは家庭裁判所であるため，後見人候補者に同性パートナーを指定したとしても，必ず選任されるとは限りません。同性カップルの相談者には，成年後見制度の概要と法定後見・任意後見双方のメリット・デメリットを説明する必要があります。

第3章　面談前の準備「セクシュアル・マイノリティ」編

ロ　解決のヒント

　老後の健康面の不安を抱える同性カップルの相談者には，お互いを受任者とした「任意後見契約」の締結を勧めましょう。

　東京都渋谷区の同性パートナーシップ制度は，「同性パートナーシップ合意契約」と共に「任意後見契約」の締結が要件になっています（p155「3-1 ❸ 婚姻制度とパートナーシップ」参照）。

　任意後見契約締結後に発行される「後見登記事項証明書」は，2人のパートナーシップを第三者に主張する公的な証明書になり得ます。任意後見契約を同性カップルが利用する場合，判断能力低下時の備えだけでなく，パートナーシップを第三者に説明しやすくなるというメリットがあります。

　さらに同性カップルも「死後事務」について準備しておく必要があります（p98「2-3 ❷ ④「おひとりさまの老後」に必要な法的な準備を知りたい」参照）。相続人や親族との関係をスムーズにするためには，葬儀や埋葬といった死後事務をパートナーに委任するといった工夫が大切です。

　「任意後見契約」と「死後事務委任契約」は同一の公正証書で作成できます。「同性パートナーシップ合意契約＋公正証書遺言＋任意後見契約＋死後事務委任契約」の4点は，法的保護のない同性カップルの安心をつくるフルセットです。

　同性カップルの場合，遺言執行者，任意後見受任者，死後事務委任契約の受任者にパートナーを指定した上で，予備的に第三者（行政書士等）を指定することがリスク対策になります。カップルの場合も，いずれか一方がなくなった後は「おひとりさま」になります。パートナーシップという二者関係だけに重きを置くのではなく，第三者の支援を受ける（予備的キーパーソンを指定する）ことの重要性を説明しましょう。

⑦　自分の死後はパートナーに遺産を渡したい

イ　ケース解説

　法律上の「配偶者」になれない同性パートナーは，相続権がありません。

そのため，遺言がなければ遺されたパートナーは死亡したパートナーの財産を受け継ぐことはできません。

また，家族や親族に 2 人の関係をカミングアウトしていなかった場合は，葬儀で「親族席に座れない」といった扱いを受ける可能性があります[注9]。

ロ　解決のヒント

同性カップルから遺言業務の相談を受けた際は，以下の点に留意して遺言作成をサポートしましょう。

a　遺言以外にも作成しておくとよい書面を提示する

遺言作成に興味がある同性カップルは，当然パートナーシップ制度にも関心を持っています。カップルの年代によって不安になる事柄は異なるため，段階に応じて，「パートナーシップ合意契約」「任意後見契約」「死後事務委任契約」「医療に関する事前指示書」といった書面の紹介をしましょう。

b　遺言執行者を指定する

同性カップルが遺言書を作成する際は，必ず「遺言執行者」を指定しましょう。受遺者となるパートナーを指定することも可能ですが，パートナーと相続人の心理的負担を考えれば，行政書士などの第三者を指定することが適当です。実務的には，パートナーと行政書士の両名を記載すると

注 9　約 45 年同居し，共に事務所経営を行っていた男性同性パートナーが亡くなった際，被告ら（親族）は，原告（遺された男性パートナー）の葬儀参加や火葬立会いを拒否。被告は原告に無断で，2 人が共同経営していた事務所の賃貸契約も解除した。生前 2 人は，相互に死因贈与する口頭の合意をしており，養子縁組を検討していた矢先の死亡だった。原告は，親族への慰謝料の支払いと，亡きパートナーが生前に約束した財産の引き渡しを求めて大阪地裁に提訴した（大阪地判令 2 [2020]・3・27）。裁判所は，原告の供述等以外に死因贈与を証する証拠がないことから，死因贈与合意の成立を認めなかった。さらに，被告は 2 人が「同性パートナーシップ関係にあり，近親者同士，すなわち夫婦と同視すべき関係であることを認識していたと認めるに足る証拠はない」として，損害賠償請求を認めなかった。

第3章　面談前の準備「セクシュアル・マイノリティ」編

良いでしょう。

　行政書士が遺言執行者に就任する場合は，親族（法定相続人等）と遺されたパートナーの感情的対立を予防し，粛々と執行する姿勢が重要になります。

【Point 条項】

（遺言執行者の指定）

1　遺言者は，本遺言の遺言執行者として，遺言者のパートナー○○（生年月日，住所）を指定する。

2　遺言者は，前項の遺言執行者が死亡しているとき又は就任を辞退したときは，本遺言の遺言執行者として行政書士○○（生年月日，事務所住所）を指定する。

3　前各項に指定する各遺言執行者は，本遺言の執行に関し，その任務の全部又は一部を第三者に行わせることができる。

4　遺言者は，本遺言の遺言執行者に対し，遺言者の不動産，預貯金，有価証券その他の債権等遺言者名義の遺産の全てについて遺言執行者の名において名義変更，換金・換価処分，解約等の手続きをし，また，遺言者名義の貸金庫が存する場合，これを開扉し，その内容物の収受を行うなど，本遺言を執行するために必要な一切の権限を授与する。

---

c　自筆証書遺言ではなく，公正証書遺言を選択する

　自筆証書遺言は検認の手続きが必要です（民1004①）。検認の手続きを怠った場合，遺言の保管者や発見者は過料に処せられることがあります（民1005）。遺言書保管法における遺言書保管制度を利用した場合も，検認の手続きは不要になりますが，「関係遺言書保管通知」がなされるため，①遺言内容の開示，②パートナー関係の通知（カミングアウト）のタイミングをコントロールするのが難しくなります。検認の申立ての概要は以下のとおりです。

198

3-3 抱えている悩みと解決のヒント

【図表 3-27】遺言書の検認手続の概要

遺言書の検認	
申立人	遺言書の保管者 遺言書を発見した相続人
申立先	遺言者の最後の住所地の家庭裁判所
費用	遺言書 1 通につき収入印紙 800 円分 連絡用の郵便切手
必要書類	① 申立書 ② 添付資料 【共通】 ・遺言者の出生時から死亡時までのすべての戸籍（除籍，改製原戸籍）謄本 ・相続人全員の戸籍謄本 ・遺言者の子（及びその代襲者）で死亡している者がいる場合，その子（及びその代襲者）の出生時から死亡時までのすべての戸籍（除籍，改製原戸籍）謄本 【相続人：（配偶者と）父母・祖父母等（直系尊属）の場合】 ・遺言者の直系尊属で死亡している者がいる場合，その者の死亡の記載のある戸籍（除籍，改製原戸籍）謄本 【相続人が不存在の場合，配偶者のみの場合，（配偶者と）兄弟姉妹及びその代襲者（甥姪）の場合】 ・遺言者の父母の出生時から死亡時までのすべての戸籍（除籍改製原戸籍）謄本 ・遺言者の直系尊属の死亡の記載のある戸籍（除籍，改製原戸籍）謄本 ・遺言者の兄弟姉妹に死亡している者がいる場合，その者の出生時から死亡時までのすべての戸籍（除籍，改製原戸籍）謄本 ・代襲者としての甥姪に死亡している者がいる場合，その者の死亡の記載がある戸籍（除籍，改製原戸籍）謄本

（参考）裁判所ホームページ（http://www.courts.go.jp/saiban/syurui_kazi/kazi_06_17/）

　自筆証書遺言は費用もかからず手軽ですが，同性カップルは避けたほうが賢明です。遺言書保管制度を利用しなかった場合，遺言者の死亡後，遺言保管者のパートナーは検認の申立てをしなければなりません。相続人を確定し，必要書類を一式揃えるのは大変な作業です。

　また，検認の手続きでは法定相続人と申立人のパートナーが顔を合わせ

ることになります。遺言者が自身のセクシュアリティや遺されたパートナーについて明らかにしていなかった場合は，その場が予期せぬ「カミングアウト」の場になってしまいます。せっかく遺言書を作成しても，遺されたパートナーに多大な心理的負担を与えることになっては本末転倒です。

公正証書遺言は検認の負担もなく，スムーズに相続手続が進みます。同性カップルの遺言作成の相談では，自筆証書遺言のデメリットを説明した上で公正証書遺言の作成を勧めましょう。

d　祭祀主宰者を指定する（民 897）

祭祀財産（系譜，祭具，墳墓など）は「祭祀主宰者」が承継します。「遺骨」は所有権の客体になるか否かの問題がありますが，祭祀主宰者に帰属するとした最高裁判決が出ています（最判平元［1989］・7・18 家月 41 巻 10 号 128 頁）。

遺されたパートナーと相続人が遺骨をめぐってトラブルになることも考えられます。葬儀や埋葬についてはパートナーと希望を話し合い，パートナーを「祭祀主宰者」に指定するとよいでしょう。必要に応じて互いに「死後事務委任契約」を結ぶといった工夫が必要です。埋葬方法についても，カップルで希望を話し合い，遺言や死後事務委任契約に明記することが重要です。

e　遺留分対策をする

遺言者に遺留分権利者（配偶者，直系尊属，子）がいる場合は，遺されたパートナーと紛争にならないよう，遺留分を侵害しない遺言内容にするのがベターです。

推定相続人や親族にカミングアウトしていない場合，遺言書は自身のセクシュアリティやパートナーシップを伝える重要なツールとなります。紛争を生じさせないために，付言事項には二人の関係性や親族への想いを遺言者の言葉で説明すると良いでしょう。さらにそれを補完するものとして，ビデオレターや手紙を遺すことも効果的です。遺言者の生前の意思の

3-3 抱えている悩みと解決のヒント

信憑性が高まるとともに,「最後の手紙」として相続人等の心に訴えることができます。

⑧ 同性のパートナーと共に子どもを育てるために必要な準備

イ ケース解説

2016 (平成28) 年,大阪府大阪市で男性同性カップルが「養育里親」に認定されました。現在の日本の里親制度は,児童福祉法に規定があり,厚生労働省が2011 (平成23) 年に策定した「里親委託ガイドライン」によって運用されています。

ガイドラインでは,里親制度は「何らかの事情により家庭での養育が困難又は受け入れられなくなった子ども等に,温かい愛情と正しい理解を持った家庭環境の下での養育を提供する制度」[26] と説明されています。児童福祉法・ガイドライン共に,同性カップルを排除する規定はありません。

日本では,いまだセクシュアル・マイノリティカップルが子どもを育てるには様々な障壁が存在しています。例えば,特別養子縁組ができるのは「婚姻している夫婦」に限られています (民817の3)。また,連れ子の養子縁組,共同養子縁組ができるのも法律婚夫婦のみです (民795)。

現状では既に,様々なセクシュアル・マイノリティのカップルが子どもを育てている実態があります。一般社団法人こどまっぷ代表理事の長村さと子は,「子どものいるLGBTQというと,異性婚をして出産し,その後離婚したパターンが主流」だったものの,最近は,「同性同士のカップルやトランスジェンダーのカップルで子育てをしたいという人が多くなって」[27]いると述べています。例えば,以下のようなパターンがあります。

201

第3章　面談前の準備「セクシュアル・マイノリティ」編

(1)同性カップルの一方が，以前に異性との間でもうけた子，又は既に一方と縁組している養子とともに生活する。	
(2)同性カップルが共同生活開始後に，子との生活を始める。 　① 里親となる。 　② 養子縁組をする。 　③ 人工授精，生殖補助医療により子をもうける。 　　a) 女性カップルの一方が提供精子により懐胎・出産する。 　　b) 男性カップルが代理懐胎により子をもうける。	

(参考)　二宮周平編『LGBTQ の家族形成支援―生殖補助医療・養子＆里親による（第2版)』(2023) p262

　　3-2 1 同性カップル（レズビアン）のエピソードは，上記の(2)③ a) のケースにあたります。なお，生殖補助医療については，今後立法の動向を注視する必要があります。2020（令和2）年12月に成立（2021年3月11日施行）した「生殖補助医療の提供及びこれにより出生したこの親子関係に関する民法の特例に関する法律」（以下「生殖補助医療法」）は，基本理念，国や医療関係者の責務と国の講ずべき措置について定め，第三者の卵子又は精子を用いた生殖補助医療により出生した子の親子関係について規定しています。

▎【図表 3-28】 生殖補助医療法の概要

趣旨等（第1条・第2条）	①生殖補助医療の提供等に関し，基本理念，国及び医療関係者の責務並びに国が講ずべき措置について規定 ②第三者の卵子又は精子を用いた生殖補助医療により出生した子の親子関係に関し，民法の特例を規定 生殖補助医療＝人工授精又は体外受精もしくは体外受精胚移植を用いた医療
基本理念（第3条）	①生殖補助医療は，不妊治療として，その提供を受ける者の心身の状況等に応じて，適切に行われるようにするとともに，これにより懐胎・出産することとなる女性の健康の保護が図られなければならない ②生殖補助医療の実施にあたっては，必要かつ適切な説明が行われ，各当事者の十分な理解を得た上で，その意思に基づいて行われるようにしなければならない

202

	③生殖医療に用いられる精子又は卵子の採取，管理等については，それらの安全性が確保されるようにしなければならない ④生殖補助医療により生まれる子については，心身ともに健やかに生まれ，かつ，育つことができるよう必要な配慮がなされるものとする
親子関係（第9条・第10条）	・女性が自己以外の女性の卵子を用いた生殖補助医療により子を懐胎・出産したとき →出産した女性をその子の母とする ・妻が夫の同意を得て，夫以外の男性の精子を用いた生殖補助医療により懐胎した子 →夫は民法第774条の規定にかかわらず，その子が嫡出であることを否認することができない

　なお，生殖補助医療の規律・規制等については，生殖補助医療法施行後2年を目処に検討を加えることとなっており，「特定生殖補助医療に関する法律案」（たたき台）が議論されています。たたき台では，生殖補助医療により第三者から卵子又は精子の提供を受けられるのは「法律上の夫婦」に限定するとされており，セクシュアル・マイノリティのカップルからは，「ただでさえ医療につながりにくかったLGBTQが，妊娠・出産のために医療を受けることが，ほとんど不可能」になり，「妊娠・出産はどんどん水面化に隠れ」[28]てしまうと指摘されています。

ロ　解決のヒント

　セクシュアル・マイノリティカップルが子どもと生活する場合，親権者ではない他方のパートナーと未成年の子どもについて，いかにして「親子関係」を対外的に示すかという問題を考えなければなりません。

a　子どもの共同監護契約

　親権者である実親と，そのパートナーが共同で子どもの監護教育を担うことを約し，契約書にします。パートナーシップ合意契約の中に条項を含めるとよいでしょう。契約に含める要素としては，以下のような事項が考

203

第3章　面談前の準備「セクシュアル・マイノリティ」編

えられます。

・単独で行い得る日常生活事項（保育園・幼稚園・小学校の付添いや連絡，簡単なけがや病気の治療等）

・パートナーと協議した上で親権者が決定する事項（通園・通学先の決定，治療や手術などの医療同意，塾や習い事の決定等）

・親権者からパートナーに対する緊急対応の権限の付与（通園・通学先での事故，緊急の医療行為等）

(参考) 労働教育センター『女も男も NO.139 セクシュアルマイノリティー意識・制度はどう変化したか』二宮周平「同性パートナーにおける親子関係の形成と支援のあり方」(2022)

【Point 条項】

（子の監護教育）

1　甲又は乙の一方が，未成年者の親権者であるとき又は未成年者の親権者となったときは，甲及び乙は，当該未成年者の監護教育を共同して行うものとする。甲及び乙は，当該未成年者の福祉を第一に考え，子の監護教育について相互に協力することを約する。

2　親権者である甲又は乙は，当該一方に対し，緊急時の対応（未成年者の通園・通学先での事故，緊急を要する場合の医療行為等）について権限を付与する。

3　甲又は乙のうち，親権者でない当該一方は，未成年者の日常生活に関する事項（未成年者の保育園・幼稚園・小学校等の付添い及び連絡対応，けがや病気の治療等）を単独で行うことができる。

4　甲又は乙は，以下の事項については，双方協議の上親権者が決定することを確認する。

(1)　未成年者の通園・通学先の決定

(2)　未成年者の病気の治療や手術などの医療同意

（3）　未成年者の習い事等の決定

　民法820条は，親権者は子の利益のために子の監護教育を行う権利を有
し，義務を負うと定めています。これは，子の身上監護に関する包括的規
定と解されています。これまでも，親権者は第三者に子の監護教育を委託
することは可能とされてきました。監護の委託（準委任契約）により，委託
を受けた監護者（受託者）は，親権を行う者でなくとも，子の監護を行うこ
とができます。共同監護を約することで，法律婚外のカップルに共同親権
が認められていない状況に対応し，共同養育が可能となります。

b　未成年後見人の指定

　同性カップルの場合，共同親権がないことで，親権を持つ親が死亡した
場合には，子どもに親権者が存在しないことになってしまいます。それを
防ぐためには，遺言でパートナーを未成年後見人に指定しておくことが必
要です（民839①）。遺言がない場合は，家庭裁判所が未成年後見人を選任
するため，遺されたパートナーが必ず親権者になれるとは限りません（民
840）。

c　自治体のファミリーシップ制度の利用

　兵庫県明石市をはじめとする自治体が導入しているファミリーシップ制
度を利用すれば，その証明書等を提示することで，教育機関や医療機関等
でその子どもの保護者として扱うことを要求できます。ただし，ファミ
リーシップ制度を導入する自治体は限られているため，制度を利用できな
いカップルも多いでしょう。その場合は。aの対策でカバーすることにな
ります。

第3章　面談前の準備「セクシュアル・マイノリティ」編

Column 10
結婚の代替としての養子縁組

　結婚制度から排除され続けている同性カップルの中には，パートナーとの法的保護を求め，パートナー間で親子関係を作る養子縁組制度を利用するカップルがいます。養子縁組は，養親となる者と養子となる者との合意に基づく養子縁組届が受理されることで成立します（民 799）。

　養子縁組制度は，パートナーの相続人になれる，同じ氏を名乗れるという効果がある一方で，貞操義務や同居義務が生じないといったように，婚姻の効果とは異なります。また，普通養子縁組では実親子関係は終了しません。そのため実親（実子）とパートナーである養親（養子）との間で，相続の際に紛争になる恐れもあります。

　また，養親子関係にあった者は離縁後婚姻することができません（民 736）。同性婚が法制化された場合，その規程は変更されることが予想されますが，上記のとおり，養子縁組制度を同性カップルが利用する際には留意すべきことが多いのが現状です[(29)]。

　家族や親族へのカミングアウトの困難は，多くのセクシュアル・マイノリティ当事者が抱える問題です。特に，自分たちの関係が家族や親族にクローズド（カミングアウトしていない状態）である相談者の場合は，遺言書の作成や，自治体の同性パートナーシップ証明制度の利用，パートナーシップ合意契約の締結といった手段を勧めましょう。養子縁組制度についての質問があった際には，メリット・デメリットを明確に説明できる必要があります。

2 トランスジェンダー

① 性別変更前だが被保険者証の性別記載を拒否したい

　イ　ケース解説

　　トランスジェンダーの当事者には，戸籍上の性別変更までは行わない人がいます。ホルモン療法等で外見が自認の性別に近い場合は，被保険者証等に

記載された性別との相違からトラブルになることが考えられます。被保険者証は身分証明書として使用されることがあるため，大きな苦痛を感じる当事者が多いようです。

ロ　解決のヒント

2012（平成24）年9月21日，厚生労働省から「被保険者証の性別表記について」の事務連絡が出されました。それにより「国民健康保険・後期高齢者医療制度・健康保険及び船員保険」において，保険者の判断で被保険者証の性別表記の記載方法を工夫してよいことになりました。

具体的には，やむを得ない理由（被保険者又はその被扶養者が性同一性障害であって，被保険者証の表面に戸籍上の性別が記載されることに対して嫌悪感を抱いている場合等）があると保険者が判断した場合は，被保険者証の表面の性別欄に「裏面参照」と記載し，裏面の備考欄に「戸籍上の性別が男（女）」と記載するといった方法が認められることになりました（p209【図表3-29】参照）。本人が希望する性別（自認の性別）の記載はできません。

性別表記の変更は，現在の被保険者証を自治体の担当窓口に持参して手続きします（国民健康保険の場合）。原則性同一性障害の診断書は必要としていませんが，各自治体で提出書類が異なるため確認が必要です。

②　住民票の性別記載を拒否したい

イ　ケース解説

最近の行政実務は，公文書（各種申請書や証明書等）の記載内容の検討を行っています。トランスジェンダーやノンバイナリー当事者の声を受け，不要な性別記載を削除する動きが見られます。

割り当てられた性別と自認する性別に不一致を抱える当事者にとって，戸籍上の性別記載による心理的負担は相当大きいものです。戸籍上の性別の記入や提示が負担となり，行政手続を苦手だと感じる当事者が少なくありません。

東京都世田谷区は，性別欄がある300件の行政文書のうち約6割の171件

第 3 章　面談前の準備「セクシュアル・マイノリティ」編

が削除可能と報告しました[30]。その他の自治体でも同様の動きがあります。

ロ　解決のヒント

　2016（平成 28）年 12 月 12 日，総務省から「住民票の写し等の交付に係る質疑応答について」通知が出されました。これにより「男女の別の記載を省略した住民票の写し」の交付が可能になりました。

　同時に「印鑑登録証明事務に係る質疑応答について」も通知が出されました。印鑑登録証明書も住民票と同様に，男女の別を記載しない取扱いが可能になりました。

　行政実務に関連する法規の教示も行政書士の重要な役割です。相談者にとって，行政機関がセーフティネットや相談機関になり得ることを知ってもらうよい機会です。行政窓口での説明に不安がある相談者の場合は，行政書士が同行支援や手続きの代理をすることが可能です。

③　保険証で通名を使用したい

イ　ケース解説

　2017（平成 29）年 2 月，京都府酒販国民健康保険組合はトランス女性の会社経営者に対し，被保険者証に通称名（女性名）を記載することを許可しました[31]。

　経営者は子どもがいるため，戸籍上の氏名・性別を変更していません。そのため医療機関で他人の被保険者証の使用を疑われるなど，様々な心理的ストレスがありました。これは様々な事情で性別変更をしていない当事者にとって，性別欄の記載同様重大な関心事です。

ロ　解決のヒント

　2017（平成 29）年年 8 月 31 日，厚生労働省から「被保険者証の氏名表記について」通知が出されました。通知では，健康保険，国民健康保険及び後期高齢者医療制度における取扱いが改めて整理されています。

208

それにより性同一性障害を有する被保険者又は被扶養者から被保険者証の通称名の記載の希望があり、保険者がやむを得ないと判断した場合は、氏名の表記方法を工夫してよいことになりました。

具体的には、被保険者証の表面の氏名欄に通称名を記載し、裏面に「戸籍上の氏名は○○」と記載するといった方法が認められました。被保険者証の性別記載同様、この取扱いは性同一性障害を有する場合に限定されています。

【図表3-29】性別表記変更・通称名記載後の被保険者証のイメージ

第3章　面談前の準備「セクシュアル・マイノリティ」編

【図表 3-30】被保険者証への通称名記載に関する申出書の例

○○年　○月　○日

被保険者証への通称名記載に関する申出書

保険証の 記号番号	記号	番号
通称名	姓	名
氏名（本名）	姓	名
生年月日	年　　　月　　　日	

【ご留意いただきたい点】
1．本申出により被保険者証へ通称名を記載するのは，（保険者名）がやむを得
　ないと認めた場合のみです。
2．本申出には以下の書類を添えて下さい。
　①　医師の診断書等の性同一性障害を有することを確認できる書類
　②　通称名が社会生活上日常的に用いられていることを確認できる書類
3．通称名を記載する場合は，○○面の○○欄へ記載します。
4．氏名（本名）は，○○面の○○欄へ記載します。

-------------------------------- （保険者記入欄）--------------------------------

記号		

番号						

担当者	承認者

（出所）平成 29 年（2017）8 月 31 日　厚生労働省通知「被保険者の氏名表記につ
　　　　いて」

210

3-3 抱えている悩みと解決のヒント

　厚生労働省からの通知には「被保険者証への通称名記載に関する申出書」が別添されています。保険者によって提出書類が異なるので確認が必要です。多くは通称名が社会生活上日常的に用いられていることを確認できる書類が必要です（例：郵便物，社員証，学生証，公共料金の請求書など）。

④　性別変更をしなくても名前の変更は可能か

イ　ケース解決

　トランスジェンダーの当事者の中には戸籍上の性別を変更せずに生活している人がいます。名前はその人のアイデンティティを支える重要な要素です。自分が望む性に即した名前を名乗ることができれば，当事者の精神的苦痛は大きく軽減されます。

　トランスジェンダーの相談者の場合，ジェンダーに紐つく「名」に不快感を覚えている方が多くいます。氏や通称名に敬称つけて呼ぶなどの工夫が必要です。初回面談の際に，「どのように呼ばれたいか」を確認することも大切です。ただし，本人確認の場面では，公的証明書等の戸籍上の氏名を確認する必要があります。

ロ　解決のヒント

　トランスジェンダーの当事者が「性別変更の手続き」をせずに改名をすることは可能です。ほとんどの当事者は「性別変更の手続き」と「名の変更手続き」を同時に進めます。しかし「名前だけでも早く変更したい」というニーズもあります。様々な事情で性別変更の要件をクリアできない場合はなおさらです。

　以下のような判例もあります。

・有配偶者のトランス女性（将来的に性別変更手術を受ける予定）が通称名（女性名）への変更が認められた（大阪高判平 21［2009］・11・10 家月 62 巻 8 号 75 頁）。
・未成年の子がいるために要件をクリアできず（配偶者とは協議離婚済み），性

211

第3章　面談前の準備「セクシュアル・マイノリティ」編

別変更手続きができないトランス女性が，通称名（女性名）への変更が認められた（高松高判平 22［2010］・10・12 家月 63 巻 8 号 58 頁）。

　判例からも，通称名への変更には必ずしも性別変更の手続きを経る必要がないことがわかります。

　戸籍名の変更は「正当な事由」が必要です（戸 107 の 2）。正当な事由とは「名の変更をしないとその人の社会生活において支障を来す場合」をいい，「単なる個人的趣味，感情，信仰上の希望等のみでは足りない」とされています。

（参考）裁判所ホームページ（名の変更許可）https://www.courts.go.jp/saiban/
　　　　syurui/syurui_kazi/kazi_06_20/index.html

　具体的には，以下のような事実の有無が必要です。性同一性障害が事由になる場合はケースに即して判断されます[32]。

① 営業上の目的から襲名する必要があること
② 同姓同名の者があって社会生活上甚だしく支障のあること
③ 神官もしくは僧侶となり，又は神官もしくは僧侶をやめるために改名する必要があること
④ 珍奇な名，外国人と紛らわしい名又は難解・難読の文字を用いた名で社会生活上甚だしく支障があること
⑤ 異性と間違えられるおそれがある場合
⑥ 通称を永年使用し，社会生活上戸籍名では支障がある場合

　名の変更の許可後は各市町村役場に「名の変更届」を提出し，戸籍の変更手続きをします（p213【図表 3-32】参照）。

212

3-3 抱えている悩みと解決のヒント

▶【図表 3-31】名の変更手続の流れ

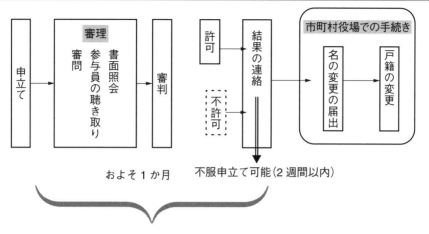

(参考) 名古屋家裁ホームページ

▶【図表 3-32】名の変更許可の概要

名の変更許可	
申立人	名の変更をしようとする者 15 歳未満のときは，法定代理人が代理
申立先	申立人の住所地の家庭裁判所 (裁判所ホームページの裁判所の管轄区域参照)
費用	収入印紙 800 円分 連絡用の郵便切手
必要書類	申立書 1 通 申立人の全部事項証明書（戸籍謄本）1 通（3 か月以内に発行されたもの） 正当な事情を証する書類 →改名しようとする名前の使用実績がわかるもの（郵便など） 性同一性障害を理由にする場合は，診断書を添付
備考	改名しようとする名前の使用実績が長い場合（およそ 5 年以上），「永年使用」を理由に改名可能→性同一性障害の診断必要なし

※裁判所ホームページ (http://www.courts.go.jp/saiban/syurui_kazi/kazi_06_20/index.html) を参考に作成

第 3 章　面談前の準備「セクシュアル・マイノリティ」編

【図表 3-33】名の変更届の概要

名の変更届	
根拠	戸籍法第 107 条の 2
提出者	名を変更する者 15 歳未満のときは，法定代理人
提出先	名を変更する者の本籍地，住所地，所在地のいずれかの市町村役場
費用	無料
必要書類	名の変更届 家庭裁判所の変更の許可の審判書の謄本 本籍地以外へ届出するときは戸籍全部事項証明書（戸籍謄本）

（参考）戸籍実務研究会編『初任者のための戸籍実務手続き』(2012)
　　　　電子政府の総合窓口 e-Gov 行政手続案内

【図表 3-34】戸籍記載例

長女「あい」について名が「経介」に変更された場合（従前戸籍）

全部事項証明書

本籍 氏名	東京都千代田区○○町一丁目 2 番地 甲山　税太郎
戸籍事項 　戸籍編成	省略
戸籍に記載されている者	【名】経介 【生年月日】昭和 57 年 3 月 9 日 【父】甲山税太郎 【母】甲山はるみ 【続柄】長女
身分事項 　　出生	省略
名の変更	【名の変更日】平成 17 年 9 月 20 日 【従前の記録】 　　【名】あい

3-3 抱えている悩みと解決のヒント

⑤ 性別変更後の戸籍の記載について知りたい

イ ケース解決

性別変更後の戸籍の記載は，当事者の大きな関心事です。性別変更した過去を公に知られたくない（広くカミングアウトする気がない）当事者は多くいます。以下の「ゴルフクラブ入会拒否事件」のように，戸籍の記載がきっかけで差別的な取扱いを受ける例もあります。

2012（平成24）年，性別を女性に変更した性同一性障害の会社経営者が，性別変更を理由に会員制ゴルフクラブの入会を拒否された[33]。女性は入会を申し込む際に性別変更の経歴が書かれた戸籍全部事項証明書（戸籍謄本）などの必要書類を提出していた。

女性は精神的苦痛を受けたとしてゴルフクラブを提訴。クラブ側は浴室や更衣室の利用の際の女性会員の不安を入会拒否の理由の一つとした。2014（平成26）年，静岡地裁浜松支部はゴルフクラブの入会拒否が憲法14条の「法の下の平等」の趣旨に反すると判断。女性の訴えを認めクラブなどに140万円の支払いを命じた（静岡地浜松支判平26［2014］・9・8判時2243号67頁）。

ロ 解決のヒント

「性別の取扱いの変更」の審判があった場合の戸籍記載は以下のとおりです（p216【図表3-35】参照）。転籍を繰り返しても「【平成15年法律第111号3条による裁判発行日】○年○月○日」という記載は移記されます。戸籍の提出を求められた際は性別変更の事実が明らかになってしまいます。しかし，これに対応する手段はありません。

215

第3章　面談前の準備「セクシュアル・マイノリティ」編

a　戸籍記載の仕組み

【図表3-35】戸籍記載の仕組み

事項	根拠	内容
戸籍の編成	戸籍法第20条の4（性別の取扱い変更審判の場合の新戸籍の編成）	当該審判を受けた者の戸籍に在る者又は在った者が他にあるとき：当該審判を受けた者について新戸籍を編成 当該審判を受けた者が戸籍の筆頭者で他に在籍者がいないとき：身分事項欄に所要の記載＆父母との続柄欄を更生（新戸籍は編成しない）
戸籍の記載	戸籍法施行規則第35条16号 戸籍法施行規則第39条1項9号	①性別の取扱いの変更の審判を受けた者の身分事項欄：当該変更に関する事項を記載 ②性別の取扱いの変更の審判を受けた者が新戸籍を編成され，又は他の戸籍に入る場合：当該変更に関する事項で従前の戸籍に記載したものを移記
戸籍記載の嘱託	家事事件手続法第116条 家事事件手続規則第76条1項5号（戸籍の記載の嘱託）	性別の取扱いの変更の審判 ↓ 裁判所書記官から当該審判を受けた者の本籍地の市長村長に対し，戸籍の記載の嘱託

（参考）高妻新・荒木文明・後藤浩平『相続における戸籍の見方と登記手続』(2011) p92

b　戸籍記載例

「父母の戸籍に在籍する子について，性別変更の審判がされ，戸籍の記載嘱託がされた場合」：長女「あい」について性別の取扱いが女から男に変更された場合（従前戸籍）

216

3-3　抱えている悩みと解決のヒント

【図表 3-36】戸籍記載例①（従前戸籍）

全部事項証明書

本籍 氏名	東京都千代田区○○町一丁目 2 番地 甲山　税太郎
戸籍事項 　戸籍編成	省略
戸籍に記載されている者	【名】税太郎 【生年月日】昭和 20 年 7 月 8 日　【配偶者区分】夫 【父】甲山税一 【母】甲山まつ 【続柄】次男
身分事項	省略

〜〜〜〜〜〜〜〜〜〜〜〜〜〜〜〜〜〜〜〜〜〜〜〜〜〜〜〜〜〜〜〜〜〜

戸籍に記載されている者 　　除　　籍	【名】あい 【生年月日】昭和 57 年 3 月 9 日 【父】甲山税太郎 【母】甲山はるみ 【続柄】長女
身分事項 　　出生 　　平成 15 年法律第 111 号 3 条	省略 【平成 15 年法律第 111 号 3 条による裁判発行日】平成 17 年 9 月 10 日 【記録嘱託日】平成 17 年 9 月 14 日 【新戸籍】東京都千代田区○○町一丁目 2 番地
戸籍に記載されている者	【名】税也 【生年月日】昭和 59 年 10 月 9 日 【父】甲山税太郎 【母】甲山はるみ 【続柄】長男　←「二男」とは変更されない

〜〜〜〜〜〜〜〜〜〜〜〜〜〜〜〜〜〜〜〜〜〜〜〜〜〜〜〜〜〜〜〜〜〜

217

第3章　面談前の準備「セクシュアル・マイノリティ」編

　c　戸籍記載例

　長女「あい」について性別の取扱いが女から男に変更された場合（新戸籍）

▶【図表3-37】戸籍記載例②（新戸籍）

全部事項証明書

本籍 氏名	東京都千代田区○○町一丁目2番地 甲山　経介
戸籍事項 　戸籍編成	省略
戸籍に記載されている者	【名】経介 【生年月日】昭和57年3月9日 【父】甲山税太郎 【母】甲山はるみ 【続柄】長男
身分事項 　　出生	省略
平成15年法律第111号3条	【平成15年法律第111号3条による裁判発行日】平成17年9月10日 【記録嘱託日】平成17年9月14日 【従前戸籍】東京都千代田区○○町一丁目2番地　甲山税太郎 【従前の記録】 　【父母との続柄】長女
名の変更	【名の変更日】平成17年9月20日 【従前の記録】 　　【名】あい

3 性分化疾患

① 戸籍上の性別を変更するために必要な手続き

　イ　ケース解説

　2017（平成29）年，性分化疾患の当事者が「性別適合手術」を受けずに性

別変更することが認められました。

　男性ホルモンの分泌が過剰になる先天性の疾患により，体は女性だが自分を男性と認識し苦しんできた20代の2人に対し，家庭裁判所が2015年と16年，女性の体のまま戸籍を男性に変えることを認めていたことが分かった。（中略）戸籍の誤りは訂正できると定めた戸籍法に基づき，それぞれの地域の家裁に家事審判を申し立て，性別変更が許可されたという。

（引用）毎日新聞2017年8月20日

　トランスジェンダーの当事者が性別変更をする際は「性同一性障害の性別の取扱いの特例に関する法律」が適用されます（p146「3-1 **2** ②ニ性別変更手続」参照）。「生殖不能要件」は違憲判断がなされたものの，「外観要件」（特例法3）は依然として残っており，これをクリアするためには，性別適合手術[注10]が必要です。

　今回報じられたケースの当事者は「性分化疾患」です。性分化疾患は，染色体や性腺，内性器・外性器の性別が非定型的である先天的な疾患の総称です。そのため「特例法」の性同一性障害の定義（「生物学的には性別が明らかである」という状態）に当てはまらないことがあります。出生時の性別判定が困難なケースや成長後に判定された性別に違和感を持つケースがあります。

　今回のケースは，戸籍法第113条に基づく「戸籍の訂正」を申し立てることで性別の変更が認められました。これまでも性分化疾患を理由とする同様の申立てはありました。特例法施行前は，トランスジェンダーの当事者も同様の申立てを行うことで性別を変更しようとしました（ただし性同一性障害を理由に「戸籍の訂正」を認めた審判例はなし）。

　以下に，性分化疾患・トランスジェンダー当事者による「戸籍訂正の申立

注10　2024（令和6）年7月10日の広島高裁の決定により，「外観要件」は手術なしでも満たされることとなった。特例法改正の議論を注視する必要がある。

第 3 章　面談前の準備「セクシュアル・マイノリティ」編

て」に関する重要な判例を掲載します。

【図表 3-38】戸籍訂正の申立てに関する重要判例（戸 113）

名古屋高決昭 54 ［1979］・11・8 判タ 404 号 137 頁	
事実概要	申立人（抗告人）X1 とその妻の間に生まれ，出生時，男と診断されたため二男として届出された本人Aにつき，「元々いわゆる半陰陽で，長ずるに従い女性の特徴が顕著となり，この際性転換手術をうけて外形的にも女性となった」として X1 が続柄を「長女」とすることを求めた。 →原審（名古屋家審昭 54 ［1979］・9・27） 「染色体，骨盤 X 線検査，診断所見によっても本来正常な男性で，外見上女性型をしているにすぎない」として申立てを却下 →抗告
決定要旨	「人間の性別は，染色体の如何によって決定されるべきものである」，「本人の染色体は正常男性型であるというのであるから，同本人を女として認める余地は全くない」とし，戸籍訂正申立を却下した原審判は「正当である」とした。

札幌高決平 3 ［1991］・3・13 家月 43 巻 8 号 48 頁	
事実概要	外性器の形態から性別を判定することが困難な状態で出生した X3（染色体は 46XY）の父は，男女いずれでも通用する名前を命名し，「二男」と届出した。その後，排尿障害があった X3 は，医師により，生命を維持するためには女性型の外性器を形成した上で女性として養育することが必要不可欠だと診断された。X3 の父母は既に X3 を女性として養育しており，戸籍上の記載を養育実態と合致させるため，戸籍訂正許可の申立てをした。 →原審（札幌家小樽支審平元 ［1989］・3・30） X3 は「染色体，生殖腺，内性器の形態等からみて，そもそも男子として出生したものが明らかであり」，「性染色体はもとより，その他においても女性として何らかの身体的特徴を備えているわけではない」として，申立てを却下 →抗告
決定要旨	近年「性染色体のいかんは唯一，絶対の基準ではないとされるようになり」，「異常の原因，内性器，外性器の状態，性染色体の構成のほか，外性器の外科的修復の可能性を慎重に勘案し，将来においてどち

220

らの性別を選択した方が当該新生児にとってより幸福か」を予測した上で性別を決定し，医療上の措置がなされるようになってきている。本件は，「(付言するに) いわば「性別が未確定」の段階であるのにもかかわらず，医療上の誤った報告に基づいてなした出生届出事項を後日判明した正しい性別に訂正するというのにすぎない」として，原審を取消。X3 の続柄欄「二男」を「長女」とする戸籍訂正を許可した。

水戸家土浦支審平 11 [1999]・7・22 家月 51 巻 12 号 40 頁

事実概要	男性半陰陽で染色体上男性であったが，出生時に外陰部異常があったため医師と相談の上「長女」と届出された X2 は，3 歳時には左側睾丸の除睾術と外陰形成を施された。X2 は成長に従い体質的に男性であることがはっきりするようになり，女性と扱われるのが苦痛になった。好きな女性もでき，本人の性別自認は一貫して男性であるとして戸籍訂正の申立を行った。
審判要旨	性染色体が 46XY で「本来の性は男性」であり，「性的自認は一貫して男性であり，男性か女性かについての揺らぎは今後はみられることはなく，好孕性はないものの性器の手術等により男性としての性行動が可能であることが認められる」とし，「戸籍の記載は真実に反するものであるというべきである」として戸籍上の性別変更を認めた。

東京高決平 12 [2000]・2・9 判タ 1057 号 215 頁

事実概要	染色体上及び外性器の構造上男性として出生したが，自己の性別への違和感に悩み，いわゆる性転換手術を受け，外見的には女性として生活している X4 が，戸籍上の性別表記の変更を求めた。 →原審（東京家八王子支審平 11 [1999]・8・9） 戸籍の性別記載が当初から不適法又は真実に反する場合に当たらないとして却下 →抗告
審判要旨	「現行の法制においては，男女の性別は遺伝的に規定される生物学的性によって決定されるという建前を採って」いるとし，本事案は戸籍法113条の「法律上許されないものであること又はその記載に錯誤若しくは遺漏があること」には当たらないとして，性別変更を認めなかった。また，「付言するに」性同一性障害に苦しむ者が「相当数」いることを指摘し，立法的な解決を示唆している。

(参考) 谷口洋幸・齋藤笑美子・大島梨沙編『性的マイノリティ判例解説』(2011) p24～p34

第3章　面談前の準備「セクシュアル・マイノリティ」編

　今回認められたケースの特筆すべきところは，染色体や性線，内性器・外性器の性別が「女性」であったにもかかわらず，本人の性自認や社会的な性別を重視して戸籍の訂正を認めたことです。

　かつての裁判所の判断基準は「戸籍上の性別は性染色体の別によって決められる」という極めて明快なものでした[34]。1991（平成3）年の札幌高裁の決定で「性染色体のいかんは唯一，絶対の基準ではない」と明示されてからは，身体的な性別のみを重要視する流れが変わってきています（p220【図表3-38】）。

　今回のケースは，特例法に基づき「性別の取扱いの変更」をしなければならない性同一性障害の当事者にとっても重要です。本人の性自認，社会的な性別を重視した今回の審判を鑑みれば，特例法の手術要件の是非が一層問われる可能性があります。

ロ　解決のヒント

　戸籍訂正の手続業務は「弁護士」「司法書士」の業務です。行政書士が受任することはできません。しかし，性同一性障害の性別変更手続同様，知識として最低限知っておくべき手続きです。

a　出生時の戸籍の届出

　日本国内で子が出生すると，14日以内に出生の届出をしなければなりません（戸49①）。届出には以下の記載が必要です（戸49②）。

・子の男女の別及び嫡出子又は嫡出でない子の別

・出生の年月日時分及び場所

・父母の氏名及び本籍，父又は母が外国人であるときは，その氏名及び国籍

・その他法務省令で定める事項

　性分化疾患の子は，性別判定が不能である旨が出生証明書と出生届に記

3-3 抱えている悩みと解決のヒント

載されていれば，性別欄を空欄にして届出ることができます。本来「特に重要であると認める事項」が記載されていないものは受理されません（戸34②）。子の戸籍の続柄欄は空欄になりますが，その後性別が確定した際は「追完の届出」が可能です（戸45）。

b 戸籍の訂正

戸籍に記載する事項は戸籍法13条に定められています。以下の記載は任意に省略することやこれ以外の事項を記載することはできません。

第13条 戸籍には，本籍の外，戸籍内の各人について，左の事項を記載しなければならない。

一 氏名

二 出生の年月日

三 戸籍に入った原因及び年月日

四 実父母の氏名及び実父母との続柄

五 養子であるときは，養親の氏名及び養親との続柄

六 夫婦については，夫又は妻である旨

七 他の戸籍から入つた者については，その戸籍の表示

八 その他法務省令で定める事項

戸籍の記載に違法，錯誤，遺漏があった場合に是正することを「戸籍訂正」といいます。ケース解説の性分化疾患当事者が性別変更を認められたケースは，戸籍上の父母との「続柄」を訂正したものです（p218「3-3 **3** ①イ」参照）。戸籍訂正許可の概要は以下のとおりです。

223

第3章　面談前の準備「セクシュアル・マイノリティ」編

【図表 3-39】戸籍訂正許可の概要

戸籍訂正許可	
申立人	当該戸籍の記載につき身分上又は財産上の利害関係を有する者 当該戸籍の届出人 当該戸籍に記載された本人
申立先	訂正すべき戸籍のある地の家庭裁判所 （裁判所ホームページの裁判所の管轄区域参照）
費用	収入印紙 800 円分（訂正すべき原因 1 つにつき） 連絡用の郵便切手
必要書類	申立書 訂正すべき戸籍（除籍，改製原戸籍）謄本（全部事項証明書）すべて 申立人が訂正すべき戸籍に記載されていない場合，申立人の利害関係を証する資料（申立人の戸籍謄本（全部事項証明書）等）

（参考）裁判所ホームページ（http://www.courts.go.jp/saiban/syurui_kazi/kazi_06_21/index.html）

3-3　抱えている悩みと解決のヒント

引用・参考文献

第 3 章

(1) 森山至貴『LGBT を読みとく―クィア・スタディーズ入門』2017, ちくま新書, p17

(2) 天野正子／伊藤公雄／伊藤るり／井上輝子／上野千鶴子／江原由美子／大沢真理／加納実紀代編『新編日本のフェミニズム 6 セクシュアリティ』2009, 岩波書店, p2

(3) 森山至貴『LGBT を読みとく―クィア・スタデーズ入門』2017, ちくま新書

(4) 加藤秀一／石田仁／海老原暁子著『図解雑学ジェンダー』2005, ナツメ社

(5) 周司あきら／高井ゆと里『トランスジェンダー入門』2023, 集英社新書, p127

(6) 同上 p135

(7) 高井ゆと里編『トランスジェンダーと性別変更』2024, 岩波書店, p25

(8) 時事ドットコムニュース（2024 年 7 月 10 日）, NHK 広島 NEWS WEB（2024 年 7 月 10 日）

(9) 『家庭の法と裁判第 48 号』寺原真紀子「「結婚の自由をすべての人に」訴訟の現状と今後」2024, 日本加除出版, p19

(10) 同上 p26

(11) 木村草太『「差別」のしくみ』2023, 朝日新聞出版, p273

(12) ジェンダー法政策研究所編『同性婚のこれから「婚姻の自由・平等」のために法と政治ができること』2024, 花伝社, p177

(13) 森山至貴『LGBT を読みとく―クィア・スタディーズ入門』2017, ちくま新書, p81

(14) 『家庭の法と裁判』増原裕子「自治体におけるパートナーシップ制度・ファミリーシップ制度」p30

(15) 谷口洋幸／齊藤笑美子／大島梨沙編『性的マイノリティ判例解説』2011, 信山社

(16) 井上輝子『新・女性学への招待』2011, 有斐閣, p123

(17) 『現代用語の基礎知識 2024』2023, 自由国民社, p75

(18) 認定 NPO 法人虹色ダイバーシティ『職場の LGBT 白書』

(19) 毎日新聞 2018 年 3 月 6 日

(20) 二宮周平編『性のあり方の多様性』2017, 日本評論社, p22

(21) 国土交通省住宅局「大家さん向け住宅確保要配慮者受け入れハンドブック」2017, p31

(22) 住宅政策提案・検討委員会「住宅政策提案書」2013, p12

(23) 永易至文『ふたりで安心して最後まで暮らすための本』2015, 太郎次郎社エディ

第3章　面談前の準備「セクシュアル・マイノリティ」編

　　　タス

(24) 判例タイムズ No.1513（2023年12月）p167

(25) 令和5年（行サ）第179号在留資格変更不許可処分無効確認等，国家請求上告事件「上告理由書要旨」p2

(26) 厚生労働省『里親委託ガイドライン』2011，p11

(27) 労働教育センター『女も男も No.139 セクシュアルマイノリティー意識・制度はどう変化したか』長村さと子「すでにいる，そして今後生まれてくる LGBTQ の子をどう守るか」2022，労働教育センター p62

(28) 同上 p68

(29) 東京弁護士会性の平等に関する委員会『セクシュアル・マイノリティの法律相談』2016，ぎょうせい

(30) 棚村政行／中川重徳編『同性パートナーシップ制度―世界の動向・日本の自治体における導入の実際と展望―』2016，日本加除出版

(31) 毎日新聞 2017年2月7日

(32) 戸籍実務研究会『初任者のための戸籍実務の手引き（改訂新版第六訂）』2012，日本加除出版，p293

(33) 中日新聞 2014年9月9日

(34) 谷口洋幸／齊藤笑美子／大島梨沙編『性的マイノリティ判例解説』2011，信山社

第4章 面談前の準備「事実婚・内縁」編

　日本において「内縁」は古くからあるテーマです。判例の蓄積からもわかるように，社会的に夫婦と認められながらも，届出をしないことで法律上の夫婦と認められずにいた「内縁関係」のカップルは，ある程度救済されてきました。

　本章では，これまでの「内縁」という視点からだけでなく，新しいパートナーシップ（ライフスタイル）のあり方としての「事実婚」の可能性を考えます。

　その可能性を考えることは，同性カップルを始めとする，あらゆる法律婚外のカップルにとって非常に有益です。「内縁保護法理」によるカップルの法的保護が，同性カップルにも開かれる可能性はゼロではありません。そのような意味で「事実婚・内縁」というテーマは古くて新しいといえるでしょう。

【図表 4-1】第 4 章の流れ

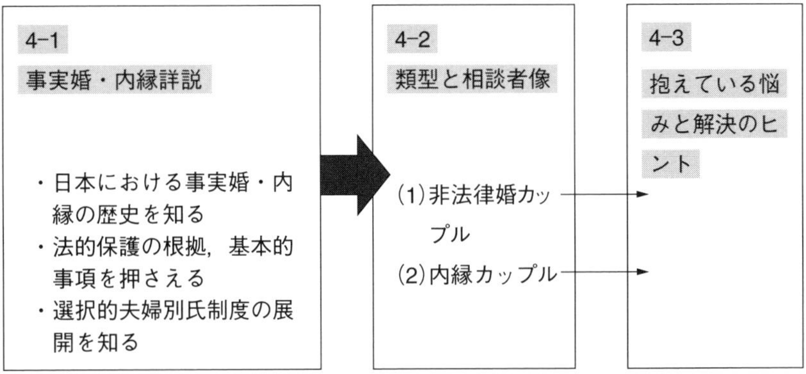

4-1 事実婚・内縁詳説	4-2 類型と相談者像	4-3 抱えている悩みと解決のヒント
・日本における事実婚・内縁の歴史を知る ・法的保護の根拠，基本的事項を押さえる ・選択的夫婦別氏制度の展開を知る	(1) 非法律婚カップル (2) 内縁カップル	

4-1　事実婚・内縁詳説

　はじめに日本における「事実婚・内縁」の歴史的変遷を紹介します。その上で「事実婚・内縁」カップルの法的保護の仕組みを解説します。

227

第4章　面談前の準備「事実婚・内縁」編

■1 日本における事実婚・内縁の歴史

　日本で「内縁」の問題が顕在化したのは，届出婚主義を採用した明治民法以降のことです。

　当時の日本は「家制度の下での試験婚，届出制度の不備，法律上の婚姻に関心の乏しい階層の存在などから，不可避的に数多くの内縁が発生」[1]していました。家制度下では，婚姻届を出すことは妻を「家」の一員として承認する行為であり，すぐに届出を出すことは多くありませんでした。さらに経済的ゆとりのない階層では，婚姻届の必要性自体が認識されていなかったようです。家族社会学者の戸田貞三の調査によれば，1925（大正14）年の内縁率（有配偶者数中における内縁関係にある有配偶者の割合）は，男性が17.2％，女性が16.5％です[2]。

　このような背景から届出婚は浸透せず，明治から大正にかけて，内縁の不当破棄や労働災害における遺族給付等の問題が生じるようになりました。その中で「①社会政策上とられた立法において内縁を婚姻と同じように扱う②判例によって個別的に内縁の保護を図る」という解決策が導き出されました[3]。

　注目したいのが，戦後は「事実婚こそが『封建的』であり，法律婚こそが『民主的』と考えられていた」[4]ことです。戦後の民主化の中では，事実婚（内縁）は封建的家制度から発する悪しき慣習であり，法律婚主義の徹底が主張されていたのです。

　1980年代以降には，高度経済成長期の近代家族の定着を経て，法律婚をあえて選択しないカップル（選択的事実婚カップル）のように，自主的な意思で届出をせずに共同生活を営むカップルが認知されるようになりました。

　現在は以下のように法律婚以外のカップルのあり方が多様化しています。

1　法律婚を選択できないカップル

・法律婚が解消されていないために内縁に留まるカップル

・民法上の婚姻障害事由があるカップル

・夫婦別姓でありたいカップル

・法律婚が認められていない同性カップル

2　あえて選択しないカップル

・戸籍制度・婚姻制度に伝統的に浸透している性別役割分業への反発から主体的に届出をしないカップル

・制度に囚われない自由な男女の結合への指向を持つカップル

3　特に届出をせずに共に暮らしているカップル

・さしたる理由もないまま婚姻の届出をしていないカップル

2 事実婚・内縁の法的保護

　日本は，明治民法で初めて届出婚主義（法律婚主義）を採用しました。現行民法も，第739条第1項で「婚姻は，戸籍法の定めるところにより届け出ることによって，その効力を生ずる」と規定し，届出婚主義を採用しています。

　かつての日本は，家制度の制約や届出婚と伝統的な慣習の不一致などにより，届出をしない男女関係が少なくありませんでした。そのため，そのような男女関係に「内縁関係」として一定の法的保護を与えるよう，法解釈による保護が拡大してきたという経緯があります[5]。

　大審院の婚姻予約有効判決は，内縁関係にあった妻を保護する出発点となりました（大連判大4［1915］・1・26民録2149頁）。同判決は，内縁を「婚姻予約」とし，その不当破棄は債務不履行であるとして，原告の損害賠償請求を認めました。しかしこの法律構成は，内縁の不当破棄に対する救済には有用でしたが，共同生活上の問題を解決することはできませんでした。1930年以降になると，学説や判例において，民法上の婚姻に関する規定を準用する見解（内縁準婚理論）が登場します。さらに最高裁判決においても，内縁も保護されるべき生活関係に外ならず，内縁の不当破棄は不法行為であるとして，損害賠償請求を認めるに至りました（最二小判昭33［1958］・4・11民集12巻5号789頁）。同判決はさらに，婚姻費用分担義務（民760）を内縁に準用し，以後内縁準婚理

第4章　面談前の準備「事実婚・内縁」編

論が判例としても確立していきました。

　法律上の「内縁関係」と認められるためには，「社会的にも事実上の婚姻関係としての実質を備えた男女関係」である必要があります。

　内縁の成立には，①婚姻意思があること，②それに基づいた共同生活があることが必要です。婚姻意思はあるが共同生活を欠く婚約，共同生活はあるが婚姻意思をもたない関係などは，原則内縁関係と認められません。内縁準婚理論は，内縁の法的性質を婚姻準ずる関係とみて，婚姻法を類推適用することで法的解決をしていきます。

　内縁準婚理論における婚姻法の類推適用の有無は以下のとおりです。

▶【図表 4-2】婚姻法の類推適用

婚姻費用の分担（民 760）	○
日常家事債務の連帯責任（民 761）	○
帰属不明財産の共有推定（民 762 ②）	○
貞操義務	○
夫婦同氏（民 750）	×
成年擬制（民 753）	×
子の嫡出推定（民 772）	×
配偶者相続権（民 890）	×
姻族としての扶養義務（民 877 ②）	×
夫婦間の契約取消権（民 754）	×
財産分与（民 768）	△[注1]

　内縁準婚理論の厳格な要件に照らすと，主体的に届出をしない非法律婚カップルは，婚姻法による法的保護が認められません。それに対し，現代の法律婚外カップルの多様化にあわせて，内縁準婚理論以外にも，「共同生活や継続的

────────────

注 1　生前の離別の場合は財産分与規定類推適用を認めるが，死亡による解消の場合は類推適用を認めない。

4-1 事実婚・内縁詳説

で安定的な協力扶助の関係の実情に対応して，法的保護を検討する学説」[6]が
検討されています。

【図表 4-3】事実婚保護をめぐる見解

立場	見解の概要
内縁準婚理論の有用性を肯定	現代的な事実婚も従来の準婚理論の延長線上で捉える
内縁準婚理論の妥当する事実婚関係を限定的に捉える見解	事実婚関係を①従来の古典的内縁（強いられた内縁）と②現代的事実婚（選ばれた内縁／自由結合）に分け，①に限り準婚理論を維持する
事実婚の実態に応じて連続的・段階的な法的処理を指向する見解	多様な法律婚外の関係を一定の基準で捉えるのではなく，個々の結合のあり方によってどのような法的効果を与えるかを処理する
内縁準婚理論を否定する見解	婚姻制度尊重の立場から，法律婚外のカップルには婚姻法規定の類推適用をすべきでないとする
ライフスタイルの自己決定権尊重の観点からの見解	安定的で継続した共同生活，パートナー関係が存在する以上，財産の公平な分配や要保護状態に陥った当事者への援助を認める

(参考) 小島妙子『内縁・事実婚・同性婚の実務相談　多様な生き方を支える法律，社会
保障・税金』2019，日本加除出版，p243-246

　いずれの事実婚カップルも，同性カップルと同様に，自分たちがどのような
関係を形成しているのか（したいのか）を明記した「パートナーシップ合意契約
書（事実婚に関する契約書）」の作成が有効です。書面作成においては，各カップ
ルがどのようなライフスタイルを選択するのかを丁寧に理解していく必要があ
ります。

　以下では，「事実上婚姻関係と同様の事情にある者」として，事実婚の男女
関係を想定している社会法領域の主な法律を整理します。これらの法律では，
事実婚関係が認定された男女に規定が直接適用されます。行政実務上「事実上
婚姻関係と同様の事情にある者」と認定されるためには，①当事者間に，社会
通念上，夫婦の共同生活と認められる事実関係を成立させようとする合意があ

231

第4章　面談前の準備「事実婚・内縁」編

ること，②夫婦の共同生活と認められる事実関係が存在することが必要です[7]。それらを証明するためにも，①住民票の世帯主との関係欄（続柄欄）に「夫（未届）」「妻（未届）」と記載する，②「パートナーシップ合意契約書（事実婚に関する契約書）」を作成する，③自治体のパートナーシップ証明制度を利用するといった工夫をする必要があるでしょう。

▌【図表 4-4】事実婚カップルを想定している主な法律

法律名	事項
健康保険法	「被扶養者」の定義（健保 3 ⑦一・三）
厚生年金保険法	「配偶者」「夫」「妻」の定義（厚年 3 ②）
	遺族厚生年金の受給権の失権（厚年 63 ①二）
国民年金法	「配偶者」「夫」「妻」の定義（国年 5 ⑦）
	寡婦年金の支給要件（国年 49 ①）
雇用保険法	未支給の失業等給付の支給請求（雇 10 の 3 ①）
	育児休業給付金の支給（雇 61 の 4 ⑥）
労働災害補償保険法	未支給の保険給付の支給請求（労補 11 ①）
	遺族補償年金の受給権者（労補 16 の 2 ①）
育児休業，介護休業等育児又は家族介護を行う労働者の福祉に関する法律	「対象家族」とされる者（育介 2 四）
公害健康被害の補償等に関する法律	未支給の補償給付の支給請求（公補 12 ①）
	遺族補償費を受けることができる遺族の範囲及び順位（公補 30 ①）
	遺族補償費が支給されない場合（公補 33 二）
配偶者からの暴力の防止及び被害者の保護等に関する法律	「配偶者」の定義（DV1 ③）
児童虐待の防止等に関する法律	児童虐待の定義（児童 2 四）

232

児童手当法	「父」の定義（手当3②）
犯罪被害者等給付金による犯罪被害者等の支援に関する法律	遺族の範囲及び順位（犯給5①一）
母子及び父子並びに寡婦福祉法	「配偶者のない女子（男子）」の定義（母父6①②）

☑ ここが受任の ポイント⑤ 「ジェンダー」の視点

　学問領域である「ジェンダー学」や「女性学」は，性のあり方に関する固定観念（ステレオタイプ）や「あるべき論」の総点検を行いました。ジェンダーの視点を意識することで，それぞれのカップルが大切にしたいことをクリアに理解することができます。

3 選択的夫婦別氏制度

　選択的夫婦別氏制度を望むために，現在法律婚が叶わないカップルにとって，今後の訴訟の動向や法制化の議論は，切実な関心事です。相談者のニーズを理解するためにも，氏に関する制度の変遷や，国会・司法の動きを学んでおきましょう。

① 日本における氏に関する変遷

　日本において，夫婦同氏が法律上義務付けられたのは，1898（明治31）年に成立した明治民法以降です。明治民法の家制度下では，氏は「家」の名であり，家に属する者すべてが同じ氏を名乗る必要がありました。戦後の民主化のもと，家制度が解体されてからは，氏は「家」の名ではなくなりました。現在は，氏の性質を「個人の呼称」「家族共同体の名」「家族の名（ファミリーネーム）」と捉える様々な立場があり，学説上議論がなされています。

第 4 章　面談前の準備「事実婚・内縁」編

【図表 4-5】氏をめぐる変遷

江戸時代	農民・町民に氏の使用は許されず
明治 3 年（1870）	平民苗字公称許可令：平民に氏の使用が許可される
明治 6 年（1872）	苗字不可変更令
明治 8 年（1875）	平民苗字必唱令：氏の使用が義務化
明治 9 年（1876）	太政官指令 妻は「所生ノ氏」（実家の氏）を名乗る（夫婦別氏制）
明治 31 年（1898）	夫婦は，家を同じくすることにより，「家」の氏として同じ氏を称する（夫婦同氏制）
昭和 22 年（1947）	民法（親族・相続編）改正 夫婦は，夫又は妻の氏を称する（夫婦同氏制）
昭和 51 年（1976）	離婚後の婚氏続称制度の新設（民 767 ②）
昭和 59 年（1984）	外国人と結婚した日本人の氏を外国人配偶者の氏に帰ることができる制度の新設（戸 107 ②）
昭和 60 年（1985）	女子差別撤廃条約批准 男女雇用機会均等法成立
平成 11 年（1999）	男女共同参画社会基本法成立
平成 13 年（2001）	全省庁の一般職国家公務員の旧姓使用が認められる
平成 15 年（2003）	女性差別撤廃委員会が日本に対して民 750 改正勧告❶ ※差別的な法規定であるとして民法 750 条の改正を求める[注2]
平成 21 年（2009）	女性差別撤廃委員会が日本に対して民 750 改正勧告❷
平成 28 年（2016）	女性差別撤廃委員会が日本に対して民 750 改正勧告❸

　　（参考）法務省「選択的夫婦別氏制度（いわゆる選択的夫婦別姓制度）について」
　　　　　https://www.moj.go.jp/MINJI/minji36.html#Q8
　　　　　榊原富士子・寺原真希子編著『夫婦同性・別姓を選べる社会へ』2022，恒春閣，P322-323

注 2　女性差別撤廃条約は，民法 750 条のように文言上性中立的な規定であっても，女性が平等な権利行使をすることを害する効果をもたらす場合は，条約で禁止される女性差別にあたるとしている。日本において，夫の氏を選択する女性が圧倒的に多く，2022（令和 4）年時点で約 95％ の女性が婚姻により氏を変えている。

② 選択的夫婦別姓制度を求める訴訟

2011（平成23）年2月14日，第一次選択的夫婦別姓訴訟が提起されました。これは，夫婦別氏の選択を認めない夫婦同氏制（民750）の違憲性が真正面から問われ，最高裁が初めて合憲判断を示すに至ったものです（最大判平27［2015］・12・16民集69巻8号2586頁）。2018（平成30）年には，判例拘束性の壁を乗り越え，第二次選択的夫婦別姓訴訟が提起されました。こちらも最高裁で合憲判断がなされたものの，第一次訴訟の最高裁判断から5年半後に再度大法廷が開かれたことは非常に珍しく，特筆すべき点です（最大決令3［2021］・6・23家判35号54頁）。各訴訟で主張された論点は以下のとおりです。

▍【図表4-6】第一次訴訟と第二次訴訟の主張

	第一次訴訟 ①別氏婚姻届の受理請求（訴訟）：1件 ②立法不作為に基づく国家賠償請求（訴訟）：1件	第二次訴訟 ①別氏婚姻届の受理申立（審判）：4件 ②立法不作為に基づく国家賠償請求（訴訟）：3件 ③婚姻関係確認請求（訴訟）：1件
違憲審査の対象	民法750条	民法750条 戸籍法74条1号
憲法13条	○氏名保持権の侵害	
憲法14条1項	○性差別の禁止違反	○夫婦別氏希望者に対する差別
憲法24条	○婚姻の自由の侵害 個人の尊厳と両性の本質的平等に照らし合理性を欠く	○
女性差別撤廃条	○	○自由かつ完全な合意のみにより婚姻をする同一の権利の侵害 婚姻に際して姓を選択する権利についての夫婦の同一の権利の侵害
自由権規約		○各配偶者が婚姻前の姓の使用を保持する権利等の侵害

※ ○＝主張したもの
（参考）榊原富士子・寺原真希子編著『夫婦同姓名・別姓を選べる社会へ』2022，恒春閣，p175

第4章　面談前の準備「事実婚・内縁」編

　この二つの訴訟で，最高裁判所大法廷は，現在の夫婦同氏制は違憲ではないと判断しています。もっとも，これは選択的夫婦別氏制度に合理性がないと判断したものではないことが判決文中に明記されています。夫婦の氏に関する制度の在り方は，「国会で論ぜられ，判断されるべき事柄」[8]であり，「国会において，この問題をめぐる国民の様々な意見や社会の状況の変化等を十分に踏まえた真摯な議論がされることを期待する」[9]と述べられています。

　2024（令和6）年3月8日には，第三次夫婦別姓訴訟の提起が予定されています[10]。2020（令和2）年11月6日衆議院予算委員会の上川陽子法務大臣の回答では，「婚姻による同氏・改姓を強制し，夫婦別姓を選択できない国は，法務省が調べた限りでも世界の中で日本のみ」[11]と述べられています。国際的情勢や制度への関心の高まりを鑑みても，近く違憲判断がなされる可能性は否定できないのではないでしょうか。国民の意識の多様化や社会情勢の変化を踏まえ，改めて司法判断が求められており，注目の裁判です。

③　戸籍制度との関係

　行政書士にとって，相続業務等で非常に身近である戸籍ですが，選択的夫婦別氏制度が導入された場合は，どのような運用になるのでしょうか。2021（令和3）年4月2日の衆議院法務委員会では，法務省が，選択的夫婦別氏制度が導入されても「戸籍制度の意義が失われるものではない」と回答しています[12]。選択的夫婦別氏制度が導入された場合の戸籍記載については，1996（平成8）年1月の民事行政審議会の答申において，以下のような記載例が提示されています。

　・夫婦とその間の子は同一戸籍に記載する
　　（別氏夫婦・同氏夫婦いずれも同様）
　・夫・妻・子それぞれの氏名を記載する

4-1　事実婚・内縁詳説

【別氏夫婦の戸籍】

	（2の1）	全 部 事 項 証 明

本　　　籍	東京都千代田区平河町一丁目4番地
氏　　　名	甲野　義太郎

戸籍事項 　　戸籍編製	【編製日】平成14年6月10日

戸籍に記載されている者	【氏名】甲野　義太郎 【生年月日】昭和46年6月21日　　【配偶者区分】夫 【父】甲野幸雄 【母】甲野松子 【続柄】長男
身分事項 　　出　　生	【出生日】昭和46年6月21日 【出生地】東京都千代田区 【届出日】昭和46年6月25日 【届出人】父
婚　　姻	【婚姻日】平成14年6月10日 【配偶者氏名】乙野梅子 【従前戸籍】東京都千代田区平河町一丁目4番地　甲野幸雄
戸籍に記載されている者	【氏名】乙野　梅子 【生年月日】昭和47年1月8日　　　【配偶者区分】妻 【父】乙野忠治 【母】乙野春子 【続柄】長女
身分事項 　　出　　生	【出生日】昭和47年1月8日 【出生地】京都市上京区 【届出日】昭和47年1月10日 【届出人】父
婚　　姻	【婚姻日】平成14年6月10日 【配偶者氏名】甲野義太郎 【従前戸籍】京都市上京区小山初音町18番地　乙野忠治

発行番号000001　　　　　　　　　　　　　　　　　　　　　　　　　　以下次項

237

第4章　面談前の準備「事実婚・内縁」編

	（2の2）| 全 部 事 項 証 明

戸籍に記載されている者	【氏名】甲野　啓太郎 【生年月日】平成１６年２月３日 【父】甲野義太郎 【母】乙野梅子 【続柄】長男
身分事項 　　　出　　　生	【出生日】平成１６年２月３日 【出生地】東京都千代田区 【届出日】平成１６年２月７日 【届出人】父
	以下余白

発行番号０００００１
　　これは，戸籍に記載されている事項の全部を証明した書面である。
　　　　　　　平成　　年　　月　　日
　　　　　　　　　　　　　　　　　　　　　○○市町村長　　氏名　　職印

（出所）平成8年1月民事行政審議会答申（法務省ホームページ）
https://www.moj.go.jp/MINJI/minji36.html#Q8

4-1 事実婚・内縁詳説

Column 11

同性カップルと準婚理論

　同性カップル間でも婚姻に準じた事実婚が成立するかについて，同性カップルの共同生活の一方的な解消（不当破棄）に対する損害賠償請求訴訟で，初めての判断がなされました（東京高判令2［2020］・3・4判時2473号47頁）。

　本件の当事者である女性同性カップルは7年近く同居しており，米国の婚姻登録証明書の取得や日本で挙式を行った後，第三者からの精子提供を受けて子を妊娠・出産を計画。しかし，精子提供を受けた相手方（当時は戸籍上男性であったが，現在は性別の取扱いの変更により戸籍上女性である）と被告女性の不貞行為により，カップル関係が破綻。原告女性は，不貞行為を理由に同性間の事実婚（内縁関係）が破綻したとして，共同不法行為に基づき，婚姻関係の解消に伴う費用等相当額と慰謝料を求める訴訟を提起しました。

　第一審の宇都宮地裁真岡支部判決は，「同性カップルであっても，その実態を見て内縁関係に準じた法的保護に値する利益が認められ，不法行為上の保護を受け得ると解するのが相当」とし，被告女性に110万円の支払いを命じました。さらに第二審の東京高裁判決は，本件当事者は「男女が相協力して夫婦としての生活を営む結合としての婚姻に準ずる関係」にあったとし，「少なくとも民法上の不法行為に関して，互いに，婚姻に準ずる関係から生じる法律上保護される利益を有する」と判断しました。上告審の最高裁第二小法廷は，第一審・二審判決を是認し，被告側の上告を退ける決定しました。

　本件の判決では，同性カップルの共同生活関係に対し，事実婚としての法的評価がなされたことになります。さらに，これまで異性カップルを前提した不貞行為に対する法的評価が，同性同士の性的関係においても該当すると判断したことになります。今後はさらに，民法上の不法行為に関してだけでなく，社会保障給付の受給権等をめぐっても，同性カップルが「事実上婚姻関係と同様の事情にあった者」にあたるかといった議論がなされることが想予想されます。

239

第4章　面談前の準備「事実婚・内縁」編

4-2　類型と相談者像

　ここでは「事実婚・内縁」カップルの多様なあり方を見ていきます。便宜上，積極的に婚姻の届出をしないカップルを「非法律婚（狭義の事実婚）カップル」，婚姻障害事由等により，やむを得ず事実婚状態にあるカップルを「内縁カップル」と分類します。様々なカップルのあり方をイメージするためには，判例が貴重なテキストです。併せて参考にしてください。

■ 非法律婚（狭義の事実婚）カップル

　非法律婚（狭義の事実婚）カップルの中でも，別氏を希望していたり，独立したカップル関係を望んでいたりする相談者（選択的事実婚カップル）の場合は，ジェンダー課題への関心が高い傾向があります。経済的に自立している方の場合は，法律婚をしても，税制上や社会保障上の恩恵は大きくありません。むしろ，「法律婚に伴う夫婦同姓の義務や，扶養義務を足かせと感じる」[13]人もいます。また，非法律婚のメリットとして，法律上保護された夫婦でないことにより，性別役割から解放され，緊張感を持った対等な関係を作りやすいことを挙げる人もいます。

　さらに，配偶者との離別（死別）後に，中高齢になってから新たにパートナーを得たカップル（セカンドライフ型事実婚）の場合，法律婚を望まないことがあります。双方が各自固有財産を築いており，各自の財産を前配偶者との実子や孫などに遺したいと希望するケースや，推定相続人である実子らの心情を慮り，あえて法律婚は避けるというケースが考えられます。前配偶者との実子が再婚を強く反対している場合もあるでしょう。

　カップルが安心した共同生活を営むためには，同居義務や貞操義務の有無，婚姻費用の分担等，ルールを設けることが有益です。「契約」によって自分たちのパートナーシップを定義し，関係性をデザインしていくことが大切になります。

240

公証人は，パートナーシップ合意契約（事実婚に関する契約）公正証書を作成するカップルは，将来的な財産の内容や子の出生について不確定な状況にある，比較的若い男女が多いと言及しています[14]。双方の年齢や将来のライフプラン，子の有無に応じて，作成する書面をセレクトし，任意後見契約・遺言・死後事務委任契約等を段階的に準備していくことが大切になります。

中高齢の非法律婚カップルの場合は，実子等の推定相続人との紛争を避けることが重要な点になるでしょう。

2 内縁カップル

婚姻の成立に障害となる事由（婚姻障害事由）があると，カップルが互いに婚姻する意思があってもその婚姻の届出は受理されません。主な婚姻障害事由を以下に挙げます。

> ・婚姻年齢（民 731）
>
> ・重婚の禁止（民 732）
>
> ・再婚禁止期間（民 733 ①②）
>
> ・近親者間の婚姻禁止（民 734 ①②，民 735，民 736）

上記の婚姻障害事由が当てはまるために，やむを得ず事実婚状態にあるカップルは少なくありません。特に「重婚の禁止」に抵触するケースが目立ちます。

法律上の配偶者がいる者が重ねて他の者と内縁関係にある状態を「重婚的内縁」と呼びます。重婚的内縁関係では，法律婚が実体を失っている場合は，通常の内縁関係と同様の法的保護が付与されます。

法律婚が「実体を失っている（形骸化している）」か否かは，別居期間，当事者の婚姻意思，重婚的内縁関係の継続性，法律婚当事者間の経済的給付や交流・音信の有無などの事実関係を考慮して認定されます。

重婚的内縁関係にある相談者の場合（法律上の配偶者がいるが，内縁のパートナーに遺贈したいケースなど）は，紛争性の回避が最も重要です。のちに相続人から，内縁パートナーへの遺贈が「公序良俗に反する」と主張される恐れもあ

第4章　面談前の準備「事実婚・内縁」編

ります。受任後も慎重な判断を要するケースです。

Column 12

夫婦同氏は「伝統」？

　夫婦別氏制度に関する議論の反対意見には，「夫婦別氏は家族の絆や一体感を弱める」「日本の伝統的な家族のあり方を破壊する」といったものがあります。しかし歴史を遡れば，源頼朝の妻北条政子や足利義政の妻日野富子の例があるように，明治民法までは夫婦別氏が主流だったといわれています。

　婚姻の形についても，古代の「対偶婚」[注3]平安時代の「婿取婚」[注4]を経て，鎌倉時代に「嫁入婚」[注5]が定着し始めたように[15]，「氏」に関する制度も時代とともに変遷してきました。長い歴史の中で，その時代の要請に従って「家族のかたち」が変化してきたことはまぎれもない事実といえるでしょう。

　「氏」に関して大きな動きがあったのは明治前後です。1870（明治3）年，政府は庶民に対し江戸時代に許されていなかった氏の使用を許可しました。その後1875（明治8）年には，兵籍取調べのため氏の使用が義務化されます。興味深いのは，1876（明治9）年の太政官指令で，「入嫁シタ妻ノ氏」について，妻は夫の「家」を相続しない限り「所生ノ氏（実家の氏）」を称すべきとされたことです[16]。「男女平等」の感覚から生まれた夫婦別氏ではないにせよ，長い歴史を見れば，夫婦別氏制が認められていた（むしろ義務化されていた）ことがわかります。

　このことからも，必ずしも「同氏」であることが家族の絆を守ってきたわけではないことが想像できます。その後，1898（明治31）年の明治民法で家制度が導入されたことで，妻は婚姻によって夫の家に入り，家族はその家の氏を称するととされました。現行民法では，第750条に「夫婦は，婚姻の際に定めるところに従い，夫又は妻の氏

注3　対偶婚：恋愛と結婚のあいまいで，非継続的な婚姻関係。男女とも婚姻と離婚を繰り返す。
注4　婿取婚：妻方居住婚。費用負担も妻方。子育ては母方親族の援助を受ける。
注5　嫁入婚：夫方居住婚。費用負担も夫方。武士層から始まる。

を称する」と規定されています。つまり，夫婦同氏が法律で義務付けられたのは，1898（明治31）年以降ということになります。

選択的夫婦別氏制を求める人たちは，夫婦別氏の「強制」を求めているわけではありません。通称利用だけではカバーできない不都合を考えても，夫婦別氏を「選択」する自由が認められてもよいのではないでしょうか。

4-3　抱えている悩みと解決のヒント

「事実婚・内縁」カップルは，①共同生活上の法的保護（双方の権利義務），②判断能力低下時の対策，③相続・死後事務への対応を考える必要があります。

1 共通

①　パートナーシップを証明するために作っておくべき書面について知りたい

非法律婚カップル（狭義の事実婚カップル）の中には，選択的夫婦別氏制度を希望し，別姓を通すためにやむを得ず事実婚を選択している人がいます。また，「制度」や「登録」によりプライベートなパートナーシップ関係を管理されることに拒否感を持ち，非法律婚を選択する人もいます（選択的事実婚）。

意図的に婚姻の届出を回避しているカップルの場合は，「準婚理論（内縁保護法理）によって保護する必要はない」という学説的見解が多数を占めています。

とはいえ，法律婚外の関係であっても，事実婚を一方的に解消することによる他方への損害への対処や，長期化する共同生活内での財産関係を規律する必要性が出てくるでしょう[17]。非法律婚を選択した理由が多様だからこそ，ケースに即した個別具体的な「パートナーシップ合意契約書（事実婚に関する契約）」を作成する必要があります。

公証人は「民法上の規定された法律婚夫婦に認められる権利義務をすべて契

243

第 4 章　面談前の準備「事実婚・内縁」編

約条項に盛り込みたい」と希望するカップルが多いと指摘します[(18)]。しかし，まずは以下に示す基本的事項（【図表 4-7】参照）を盛り込み，必要に応じて「遺言」や「任意後見契約」「死後事務委任契約」といった書面でカバーしていくのが良いでしょう。「法律婚外」のカップルという意味では，第 3 章で紹介した同性カップルが作成する書面も参考になります（p174「**3-3** **1** 同性カップル」参照）。行政書士がパートナーシップ合意契約書（事実婚に関する契約）の文案作成に係る場合は，必ず本人確認をした上でカップルと面談し，双方の意思や「二人の歴史」を丁寧に聞き取りましょう。

▶【図表 4-7】パートナーシップ合意契約書の基本事項

① 　パートナーシップの合意形成

② 　契約の解除（解約）

③ 　同居・協力・扶助義務（民 752）関連の遵守事項

④ 　婚姻費用の分担（民 760），夫婦間における財産の帰属（民 762）といった夫婦の財産関係

⑤ 　子の関係（認知，親権者，氏等）
　※婚外子は単独親権
　　婚外子は母の氏を称するが，のちに父の氏に変更可能

⑥ 　日常家事債務・代理権（民 761）

⑦ 　財産分与に関する事項（民 768）

（参考）日本公証人連合会『新版 証書の作成と文例 家事関係編〔改訂版〕』(2017)
　　　　p253

なお，セカンドライフ型事実婚の場合，紛争リスクを抑えることが最も重要になります。特に住居に関しては，パートナシップ合意契約書内に明記することが肝要です。遺言については，執行の迅速さの視点からも公正証書による作成が望ましいでしょう。遺言執行者については，一方のパートナーではなく，第三者（行政書士等）を指定するのがベターです。前配偶者との実子等から遺留分侵害請求がなされることも想定し，紹介する弁護士との繋がりを作っておくことも有益です。

244

4-3　抱えている悩みと解決のヒント

【Point 条項】

> 甲又は乙の一方が居住用不動産について所有権，賃借権その他の使用権限を有するときは，当該一方は，他方に対し，当該居住用不動産に居住する権限を与える。

【文例　パートナーシップ合意契約書（事実婚に関する契約）】[19]

○○（以下「甲」という）及び○○（以下「乙」という）は，双方の自由な意思決定に基づき，社会観念上の婚姻に相当する関係を築くことを目的として，以下の通り合意する。

第1条（相互の関係の確認及び誓約）
　1　甲及び乙は，二人が真摯な愛情と信頼で結ばれた関係にあることを，相互に確認する。
　2　甲及び乙は，民法その他の法令に定める夫婦又は婚姻と同等の関係を持つことを確認し，生涯にわたって助け合い，支え合って生きていくことを相互に宣誓する。

第2条（婚姻等の禁止）
　甲及び乙は，本契約の効力が存続する間は，他の者と婚姻し，又は本契約と同等若しくは類似の契約を締結しないことを誓約する。

第3条（同居・協力・扶助義務）
　1　甲及び乙は，正当な理由がない限り，同居し，互いに協力し扶助することを約する。
　2　甲及び乙は，前項の扶助にあたっては，相互に相手方の生活を自己の生活と同一水準で維持するものとする。

第4条（日常家事代理権の授与）
　1　甲及び乙は，その一方が日常の家事に関して第三者と法律行為をしたときは，他の一方は，これによって生じた債務について，第三者に対し連帯して責任を負う。ただし，第三者に対し責任を負わない旨を予告した場

245

第4章　面談前の準備「事実婚・内縁」編

合は，この限りでない。

2　甲及び乙は，相互に，相手方に対し，日常の家事に関する法律行為にかかる代理権を授与する。

第5条（療養看護に関する委任）

1　甲及び乙は，そのいずれか一方が罹患し，医療機関において治療，療養，延命又は手術（以下「治療等」という）を受ける場合，他方に対して，治療等の場面に立ち会い，本人と共に，又は本人に代わって，医師その他の医療関係者から，症状や治療等の方針，見通し等に関する説明（カルテの開示を含む）を受けることをあらかじめ委任する。

2　前項の場合に加え，罹患したいずれか一方は，その通院，入院，手術時及び危篤時において，他方に対し，入院時の付き添い，面会謝絶時の面会，手術同意書への署名等を含む通常配偶者に与えられる権利の行使についてあらかじめ委任する。

第6条（当事者間における財産の帰属）

1　甲及び乙の一方が本契約締結前から有する財産及び本契約の効力が存続する間に自己の名で得た財産は，各自の固有財産とする。

2　甲又は乙が，それぞれ親族から譲り受け，又は相続した財産は，各自の固有財産とする。

3　甲又は乙のいずれに属するか明らかでない財産は，その共有に属するものと推定する。

第7条（婚姻費用の分担）

1　甲及び乙は，各自の資産，収入その他一切の事情を考慮して，両者の共同生活に要する費用（以下「婚姻費用」という）を分担することを約する。

2　前項の規定にかかわらず，本契約に違反し，かつ，甲及び乙の信頼関係及び実質的共同生活関係の破綻につき帰責性のある者は，相手方に対し，婚姻費用の分担金を請求することができない。

第8条（養子縁組）

甲又は乙の一方が養子縁組するときは，あらかじめ相手方の同意を得るものとする。ただし，相手方がその意思を表示することができない場合は，この

限りでない。

第9条（子の認知等）

1　本契約の効力継続中に乙が懐胎した子は甲の子と推定し，甲は，胎内にある子でも乙の承認を得て認知をし，又は子の出生届提出と同時に認知をしなければならない。

2　乙は，第一項による甲の認知を承諾しなければならない。ただし，遺伝子情報による検査を行い，その子が甲の子でないことを明らかにした場合はこの限りではない。

第10条（この親権及び氏）

1　甲と乙の間の子の氏及び親権者は，甲と乙が子の出生の都度協議して定めるものとする。

　　親権者及び氏に関する届出については，子の出生後直ちに行うものとする。ただし，子の出生時に本契約が解除済みであるときは，第12条の規定に従う。

2　前項により子の親権者となった者は，親権の行使に際して他方の意思が反映されるよう努めなければならない。

第11条（本契約の終了）

1　甲及び乙は，合意により本契約を解除することができる。

2　甲又は乙の一方は，次に掲げる場合に限り，書面による相手方への一方的な意思表示により，本契約を解除することができる。

⑴　相手方に不貞行為があったとき。

⑵　相手方から悪意で遺棄（第3条第1項に違反し，かつ，その違反の程度が著しいことをいう）されたとき。

⑶　双方の合意によらず相手方が別居し，その期間が5年を経過したとき。

⑷　その他本契約を継続し難い重大な自由があるとき。

3　本契約の終了につき専ら又は主として責任のある当事者は，前項の意思表示を受けた場合において，他方当事者に対し，誠意をもって本契約終了に伴う諸問題に関する協議に応じなければならない。

第4章　面談前の準備「事実婚・内縁」編

第12条（未成年の子がいる場合の監護・養育関する事項の定め等）

1　第11条の規定により本契約が解除され，又は終了した場合において，本契約当事者が未成年の子を養育しているときは，当然にそのときの親権者が監護することはせず，子の利益が最大限に保証されることを考慮し，甲又は乙の一方からその後に監護する者を選ばなければならない。

2　前項により監護する者が選ばれた場合，速やかにその者が親権者となるよう必要な手続きをしなければならない。

3　前2項により看護する者又は親権者とならなかった者も，子を養育する義務を免れるものではなく，その者の所得，資力及び家庭裁判所の公表する養育費算定表等を考慮し，養育費を支払うものとする。

第13条（財産関係の清算）

甲及び乙は，将来本契約が解消された場合には，共同生活中に形成された共有財産について，均等の割合で分割するものとする。ただし，甲及び乙間で協議の上，別段の合意をしたときは，その合意に従う。

第14条（慰謝料）

本契約の終了につき責任のある当事者は，相手方に対し，別途慰謝料の支払い義務を負うものとする。

第15条（協議条項）

本契約に関し，本証書に記載のない事項及び本契約の解釈について疑義のある事項については，甲及び乙は，互いに誠意をもって協議し，解決を図るものとする。

②　夫婦が別氏の場合も同じ墓に入ることはできるのか

事実婚カップルをはじめ，カップルで同じ墓に入りたいと望む同性カップルにおいても，墳墓の法的ルールは気になるところです。

「墓地，埋葬等に関する法律」には，「墓地，納骨堂又は火葬場の管理者は，埋葬，埋蔵，収蔵又は火葬の求めを受けたときは，正当な理由がなければこれを拒んではならない」と定められています。埋葬できる対象者の範囲について，法律上の制限はなく，管理者が正当事由なく求めを拒むことができない

248

（管理者の応諾義務）と定めています。

　また，2000（平成12）年12月6日に厚生省生活衛生局長が通知した「墓地経営・管理の指針等について」には，契約の明確化等を図るための雛形として，「標準契約約款」が示されています。本約款の墓地使用に関する条項には，「使用者は，経営者に届け出て，墓所内に使用者の親族及び縁故者の焼骨を埋蔵することができる」と記載されています。埋葬できる対象者の範囲について，「著しく制限するような規定は不適切である」と指摘してあることからも，同氏であることが条件とはなっていません。

　つまり，墓地管理者（寺院墓地の場合は住職，民営墓地の場合は運営会社の責任者，公営墓地の場合は自治体職員）の承諾があれば，別氏であったり，同性カップルであったとしても，問題なく同じ墓に入ることができるのです。墓地使用に関する権利義務については，寺院墓地の場合は当該寺院が定める使用規則等，民営墓地の場合は契約書や使用規則・約款等，公営墓地の場合は条例，規則等を確認しましょう。

249

第 4 章　面談前の準備「事実婚・内縁」編

引用・参考文献

第 4 章

(1) 二宮周平『叢書民法総合判例研究事実婚』2002，一粒社，p1

(2) 戸田貞三『家族と婚姻』1989，クレス出版

(3) 二宮周平『叢書民法総合判例研究事実婚』2002，一粒社

(4) 永田夏来／松木洋人編『入門家族社会学』2017，新泉社，p141

(5) 曽田多賀／紙子達子／鬼丸かおる『内縁・事実婚をめぐる法律実務』2013，新日本法規出版

(6) 二宮周平『新法学ライブラリ＝9 家族法（第 5 版）』2019，新世社，p145

(7) 日本年金機構理事長宛厚生労働省年金局長通知「生計維持関係等の認定基準及び認定の取扱いについて（国民年金法）」平成 23 年 3 月 23 日（年発 0323 第 1 号）

(8) 最高裁大法廷平 27・12・16 判決の合憲意見

(9) 最高裁大法廷令 3・6・23 決定の合憲違憲の補足意見

(10) 朝日新聞 2024 年 2 月 22 日朝刊「夫婦別姓の願い，今度こそ」

(11) 榊原富士子・寺原真希子『夫婦同姓・別姓を選べる社会へ』2022，恒春閣，p122

(12) 同上，p31

(13) 井上輝子『新・女性学への招待』2011，有斐閣，p152

(14) 日本公証人連合会『新版証書の作成と文例家事関係編【改訂版】』2017，立花書房

(15) 大口勇次郎／服藤早苗／成田龍一編『ジェンダー史』2014，山川出版社

(16) 久武綾子『氏と戸籍の女性史』1995，世界思想社

(17) 二宮周平『家族法第四版』2013，新世社

(18) 日本公証人連合会『新版証書の作成と文例家事関係編【改訂版】』2017，立花書房

(19) 同上

第5章 面談前の準備「親亡き後」の問題編

　「親亡き後」の問題を抱えた相談者が専門家に求めているのは，個別具体的な解決策の提示と，親亡き後も子どもが「安全に生きていける」という安心です。

　親亡き後問題においては，ひきこもり等を理由に，家族以外との接点を持つ機会がなく，社会参画がほぼないまま，いつの間にか中年といわれる年齢に差し掛かっているケースが少なくありません。子どもが20代や30代の頃は心のケアや就労支援に望みをかけた親も，中年に差し掛かった子どもに対しては，「もはや何をすればよいのかわからない」という思いを抱えていることがあります。

　行政書士がケースに即した法令・制度活用の助言をすることで，途方にくれた相談者が「まだできることがある」と思うことができれば，停滞していた家族の関係性が動き出します。複雑に絡まった糸をほどきながら個別具体的な「サバイバルプラン」を作成し，親と子どもが「生きていける」という安心をつくるサポートが求められます。

【図表5-1】第5章の流れ

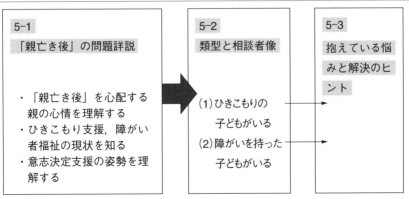

第5章　面談前の準備「親亡き後」の問題編

5-1　「親亡き後」の問題詳説

はじめに「親亡き後」問題の背景を解説します。社会的背景を知ることは相談者の心情理解に役立ちます。その上で「ひきこもり支援」「障がい者福祉」の基礎知識を紹介します。

◨「親亡き後」の問題って？

ひきこもりの子どもや障がいを持った子どもの親は，自分たち親が亡くなった後の子どもの生活維持について，少なからず不安を抱えています。具体的には，子どものケア・介護の担い手の問題，経済的な問題，財産管理方法，兄弟姉妹との関係性などです。

ファイナンシャルプランナーの畠中雅子は，親の持つ資産を活用し，子どもの一生涯の生活を成り立たせるプランを「サバイバルプラン」と呼んでいます[1]。親亡き後対策は，金銭的な面からのアプローチ（子と親のファイナンシャルプラン）に加えて，相続対策や成年後見制度の活用，福祉制度の活用など，多角的な視点から事前準備することが必要です。「相続対策だけ」「成年後見制度の活用だけ」では対応できない場合がほとんどです。そのため，ケースごとに複数の対応策を組み合わせる必要があります。

広義の「親亡き後の問題」を抱える家庭は，もはや少数派ではありません。不安定な経済状況の中，やむを得ず親と同居する未婚の子どもは増加しています（p109「**2-3** ❸①親に介護が必要になったらどうしたらよいのか（息子の場合）②親に介護が必要になったらどうしたらよいのか（娘の場合）」参照）。しかし，親の資産に頼らざるを得ない経済状況でも，就労している子どもの場合は「ひきこもり」のように問題が表面化しにくいという特徴があります。そのため，親亡き後のリスクをはらんでいるという現状認識を持つのが難しく，「漠然とした不安」を抱えたまま問題を先送りしてしまうのです。

親が健在のうちに親亡き後問題への対策を取れば，「余儀なくおひとりさま」

が抱える困りごとの芽を事前に摘むことができます。親亡き後問題のリスクを抱える家庭は，できるだけ早い段階で課題を洗い出し，個別的なサバイバルプランを作成する必要があります。「親の不安」と「子の不安」を切り分けながら，それぞれの気持ちに寄り添う援助が必要です。

　行政書士にとって，親亡き後問題を抱える相談者への対応は，法制度の知識をフル動員させる「応用問題」でもあります。遺言や信託，成年後見制度等を，その家庭ごとにどのように使えば有効的かを考え，子どものライフプランに即した最適な組み合わせを提示できるよう，様々なケースを予習することが大切です。

2 ひきこもりと相談支援のあり方

　ひきこもり問題の第一人者である研究者や専門家が執筆を担当した，内閣府子ども若者・子育て施策総合推進室発行の「ひきこもり支援者読本」(2011)は，ひきこもり支援を概観できるよい資料です。長年ソーシャルワーカーとしてひきこもり支援に取り組んできた長谷川俊雄は，読本の中で，ひきこもりの子どもを抱える親の困難と，そこから導かれるニーズを以下のように整理しています。

▶【図表5-2】ひきこもりの子を抱える親の困難・ニーズ

抱えている困難	背景にあるニーズ
ひきこもり状態の長期化を打開するための具体的方法が持てない	子どもに対する支援方法に関するニーズ
ひきこもり状態の長期化に伴う親自身の心理的不安・孤立	親自身への支援ニーズ
ひきこもり状態の長期化にともなう生活維持と経済的な困難	家族及び子どもの生活維持・経済的ニーズ

(参考) 内閣府子ども若者・子育て施策総合推進室「ひきこもり支援者読本」(2011) p110

第5章　面談前の準備「親亡き後」の問題編

　「親亡き後」の不安を抱えている相談者の場合，相談者である親（又は本人の兄弟姉妹）自身が「もうほかに手立てがない」と挫折感や絶望感を抱いていることがあります。そのような場合は，心のケアや就労支援といった社会参加のみを目指すことから，「親も子も生き延びる」方策への方向転換が必要です。ひきこもり状態を抜け出すことだけを考えるのではなく，今のままの状態でも生き延びられるという安心感を持つこと（価値観の転換）がキーになります。

　前出の「8050」問題のように（p46「1-4 **1** ひきこもりへの偏見と実像」参照），ひきこもりの長期化・高年齢化が顕在化した今，現状に合った解決策を提示できるサポーターは重要な役割を果たします。行政や他職種の専門家（医師・カウンセラー等）のサポートを受けたことがない場合は，そちらも並行して利用するのがおすすめです。ひきこもり当事者の家族会や自助グループ等のつながりも重要です。

　行政書士は「ひきこもり問題」に特化した専門家ではありませんが，行政や他の専門家の支援につなげる「ファシリテーター」「ジェネラリスト」としての役割が担えるのではないでしょうか。行政書士は，予防法務の視点から「親子共倒れ」の危機を防ぐための「サバイバルプラン」を提示することができます。そのためには，相談者の話から，どの解決策が適切かを見極める敏感さが必要です。

　ひきこもりに関する社会学・ライフストーリー研究者の石川良子は，現在のひきこもり支援のゴールが，ひきこもりをやめさせること（ひきこもり状態を否定すること）になっていると指摘します。その上で，「より良くひきこもれる，ひきこもっていても安心して過ごせるようにすることも，支援の役割」[2]であると述べています。それが結果的に，本人が社会との折り合いをつけられるようになることに繋がるのではないでしょうか。今後のひきこもり支援は，ひきこもりを「治す」ことだけに主眼をおくのではなく，「ひきこもりでも生きていける」という安心を作ることが必要になるでしょう。

5-1 「親亡き後」の問題詳説

3 障がい者福祉の法制度の変遷

　障がいを持った子どもの「親亡き後」問題の相談では，障がい者福祉に関する法制度の知識が必要です。障がい者福祉がどのような歴史をたどってきたのかを知ることは，現在の障がい者福祉のポイントをつかむためにも重要です。

　「障がい」の定義が変わるように，福祉をとりまく概念や制度は時代の変遷とともに大きく転換していきます。制度が変われば，当然「親亡き後」問題への対策も大きく変化します。適切な選択肢を提示するためにも，法制度の変化にアンテナを張っておきましょう。

① 障がい者福祉の法制度年表

　以下では，主に戦後の障がい者福祉の変遷を見ていきます。戦前の社会福祉施策は，救貧対策や，精神障がい者を「治安・取締り」の対象にするものでした。戦後には日本国憲法に福祉が位置づけられ，福祉サービスが行政の「措置」として提供されることになりました。しかし，その実質は障がい者本位のサービスとはいえず，障がい者「保護」のための「措置」でした。

　その流れが大きく変わったのが，1981（昭和56）年の「国際障害者年」以降です。世界の動向からは大幅に遅れたものの，ようやく日本にもノーマライゼーション（注1）の理念が普及し，管理性を排した当事者主体の法制度の整備が進むようになりました。

　さらに，2006（平成18）年には，「私たちのことを私たち抜きに決めないで (Nothing About us without us)」をスローガンとする「障害者の権利に関する条約」が国連で採択されました。日本は国内法の整備を進め，2014（平成26）年に批准するに至りました。本条約には「障害」の定義はありません。前文には「障害が発展する概念」であり，「機能障害を有するものとこれらのものに対する態度及び環境による障壁との間の相互作用であって，これらの者が他の者と

注1　ノーマライゼーション：障がいがある者も家庭や社会で普通に生活できるようにすること。社会でも家庭でも障がい者自身が自ら選択した生活が送れるようにすること。2000（平成12）年に施行された新しい成年後見制度の理念の一つでもある(3)。

255

第5章　面談前の準備「親亡き後」の問題編

の平等を基礎として社会に完全かつ効果的に参加することを妨げようとするものによって生ずる」(4)とあります。つまり，障がいをその当事者の個別的問題とする「医学モデル」ではなく，社会との関係で捉える「社会モデル」を採用しているのです。

▶【図表 5-3】障がい者福祉の法制度

年度	法令，制度	概要
1947	児童福祉法制定	第 40 条に「精神薄弱児施設の設置」規定
1949	心身障害者対策基本法制定 身体障害者福祉法制定	
1953	精神薄弱児対策基本要綱	
1960	精神薄弱者福祉法制定 身体障害者雇用促進法制定	第 1 条（目的）「精神薄弱者に対し，その更生を援助するとともに必要な保護を行う」 更生＝適切な環境で可能な限り自力で生活できるようになること →世界のノーマライゼーションの思想，脱施設化といった動向に逆行
1970	心身障害者対策基本法制定 心身障害児家庭奉仕員の派遣	家族が心身障害者（児）の介護が行えない場合に奉仕員を派遣
1976	身体障害者雇用促進法改正	法定雇用率制度の義務化 雇用給付金制度の制定
1981	**国際障害者年**	**完全参加と平等**がテーマ 入所施設から在宅福祉へ
1987	身体障害者雇用促進法を障害者の雇用の促進等に関する法律（以下「障害者雇用促進法」）に名称変更	
1989	精神薄弱者地域生活援助事業実施要綱（厚生省から都道府県知事あての通知）	グループホームの登場 →障がい者を一般社会から隔離し，一律に入所施設に収容することへの反省

256

5-1 「親亡き後」の問題詳説

1992	→制度化	「グループホームの設置・運営ハンドブック」
1993	**障害者基本法**	心身障害者対策基本法を改正，改題 都道府県や市町村の障害者基本計画策定が努力義務に
1995	市町村障害者計画策定指針 障害者プラン～ノーマライゼーション7か年戦略～の発表	
2002	障害者基本計画の策定	
2003	支援費制度の導入	**措置から契約へ** 利用者が事業者と直接契約→費用を援助 当事者の自己決定に基づきサービスを利用
2004	障害者基本法の改正 発達障害者支援法の制定	
2005	**障害者自立支援法**の制定	就労支援の強化 身体・知的・精神障害への対応を一元化 国の費用負担＝福祉サービス費用の半分 利用者の負担＝福祉サービス費用の1割 （**応益負担**[注2]の導入）
2007	**障害者の権利に関する条約 （以下「障害者権利条約」に 署名）**	
2011	障害者基本法の改正	
2012	**障害者の日常生活及び社会生活を総合的に支援するための法律**（以下「**障害者総合支援法**」）の制定 成年後見人の選挙権の回復等のための公職選挙法等の一部を改正する法律の制定	サービス費用を**応能負担**[注3]に 被後見人の選挙権が回復する

注2　応益負担：所得に関係なく，受けたサービス量に応じた定率の利用者負担を負うこと

注3　応能負担：所得に応じて利用者負担を負うこと

257

第5章　面談前の準備「親亡き後」の問題編

2013	障害を理由とする差別の解消の推進に関する法律（以下「障害者差別解消法」）の制定 障害者雇用促進法の改正	「不当な差別的取扱い」の禁止 「**合理的配慮**」(注4)の提供
2014	障害者権利条約批准	
2016	障害者総合支援法の改正 （2018 年施行）	
2021	障害者差別解消法の改正 （2024 年施行）	事業者による障がいがある人への**合理的配慮**が義務化

（参考）渡部伸『障害のある子の家族が知っておきたい「親なきあと」』（2014）
　　　　内閣府ホームページ「障害者施策の主な歩み」(http://www8.cao.go.jp/shougai/ayumi.html）を参考に作成

②　障害者自立支援法と障害者総合支援法の相違点

　日本の障がい者福祉の流れの中で，まず押さえておきたいのは「障害者自立支援法」と「障害者総合支援法」です。障害者自立支援法で定められた応益負担は，障がいが重いほど負担が大きくなり，一般的な就労が難しい障がい者にとって相当な負担となっていました。

　それに対し，2008（平成 20）年には，障がい者側から違憲訴訟が提起されました。その後 2010（平成 22）年に，国と厚生労働省は障害者自立支援法を廃止し，新たな福祉法制度（障害者総合支援法）の創設を約する「基本合意」を原告団と取り交わすに至りました(6)。

　以下では「障害者自立支援法」と「障害者総合支援法」を比較し整理します。①応益負担から応能負担への変化，②障がい者の対象範囲への変化，③基本理念の明確化は，注目すべき変化です。

注4　合理的配慮：障がいのある人から「社会の中にあるバリア（障壁）を取り除くために何らかの対応が必要」と意思が伝えられたときに，行政機関等や事業者が，負担が重すぎない範囲で必要かつ合理的な対応を行うこと(5)

258

5-1 「親亡き後」の問題詳説

【図表5-4】「障害者自立支援法」と「障害者総合支援法」の比較

	障害者自立支援法	障害者総合支援法
制定	平成 17 年（2005）	平成 24 年（2012）
目的	障害者基本法の基本的理念にのっとり ・身体障害者福祉法 ・知的障害者福祉法 ・精神保健及び精神障害者福祉に関する法律 ・児童福祉法 ・その他障害者及び障害児の福祉に関する法律 と相まって 障害者及び障害児が**その有する能力及び適性に応じ，自立した**日常生活又は社会生活を営むことができるよう →必要な障害福祉サービスに係る給付その他の支援を行う ↓ 障害者及び障害児の福祉の増進を図る ＆ 障害の有無にかかわらず国民が相互に人格と個性を尊重し安心して暮らすことのできる地域社会の実現に寄与する	障害者基本法の基本的理念にのっとり ・身体障害者福祉法 ・知的障害者福祉法 ・精神保健及び精神障害者福祉に関する法律 ・児童福祉法 ・その他障害者及び障害児の福祉に関する法律 と相まって 障害者及び障害児が**基本的人権を享有する個人としての尊厳**にふさわしい日常生活又は社会生活を営むことができるよう →必要な障害福祉サービスに係る給付，**地域生活支援事業**その他の支援を総合的に行う ↓ 障害者及び障害児の福祉の増進を図る ＆ 障害の有無にかかわらず国民が相互に人格と個性を尊重し安心して暮らすことのできる地域社会の実現に寄与する
基本理念	なし	障害者及び障害児が日常生活又は社会生活を営むための支援 ＝ **すべての国民が，障害の有無にかかわらず，等しく基本的人権を享有するかけがえのない個人として尊重されるものであるとの理念**にのっとり，すべての国民が，障害の有無によって分け隔てられることなく，

259

第5章　面談前の準備「親亡き後」の問題編

			相互に人格と個性を尊重し合いながら共生する社会を実現するため ↓ すべての障害者及び障害児が可能な限りその身近な場所において必要な日常生活又は社会生活を営むための支援を受けられる →社会参加の機会が確保される & どこで誰と生活するかについての選択の機会が確保される →地域社会において他の人々と共生することを妨げられないこと & 障害者及び障害児にとって日常生活又は社会生活を営む上で障壁となるような社会における事物，制度，慣行，観念その他一切のものの除去に資することを旨として，総合的かつ計画的に行わなければならない
サービス費用負担		国：半分負担（義務） 利用者：1割負担→**応益負担**	利用者：所得に応じた金額を支払う →**応能負担**
障害者の範囲		身体・知的・精神・発達障害者	身体・知的・精神・発達障害者 & **「制度の谷間」を埋めるべく，難病患者も加える**

（参考）渡部伸『障害のある子の家族が知っておきたい「親なきあと」』(2014)

４ 意思決定支援とは何か

　2020（令和2）年10月30日，成年後見制度利用促進計画を受けて，最高裁判所・厚生労働省・専門職団体によるワーキング・グループが作成した「意思決定支援を踏まえた後見事務のガイドライン」が公表されました。本ガイドラインにおいて，意思決定支援とは，「特定の行為に関し本人の判断能力に課題

のある局面において，本人に必要な情報を提供し，本人の意思や考えを引き出すなど，後見人等を含めた本人に関わる支援者らによって行われる，本人が自らの価値観や選好に基づく意思決定支援をするための活動」とされています。

　ガイドラインには，①意思形成支援（本人が意思を形成することの支援）と②意思表明支援（本人が意思を表明することの支援）を中心に，支援のプロセスの原則が明記されています。特筆すべきは，意思決定支援は，後見人等が法定代理権に基づき「本人に代わって行う」代行決定とは区別されると述べられていることです。「良かれと思って」安易に代行決定することへの自己抑制が求められます。

【意思決定支援及び代行決定のプロセスの原則】[7]

1　すべての人は意思決定能力があることが推定される。

2　本人が自ら意思決定できるよう，実行可能なあらゆる支援を尽くさなければ，代行決定に移ってはならない。

3　一見すると不合理にみえる意思決定でも，それだけで本人に意思決定能力がないと判断してはならない。

4　意思決定支援が尽くされても，どうしても本人の意思決定や意思確認が困難な場合には，代行決定に移行するが，その場合であっても，後見人等は，まずは，明確な根拠に基づき合理的に推定される本人の意思（推定意思）に基づき行動することを基本とする。

5　本人の意思推定すら困難な場合，又は本人により表明された意思等が本人にとって見すごすことのできない重大な影響を生ずる場合には，後見人等は本人の信条・価値観・選好を最大限尊重した，本人にとっての最善の利益に基づく方針を採らなければならない。

6　本人にとっての最善の利益に基づく代行決定は，法的保護の観点からこれ以上意思決定を先延ばしにできず，かつ，他に採ることのできる手段がない場合に限り，必要最小限度の範囲で行われなければならない。

7　一度代行決定が行われた場合であっても，次の意思決定の場面では，第1

第 5 章　面談前の準備「親亡き後」の問題編

> 原則に戻り，意思決定能力の推定から始めなければならない。

　専門職の場合，相談者等に対し「何とかしてあげたい！　救いたい！」という気持ちが大きくなることがあります。この姿勢は，ときにパターナリズムに陥り，本人の自己決定権を阻害する介入となってしまいます。特に一対一の支援関係の場合は，専門家と依頼者の間に不健全な依存状態が生まれたり，支配被支配関係に陥ったりすることもあります。ガイドラインにもあるように，本人を中心とした意思決定支援チームを作り，他職種と連携・協働する姿勢が大切になります。とはいえ，「連携」は生やさしいものではなく，ときに支援者同士の価値観や手法がぶつかることがあります。葛藤やストレスが生じる場面ですが，本人の意思決定支援のためには避けては通れない大切な機会だと捉えてみましょう。

☑ ここが受任の ポイント⑥ ｜ 当事者団体から学ぶ

　ひきこもり当事者や障がい者の「当事者団体」は，支援者向けに様々な情報提供を行っています。「当事者の声」は学びの宝庫であり，ニーズを知るために最も信頼できる情報です。「当事者の声」を消費するような態度ではなく，対等な他者として学ぶ気持ちで交流会等に出席してみましょう。

5-2　類型と相談者像

　同じ「親亡き後」問題を抱える家庭でも，ケースによって不安のかたちは異なります。ここでは「ひきこもりの子ども」「障がいをもった子ども」に分けて，リアルな依頼者像を紹介します。

5-2　類型と相談者像

■1 ひきこもりの子どもがいる

　近年「ひきこもりの高齢化」や「8050」問題が顕在化しています。この場合，当然ひきこもりの子どもの親も高齢者です。両親は既に「老い支度」をする年齢であり，親子共倒れのリスクも高くなります。

　ひきこもり問題に詳しい精神科医の斎藤環によれば，ひきこもりの家族に向けた講演会に来る参加者は，ほとんどが定年期を迎えた親だといいます。また，ひきこもりの長期化，子どもの高齢化に伴って，「どのように就労を促すか」よりも，「親亡き後の子どもの生活をどうすればよいか」という質問が増えていると述べています[8]。

　行政書士のもとに相談者として来所する人は，主にひきこもりの子どもの両親です。ほかに，きょうだいがひきこもりであることによる「きょうだいリスク」の不安を抱えた相談者も考えられます。

　ここで重要なのは，成人した親と子，成人のきょうだい間に課される扶養義務は「生活扶助義務」であることです。法的に求められる扶養の程度は，扶養者に余裕がある程度で要扶養者を扶養するというものです。つまり，夫婦間や未成年の子と親の間に課される「生活保持義務」（相手方に自己と同等の水準の生活を確保する）とは異なるのです。家族ゆえに「なんとかしなければ」という思いが大きくなり，際限なく扶養し続けなければならないと考える親・きょうだいが多いように見受けられます。家族全員が過度な頑張りにより燃え尽きる前に，各人が限度と限界を設定しながら助け合っていくという視点転換が必要になります。

　ひきこもりの子どもの親亡き後対策では，否応無しに家族関係の問題に関わることになります。社会的つながりを失い，家族ごと社会から孤立するリスクを回避するために，息の長い伴走支援が必要です。行政の相談機関や当事者団体を紹介し，場合によっては医療機関の受診を勧めるなど，行政書士だけが問題を抱え込まないことが大切です。

263

第5章　面談前の準備「親亡き後」の問題編

2 障がいを持った子どもがいる

　障がいを持った子どもがいる家庭のほとんどは，何らかの福祉支援に繋がっています。障害者総合支援法により，障がいのある人は様々なセーフティネットが用意されています。しかし，改正や変更が多い福祉制度の情報は多岐に渡り，当事者の勉強会等に参加しても情報収集や理解が追いつかないことがあります。また，情報や人的資源への繋がりがあったとしても，親として子どもを任せられる第三者（専門家）決めかねているケースも多くあります。行政書士には，難解な法制度をわかりやすく情報提供し，親や家族と共に，伴走者として子ども（本人）の人生を見守っていく力が求められます。

　「自助努力」へのこだわりが感じられる相談者には，社会のセーフティネット等「もしものとき」に受け皿となる社会資源を紹介しましょう。福祉支援にはなるべく頼りたくないとの理由で，家族の中で不安を抱え込んでしまう場合もあります。法制度に詳しい専門家として，福祉制度の隙間を埋める助言が重要です。

　相談者にお話を伺うと，親としての一番の不安は，「子どもの暮らしと経済面」と言う方がほとんどです。しかし，親自身の高齢期のライフプラン抜きに，親亡き後の子どもの人生を考えることはできません。まずは親自身の高齢期の対策を考え，死後の手続き（相続・死後事務）に関する準備を進めることが大切です。

Column 13
ひきこもり支援のゴール

　多くの人が，ひきこもりからの「回復」を，就労や就学により社会に復帰し，適切な人間関係を築くことだと想像するのではないでしょうか。実際に，これまでのひきこもり支援は「医療」や「就労支援」の視点で行われてきました。

社会学者の石川良子は，『ひきこもりの＜ゴール＞―「就労」でもなく「対人関係」でもなく』において，ひきこもりの＜ゴール＞を「ひきこもった経験を，その後の生き方に昇華させていく可能性に目が向けられるようになること」[9]，「ひきこもりの当事者として自己定義せずにすむようになること」[10]だと定義しています。それは，「支援者」や「援助者」とされる人々が設定した数値的な目標や，わかりやすい結果ではありません。そこにあるのは，徹底した「当事者主権」（p48「1-4 **2** 障がい者と当事者主権」参照）のまなざしです。

ひきこもり当事者や家族の不安につけ込んだ「自立支援ビジネス」による問題も報じられています。最近では，自立支援施設での監禁や暴力，多額の料金請求など，民間支援団体のトラブルが明らかになってきました[11]。このような実情をとり上げたテレビ番組では，支援施設元職員の「ひきこもり家族は家が崩壊寸前。裕福であったり地元の名士であれば，そのことを近所に言えないし，立場が弱い。そういった意味では値段がつけ放題」という発言が紹介されました。

行政書士がそのような悪徳ビジネスに関わらないことは当然ですが，相談者（ひきこもり当事者の家族）が，自立支援施設にひきこもりの子を入所させることを考えている場合は，十分な注意を促す必要があります。

これまで，ひきこもり当事者は「支援」に振り回されてきたといえるでしょう。ひきこもり支援に行政書士が関わる場合は，「自分のことは自分で決める」という当事者主権の姿勢で関わることが大切です。それを踏まえて，「サバイバルプラン」の作成といった，現状を認めた上での具体的な対策を提供すれば，行政書士が心のよりどころの一つになり得るのではないでしょうか。

5-3 抱えている悩みと解決のヒント

はじめに「親亡き後」問題に共通する解決策（活用できる法制度）を紹介します。その上で個別的事情に即した「解決のヒント」を解説します。

第5章　面談前の準備「親亡き後」の問題編

■1 共通

「親亡き後」の心配がある子どもがいる場合，以下に示す法制度の中から最適なものをピックアップし，複数組み合わせることで対応します。法制度の基礎的な仕組みを理解し，最新の情報を入手しましょう。

ケースによっては，社会保険労務士やファイナンシャルプランナー，税理士等との連携が必要になります。行政書士がチームリーダーとなり，チームでの「サバイバルプラン」を作成していきましょう。

親亡き後問題を抱える「親自身」の対策については，①遺言作成，②任意後見契約の締結，③死後事務委任契約の締結の3セットが重要になります。判断能力低下時の財産管理と身上監護，死後の手続き・遺言執行を任せる第三者が必須であるからです。②任意後見契約については，子の生活に配慮した自己の財産処分（親の財産から子の生活費を支出すること）を契約の代理権の一つに盛り込むことが可能とされています。これにより，親が判断能力低下した際も，後見人による子の保護を図ることができるようになります。

【図表5-5】「親亡き後」問題に関連する法制度

制度	概要	関連する法律
生活保護制度	資産や能力等すべてを活用してもなお生活に困窮する者に対し，困窮の程度に応じて必要な保護を行い，健康で文化的な最低限度の生活を保障し，その自立を助長する制度。 ①生活扶助，②住宅扶助，③医療扶助，④教育扶助，⑤介護扶助，⑥生業扶助，⑦出産扶助，⑧葬祭扶助から構成されている。 ★所管省庁：厚生労働省	生活保護法 憲法第25条

266

5-3 抱えている悩みと解決のヒント

生活困窮者自立支援制度 （2015年4月制度運用開始）	経済的に困窮し，最低限度の生活を維持することができなくなるおそれがある者[注5]に対し，個々の状況に応じた支援を行い，自立の促進を図る制度（生活保護に至る前の段階での支援）。 自立相談支援，住居確保給付金の支給，勤労準備支援，家計相談支援，就労訓練，子どもの学習支援，一時生活支援から成る。 ★所管省庁：厚生労働省	生活困窮者自立支援法
成年後見制度 法定後見	既に判断能力が不十分な者に対し，家庭裁判所の審判によって後見人を付与する。後見，保佐，補助の三類型に区分される。 ★所管省庁：法務省	民法
成年後見制度 任意後見	判断能力を有しているうちに，精神上の障がい（認知症，知的障がい，精神障がい等）により判断能力が不十分になったときの後見事務について，あらかじめ任意後見人に代理権を付与する契約を結ぶ。	任意後見契約に関する法律
地域福祉権利擁護事業（日常生活自立支援事業）	認知症高齢者や知的障がい者，精神障がい者など判断能力が十分でない者を対象に，福祉サービスの利用援助を中心に，日常的な金銭管理サービス，重要書類の預かり等の支援を社会福祉協議会等で実施する。 ★所轄省庁：厚生労働省	
障害年金	病気や怪我により生活や仕事が制限されるようになった場合に，法定の基準に合致し，要件を満たすことで受給することができる。手足の障がいなどの外部障がいのほか，精神障がいやガン，糖尿病などの内部障がいも対象になる。 ※障害年金の周知度は低く，存在自体を知らない人も多い ★所管省庁：厚生労働省	国民年金法 厚生年金保険法

注5　失業者，多重債務者，ホームレス，ニート，ひきこもり，高校中退者，障がいが疑われる者，矯正施設出所者といった，複合的な問題を抱え，これまで「制度の狭間」に置かれてきた人たちを想定している。

267

第5章　面談前の準備「親亡き後」の問題編

遺族年金	国民年金又は厚生年金保険の被保険者だった者が死亡したときに，その者によって生計を維持されていた遺族が受給することができる。 ★所管省庁：厚生労働省	国民年金法 厚生年金保険法
相続対策（遺言書の作成）	遺産分割対策（紛争の抑止），財産管理対策，相続税対策としての遺言作成。	民法
信託	・福祉型信託（家族信託）の活用 ・後見制度支援信託 ・特定障害者扶養信託（特定贈与信託） ・遺言信託 ・遺言代用型信託 ・家族信託生命保険信託	信託法

（参考）うべ障害者サポートネットワーク「障害者サポートハンドブック　親亡きあとのために」(2016) p2〜p11

2 ひきこもりの子どもがいる

① ひきこもりの子に遺産を多く渡したいが他のきょうだいが納得するか不安

イ　ケース解説

　近年，ひきこもり等で経済的自立が難しいきょうだいのケアを，親亡き後に担うことへの危機感を総称した「きょうだいリスク」という言葉を耳にするようになりました[12]。

　「親亡き後」の問題は，きょうだいを含めた家族全体の懸念事項です。不安定な雇用状況にある人が増加し，きょうだいの数が減少している現代において，「家族の支え合い」だけでは対処できない問題が山積しています。

　ひきこもり等の問題で「働けない」状態にある子どもの場合，親の遺産分割協議の際に他のきょうだいから生活態度や就労していないことを非難され，「特別受益があるのだから，相続分はないはずだ」といった主張をされる可能性があります（民903①②）。きょうだい同士の対話が難しく，相続人全員で行わなければならない遺産分割協議の場にひきこもりの子が同席でき

268

ないことも考えられます[13]。

ロ　解決のヒント

　「きょうだいリスク」を最小限にするには，親が健在のうちにひきこもりの子のサバイバルプランを立て，他のきょうだいに説明しておくことが大切です。具体的な対策に遺言書の作成が挙げられますが，自筆証書遺言ではなく，公正証書遺言がベストです。

　自筆証書遺言書保管制度[注6]を利用していない自筆証書遺言の場合，検認の手続きが必要です。ほとんどの場合，ひきこもりの子が検認手続に関わることは難しいと考えられます。

　また，ひきこもりの子が他のきょうだいから「特別受益」を主張され，言われるがままに「相続分なきことの証明書（特別受益証明書）」に署名・押印してしまう可能性もあります。遺言書で「持ち戻し免除の意思表示」をしておくとよいでしょう（民903③）。

　遺言の多くは，ひきこもりの子に法定相続分以上の遺産を渡す内容になります。他のきょうだいに対し，付言で「不平等な相続分の指定となることへの理解を求め，ねぎらいの気持ちを伝える」といった工夫も必要です[14]。

　さらに，行政書士が遺言執行者に指定された場合は，被相続人が遺言に込めた思いを説明するなど，紛争予防スキルが問われます。一方で，執行の際には各相続人の感情に巻き込まれず，淡々と執行していく姿勢も大切です。

　ひきこもりの子どもご本人とコミュニケーションを取れる場合は，遺言作成に関わった行政書士から，死後の手続きについて事前にレクチャーしておくことも有益です。その際には，生活に困窮しても，生活保護法や生活困窮者自立支援法による福祉的支援があるという情報を提供し，「もしものときも何とかなる」というメッセージを伝えることも大切になります。

注6　2020（令和2）年7月10日からスタートした制度。全国312か所の法務局で利用可能。遺言書保管所に自筆証書遺言を預けることで検認手続が不要になる。

第5章　面談前の準備「親亡き後」の問題編

❸ 障がいを持った子どもがいる

① 両親の死後にきちんと財産を管理できるだろうか

　障がいを持った子どもの「親亡き後」対策には，福祉型信託（高齢者や障害者の財産の保全・運用を目的として信託を設定すること）が有効です。信託とは，受託者が委託者から移転された財産について，信託契約に基づき，一定の目的に従って財産の管理・処分及びその他の当該目的の達成のために必要な行為をすることです。一人では安全に財産を管理するのが難しい子どもの場合，財産の散逸や，悪徳業者から騙されるといった様々なリスクがあります。

　「親亡き後」対策は，福祉型信託だけでなく，成年後見制度の利用，遺言書の作成を勧めるなど，複数の対応策を組み合わせて提示する必要があります。信託の場合，受託者が管理する生活資金を本人（受益者）に交付するまでが基本的な契約内容です。一般的に受託者は身上監護は行いません。それぞれの制度のメリット・デメリットを整理し，必要に応じて組み合わせて利用することが大切です。

▶【図表5-6】「親亡き後」問題の対応策別メリット・デメリット

	根拠法	メリット	デメリット
遺言	民法	内容が公にならない。遺言執行者を指定できる。	遺言の撤回や遺産分割協議（全員が同意した場合）により，遺言内容がすべて反故になる可能性がある。
成年後見制度	民法　任意後見契約に関する法律	既に判断能力がない場合にも利用できる。後見人による「身上監護」が可能。公的な監督がつく。	本人の財産の「運用」や第三者への「活用」が認められていない。

270

信託	信託法	本人の財産を第三者に活用できる。判断能力低下後も信託財産は裁判所等の規制を受けない。	判断能力が低下した際の「身上監護」ができない。信託の登記情報は第三者が無制限に閲覧できるため，信託の利用が公になる。

(参考) 遠藤英嗣『新訂 新しい家族信託』(2016)

　信託は，遺言における負担付き遺贈や，成年後見制度の利用だけではカバーできない点を補完する制度でもあります。福祉型信託は，「後見的な財産管理」を可能にするため，「第三の成年後見制度」[15]ともいわれています。例えば，親を委託者・第一受益者，親族等を受託者とし，親の死亡後は障がいを持った子どもを第二受益者とすることで，二世代に渡る財産管理が可能になるのです (受益者連続信託)。福祉型信託は，以下の機能を持っています[16]。

・受益者（障がいを持った子ども）に遺す財産を長期にわたって確実に管理し，受益者への給付を確保できる

・受益者保護制度（受託者への監督機能）が整っている

・「後継ぎ型遺贈」[注7]が可能

　信託の受託者は，業として行う場合には信託銀行等に限られます。民事信託 (家族信託) のスキームを組む場合は，「誰が受託者として財産を管理するのか」という問題をクリアしなければなりません。受託者を本人のきょうだいとする場合は，その負担とバーンアウトのリスクも考える必要があります。さらに，専門家へのコンサルティング報酬が高額であるため，ハードル

注7　後継ぎ型遺贈：信託財産から生ずる利益を最初に受ける人（第一受益者）を決めるだけでなく，第一受益者が死亡した場合，次に信託財産から生ずる利益を受ける第二受益者を定めることができる。

第5章　面談前の準備「親亡き後」の問題編

は低くありません。

　また，福祉制度や行政の相談機関の情報収集も大切です。ひきこもりの子ども同様，必要に応じて社会保険労務士やファイナンシャルプランナー，行政の福祉窓口の担当者等とチームを組み，長期的に有効な「サバイバルプラン」作ることが必要です。

【図表5-7】各対策の概要

	（家族）信託契約	法定後見	任意後見契約	遺言
役割	第三者に財産を託して，管理<u>活用</u>→本人の生活を守る＆承継させる＝財産管理承継機能	本人の判断能力低下<u>後</u>，親族等の申立てにより後見人をつけ，全財産の財産管理・身上監護を行う	判断能力低下時に<u>備え</u>，契約能力がある時期に，希望する後見人と契約を締結しておく	相続財産の帰属先指定
書面作成者	委託者と受託者	審判申立てによる	委任者と受任者	遺言者
所有権移転	<u>受託者</u>名義	本人名義のまま		死亡後受遺者に移転
身上監護	なし	あり		————
監督機関	定めによる信託監督人・受益者代理人等	裁判所後見監督人	任意後見監督人	————
報酬	定めによる	裁判所が決定	定めによる任意後見監督人に報酬は裁判所が決定	定めによる（遺言執行者に対して）
効力発生	信託契約締結時	審判確定時	任意後見監督人選任申立て時	遺言者の死亡時
終了時期	定めによる死亡後も第三者のために存続可能	本人死亡時・判断能力回復時その他事由は民法による		法定の執行期限はなし
倒産隔離	あり	なし		

272

② どのタイミングで障がいを持った子どもに成年後見人をつけるべきか

イ　ケース解説

　子どもに成年後見制度の利用が必要なケースには，知的障がい等で判断能力に不安があるケースや，統合失調症を抱えているケースなどが考えられます。判断能力の面で不安のある子どもの場合，親が健在である間は大きな問題は起きません。しかし，親自身の判断能力の低下時や死後には，子どもは重要なキーパーソンを失うことになります。そのため，相談者である親の立場としては，「親が元気なうちは自分たちが面倒をみたい。しかし，いつかは子どもに後見人が必要だとすると，そのタイミングはいつなのだろう？」と悩んでいるケースが多いです。

　スタンダードな手段である「法定後見」の利用については，デメリットもあります。あまりに早い段階で法定後見を利用すると，子どもの生涯に渡って後見人への報酬が必要となり，金銭的負担が大きくなります。さらに，一度選任された後見人を解任することは容易ではないため，子どもや親と信頼関係の構築ができなかった場合，関係性に問題を抱えたまま後見が継続することになります。法定後見の利用については，拙速に判断するべきではないと考えます。

ロ　解決のヒント

　どのタイミングであっても，法定後見を利用する場合は，事前に「後見人候補者」[注8]を決めて，申立することが望ましいと考えます。さらに，後見人が意思決定支援をする際の参考資料として，子どもの選好や特性等の記録を作っておくことが重要です。

注8　ただし，後見人は家庭裁判所が職権で選任するため，必ずしも希望する者が後見人に就任するとは限らない（民843①）。

第 5 章　面談前の準備「親亡き後」の問題編

【図表 5-8】記載事項の例

```
＜子どもの基本情報＞
        プロフィール
        生育史
        預貯金等の財産目録
        重要書類の保管場所
        かかりつけ医・利用施設
        支援者リスト
＜子どもの特性＞
        趣味・好きなこと
        好きな食べ物・嫌い食べ物
        コミュニケーション上の工夫
        生活スケジュール
```

　以下では，成年後見制度の利用方法とタイミングについて，4 つのパターンに分けて考察します。親亡き後問題のケースで行政書士が受任者になる際は，長期的支援が必要となるため，子どもと受任者の年齢差も考慮しなければなりません。予備的任意後見受任者[注9]（リレー方式）を定めておいたり，複数の者を任意後見受任者[注10]とするといった工夫が必要です。親・子どもの二世代にわたる長期的支援になることが多い点を考えると，受任者を法人とすることも有益だと考えます（法人後見）。行政書士自身が受任者とならない場合も，委任者と受任者の任意後見契約締結支援（文案作成）を行うことが可能です。

注 9　順位付けの登記は認められておらず，第一順位の受任者と第二順位の受任者それぞれと任意後見契約を締結する必要がある。実務では，第二順位の契約には特約を設けることが多い。

注 10　複数の者を任意後見受任者とする場合は，後見事務を分掌するか否か，権限を単独行使とするか共同行使とするかを定めておく必要がある。

274

5-3 抱えている悩みと解決のヒント

【Point 条項】

（契約の発効）

本契約のうち，甲乙間の契約は，乙が家庭裁判所に対し，乙について任意後見監督人の選任を請求し，任意後見監督人が選任された時からその効力を生ずる。

なお，甲丙間の契約は，乙の死亡又は病気等により，乙の任意後見人としての職務の遂行が不可能もしくは困難となった時に，丙が家庭裁判所に対し，丙について任意後見監督人の選任の請求をするものとし，任意後見監督人が選任された時からその効力を生ずる。

【図表 5-9】成年後見制度の利用パターン比較

	1　両親が判断能力を失ったときを想定し，任意後見契約を締結する
概要	すぐに子どもに後見人をつけたいわけではない 委任者：親／受任者：行政書士等の第三者
Point	親が締結する任意後見契約の「代理権目録」に「子どもの法定後見申立て」権限を入れる
	2　両親が健在であるときに，子どもの後見人候補者を選んでおく
概要	両親の任意後見契約締結までは考えておらず，すぐに子どもに後見人をつけたいわけではないケース
Point	行政書士を後見人候補者とする場合，申立てタイミングを親と共に見計らいながら継続的に関わりを持つ 申立てまで時間の猶予がある場合は，親・子どもが繋がっている社会資源先に顔を出し，関係性を構築しておく
	3　子ども自身と任意後見契約を締結する
概要	子どもが契約内容を理解できる程度の意思能力を有していれば，即効型（契約後すぐに効力を発生させる方法）・将来型での任意後見契約を締結することができる 委任者：子ども／受任者：行政書士等の第三者

第5章　面談前の準備「親亡き後」の問題編

Point	子ども自身が理解しやすい文章，資料（図示したスライド）等を活用し，面談に時間をかけながら契約締結支援をする 「おひとりさま」の依頼者同様，ライフプランシートの作成と信頼関係構築に時間を割く
4　子どもが未成年のうちに，親を法定代理人として（子どもの）任意後見契約を締結する	
概要	親権者である親が法定代理人となり，子に代わって任意後見契約を締結する 委任者：未成年の子ども（法定代理人：親）／受任者：行政書士等の第三者
Point	自己決定の尊重を理念とする任意後見制度の趣旨に反するという説もある 成人した子どもには，任意後見契約を解除する自由がある

（参考）遠藤常二郎・冨永忠祐編著『遺言と任意後見の実務』2020，三協法規出版

276

引用・参考文献

第 5 章

(1) 畠中雅子『高齢化するひきこもりのサバイバルプラン』2012，近代セールス社

(2) 石川良子／林恭子／斎藤環『「ひきこもり」の 30 年を振り返る』2023，岩波ブックレット，p29

(3) 新井誠／赤沼康弘／大貫正男『成年後見制度』2014，有斐閣

(4) 外務省「障害者の権利に関する条約」https://www.mofa.go.jp/mofaj/fp/hr_ha/page22_000899.html

(5) 内閣府「障害を理由とする差別の解消の推進」https://www.cao.go.jp/press/new_wave/20230331_00008.html

(6) 厚生労働省「障害者自立支援法違憲訴訟に係る基本合意について」参照

(7) 意見決定支援ワーキング・グループ「意思決定支援を踏まえた後見事務のガイドライン」p3-4

(8) 畠中雅子『高齢化するひきこもりのサバイバルプラン』2012，近代セールス社

(9) 石川良子『ひきこもりの＜ゴール＞「就労」でもなく「対人関係」でもなく』2007，青弓社，p237

(10) 石川良子『ひきこもりの＜ゴール＞「就労」でもなく「対人関係」でもなく』2007，青弓社，p238

(11) NHK「クローズアップ現代」2017 年 5 月 22 日

(12) 朝日新聞 2018 年 2 月 19 日

(13) 森公任／森元みのり／酒田素子『心の問題と家族の法律相談』2017，日本加除出版

(14) 畠中雅子『高齢化するひきこもりのサバイバルプラン』2012，近代セールス社

(15) 遠藤英嗣『新しい家族信託』2016，日本加除出版，p33

(16) 雨宮則夫／寺尾洋『Q&A 遺言・信託・任意後見の実務』2015，日本加除出版

第6章 面談前の準備「ひとり親家庭」編

　「ひとり親」であるシングルマザーやシングルファザーが，行政書士のもとに自ら相談に訪れる場面は限られています。行政書士と出会うのは，離婚協議書の作成（離別）や相続手続（死別）のタイミングが多いでしょう。その機会を逃さずに，ひとり親となった後の困りごとを先取りし，相談者の「その後」を見越した助言をすることが重要です。

　行政書士法の第1条には，「行政に関する手続の円滑な実施に寄与し，あわせて，国民の利便に資すること」が目的として掲げられています。ひとり親家庭の当事者には，法制度や福祉サービスへのアクセスに困難を抱える人が多く見られます。申請主義の行政手続を円滑に活用できるよう支援することも，「国民と行政」の橋渡しである行政書士の重要な仕事です。

【図表6-1】第6章の流れ

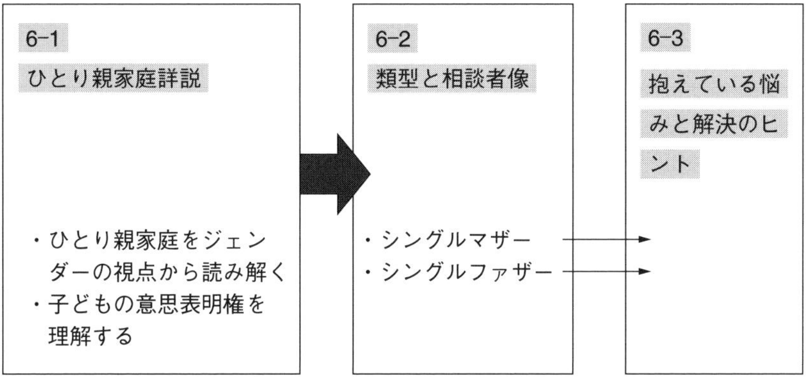

6-1 ひとり親家庭詳説	6-2 類型と相談者像	6-3 抱えている悩みと解決のヒント
・ひとり親家庭をジェンダーの視点から読み解く ・子どもの意思表明権を理解する	・シングルマザー ・シングルファザー	

第6章　面談前の準備「ひとり親家庭」編

6-1　ひとり親家庭詳説

　ここでは「ひとり親家庭」をジェンダーの視点から見ていきます。調査データを紹介しながら，母子家庭・父子家庭別の「就労率」「世帯構成」「困りごと」を解説します。

■1 ひとり親家庭のジェンダー差

　ひとり親家庭が抱える困難をデータで見ると，シングルマザーとシングルファザーそれぞれの特徴があることがわかっています。以下では，厚生労働省の「令和3年度全国ひとり親調査」の調査結果をもとに，ひとり親家庭の実態や相談者像をイメージできるよう，データを読み解いていきましょう。

①　ひとり親家庭の就労率の変化

　ひとり親世帯になる前と後（調査時点）の就労状況は，母子家庭と父子家庭では大きく異なります。母子家庭の場合は，ひとり親家庭になったことで働き出す人が多いのに対し，父子家庭の場合は，就労率が減少する傾向にあります。

　就労と家事育児の両立は，ひとり親家庭においては特に難しい問題です。母子家庭の場合は，収入を増やすことが課題になります。父子家庭の場合は，それまでの長時間労働と家事育児の両立が難しく，時間に融通が利く仕事に転職するケースも少なくありません。また，ケア労働が母に偏っていた家庭の場合は，慣れない家事スキルの修得も課題です[1]。

280

【図表6-2】母子世帯・父子世帯別就労率の変化

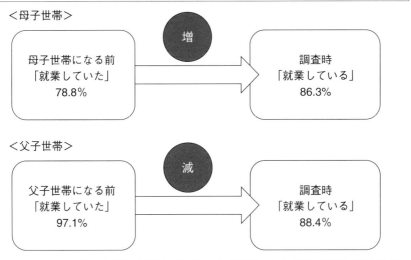

(参考) 厚生労働省「令和3年度全国ひとり親世帯等調査結果報告」

② ひとり親家庭の世帯構成

　母子世帯の場合，子ども以外の同居者がいる世帯は35.2%で，24.7%が親と同居しています。父子家庭の場合は，46.2%の世帯で子ども以外の同居者がおり，その内34.3%が親と同居しています。このことから，父子家庭は母子家庭に比べ，親族からの支援を受けている家庭が多いことがわかります。

　ひとり親家庭の場合，子どものタイムスケジュールに合わせた働き方を選択する必要がある家庭がほとんどです。しかし，多くの企業は子育てを最優先させることが収入の減少に直結するシステムになっています。そのため，母子世帯，父子世帯ともに親族支援の有無，就労環境に生活が大きく左右されます。同居者がいない場合，母子家庭・父子家庭ともに，生活を維持する収入の確保と日常的な家事・ケアを親がひとりで担うことになります。

③ ひとり親が困っていること

　困っていることの内訳も，シングルマザー，シングルファザーで違いがあり

ます。

シングルファザーの場合「家事」に困っている人は 14.1 ％で，家事スキルのジェンダー差が浮き彫りになっています。シングルマザーの場合は「家計」「仕事」に困っている人が多く，賃金や労働条件の面で，女性が男性と比べ困難な状況に置かれていることが背景にあると考えられます。

父子家庭の調査を行う浅沼裕治は，父子家庭の特徴として，「家計の支え手として就業を継続することに加え，一般的に，ひとり親となる前に希薄であった家事の主体的な遂行と，子どもを育むケアの支え手としての役割を同時に期待されている」[2]ことによる困難を指摘しています。

▶【図表 6-3】母子世帯・父子世帯別の困りごと

＜母子世帯＞

最も困っていること
1 家計 （49.0%）
2 仕事 （14.2%）
3 自分の健康 （10.7%）
4 住居 （9.4%）
5 その他 （6.8%）
6 親族の健康・介護 （6.7%）
7 家事 （3.0%）

＜父子世帯＞

最も困っていること
1 家計 （38.2%）
2 家事 （14.1%）
3 自分の健康 （11.8%）
4 仕事 （11.4%）
5 親族の健康・介護 （10.9%）
6 その他 （8.9%）
7 住居 （4.7%）

(参考) 厚生労働省「令和 3 年度全国ひとり親世帯等調査」

2 子どもの意思の尊重

ひとり親家庭の援助では，子どもの福祉への視点を心に留めておく必要があります。

2016 (平成 28) 年の児童福祉法の改正では，すべての子どもについて，福祉が等しく保障される「権利の主体」であると明記されました (児童 1)。さらに国民は，子どもが社会のあらゆる分野で，年齢や発達に応じて意見が尊重されるよう努めなければならないとしています (児童 2 ①)。2022 (令和 4) 年には，

子どもに関する施策の基本理念を定めた「子ども基本法」が制定され，2023（令和5）年には，「こども家庭庁」が発足するに至りました。

1989（平成元）年に国連で採択された「子どもの権利条約」では，子どもの権利主体性が確認され，子どもの「意見表明権」が保障されています。二宮周平の整理によれば，意見表明権には，①子の利益を確保する，②子の人格独立性を保障するという二つの側面があります。否応なく「親の事情」に巻き込まれる子どもに対し，「子自身が自分の声で自分の気持ちを語ること」[3]の機会を確保することが必要です。

離婚協議書の作成やひとり親の「親亡き後対策」の相談場面では，子どもが同席することもあります。「子どもだからわからない」と決めつけることなく，同席することへの負担感を確認した上で，必要に応じて年齢に応じた法制度の助言をすることが重要になります。

二宮は，「子どもの意見表明の前提として，子に適切な形で情報が伝えられていることが必要」[4]であると指摘します。以下に，子どもに伝えたい必要な情報を整理します。

心理的なサポートに関する情報
①　親の離婚は自分のせいではないこと ②　両親がやり直す可能性はないこと ③　親を守るのは子どもの役割ではないこと ④　親は自分を見捨てていないこと ⑤　別居した親も親であり，親子として交流できること ⑥　親の離婚を経験するのは自分だけではないこと
法的な情報
①　親が離婚する場合の手続き ②　家庭裁判所や家族の法律の仕組み ③　裁判官・弁護士・調停委員・調査官など専門家の役割 ④　DVや児童虐待への対応

(参考) 二宮周平『家族法』2018，サイエンス社，p261-262

協議離婚が多い日本では，子どもが親以外の第三者と「離婚」に関して話す機会は限られるでしょう。だからこそ，離婚協議書の作成等の相談場面は，子

第6章　面談前の準備「ひとり親家庭」編

どもにとって情報を得る貴重な機会になります。子どもが同席していない場合も，相談者である親に対して，子どもにも年齢に応じた情報提供が必要であることを助言すると良いでしょう。

　二宮らが作成した『子どものためのハンドブック　親の別居・親の離婚』には，「いい大人」を見分けるポイントとして，「①あなたの話をちゃんと聞いてくれること，②どっちの親の悪口も言わないこと，③あなたにあれこれしたり，ああしろこうしろと指図をしないこと」(5)が挙げられています。子どもに「話せる大人」と感じてもらうために心がけたい姿勢です。

☑ ここが受任の　｜ **「自己責任」ではない**
　　ポイント⑦

　シングルマザーやシングルファザーの中には，現在の苦しい生活状況を「自己責任」と考え，SOS を出せない人がいます。背景には，社会保障制度を利用することへの「バッシング」等，社会の不寛容があります。セーフティーネットである社会保障制度の利用は「権利」です。行政書士も人権視点を持った支援が求められます。

6-2　類型と相談者像

　まず「ひとり親家庭」になった理由ごとの相談者像を紹介します。その上で「シングルマザー」「シングルファザー」別の傾向を解説します。傾向を念頭に置きつつも，相談者一人一人異なるニーズを丁寧に聞き取ることが大切です。

■1 共通

　母子・父子自立支援員等を対象とした厚生労働省の「ひとり親家庭支援の手引き」では，「ひとり親家庭全体に共通する汎用性のある課題，ひとり親家庭の個別状況により異なる課題」(6)を考慮する必要性を指摘しています。ひとり親になった理由に応じた支援のポイントを以下に引用します。

　困難を抱えている時期は，物事の優先順位をつけられなかったり，手続きの

284

締切を失念したりといった混乱が起きることがあります。「今やるべきこと」「優先順位」「手続きの流れ」を共に確認し，疲弊した心理状態に寄り添う姿勢が重要になります。

【図表6-4】理由別ひとり親家庭の支援のポイント

理由	特性	支援のポイント
離婚	離婚手続等による消耗 住居の問題が切実 元配偶者等とのあつれき 子どもへの遠慮 DVやモラルハラスメント被害に遭っていた場合の精神的・身体的負担	子どもの年齢による面会交流・養育費，DVなどへの考慮 公営住宅や母子生活支援施設[注1]入所への支援
死別	死別による悲しみ 死後の様々な手続きによる消耗	グリーフケア（悲しみから立ち直れるよう寄り添った支援）
未婚	認知手続等による消耗 実家との関係 子どもへの遠慮	周囲の支援者の有無の確認 妊娠・出産の受けとめ 子どもの認知，養育費，育児支援

(参考) 厚生労働省雇用均等・児童家庭局家庭福祉課母子家庭等自立支援室「ひとり親家庭支援担当課職員向け ひとり親家庭支援の手引き」(2016) p10 表（一部加筆）

2 シングルマザー

シングルマザーの場合，ひとり親家庭になった要因によって抱えている困難が大きく異なります。

例えば，婚姻せずに出産した非婚（未婚）のシングルマザーの場合や前夫のDVやモラルハラスメントが原因で離別した場合は，多大な肉体的・精神的負担により，うつや依存症等，健康面に問題を抱えていることもあります。

シングルマザーの場合，シングルファザーに比べ相談支援に関する情報も多

注1　母子生活支援施設：児童福祉法第38条に定められた施設。18歳未満の子どもを養育している母子家庭や，何らかの事情で離婚できず，母子家庭に準ずる状態にある家庭の女性が子どもと一緒に利用できる施設。

第6章 面談前の準備「ひとり親家庭」編

く，既にひとり親家庭の当事者会や勉強会等に出席している人もいます。しかし，男女の収入格差があり，母子家庭の貧困問題が顕著であることからも，生活のために激務に耐え，情報収集にまで手が回らないことも考えられます。ケースに応じて行政窓口・支援団体を紹介し，遺言や信託といった「親亡き後」に備える助言が必要になります。頑張りすぎによる「燃え尽き」を防ぎ，心のゆとりを生み出す解決策の提供が求められます。

3 シングルファザー

　シングルファザーの多くは，「ひとり親家庭」を対象とする公的な支援に繋がっていないと言われています。ひとり親家庭の支援は「母子家庭が対象で，父子家庭に対するサポートはない」[7]との誤解から，公的支援への期待度が低いケースも見受けられます。その背景には，これまでひとり親家庭への支援の多くが母子家庭を対象とするものであり，父子家庭は経済的支援へのニーズが低いという認識があったことが考えられます。これに関しては，2006（平成18）年の児童扶養手当法一部改正以降，国の施策は父子家庭を含めた支援にシフトチェンジしています。

　これまでは，シングルファザーの困りごとは家事育児であり（p281「**6-1** **1** ③ひとり親が困っていること」参照），家計や就労に関する問題は大きくないとされてきました。しかし，ひとり親家庭の支援活動を行う赤石千衣子は，シングルファザーの「シングルマザー化」を指摘しています[8]。シングルファザーもシングルマザー同様非正規雇用が増え，年収の減少がみられるのです。シングルファザーにとって，今後はよりいっそう公的支援に繋がることが重要となるでしょう。

　さらに，父である男性が，「男性は自力で何とかするべき，弱音をはくべきではない」といった強固なジェンダー規範を持つ場合は，配偶者を亡くした際のジェンダー差（p69「**2-1** **1** 1 ジェンダー視点でおひとりさまを捉えると？」参照）と同様に，SOS を出すことが困難となります。

286

6-3　抱えている悩みと解決のヒント

　行政書士としては，「困る前の情報提供の場」として，離婚協議書の作成や相続手続き等の機会を利用しましょう。公的支援への橋渡しや情報提供に努め，シングルファザーが支援制度を利用してもよい（利用したい）と思える素地づくりをしておくことが重要です。

Column 14
養育費の徴収率

　日本において，離別した子どもへの養育費の支払い率は決して高くありません。2021（令和3）年の全国母ひとり親世帯等調査によると，養育費について取決めをしていると答えたシングルマザーは 46.7% でした。養育費を受けているシングルマザーは 28.1% です。

　シングルファザーにいたっては，取り決めをしている人は 28.3%，受けている人は 8.7% でした。養育費の未受給は，貧困問題と密接に結びついています。特に，平均就労年収が低い母子家庭にとっては，養育費の有無は，生活状況を左右する重要な問題です。

　養育費の徴収率の低さを問題視し，国も様々な取組みをしています。2007（平成19）年には，「養育費相談支援センター」が設置され，各自治体に相談員が配置されるようになりました。2011（平成23）年の民法改正では，子どもの面会交流と養育費の分担が明文化されています（民766）。非婚の場合も，離婚の場合も，父母は未成熟子に対して扶養義務があります（民877①）。「子の権利」を守るためにも，離婚時に養育費の取り決めを公正証書で作成することの重要性を伝えていきましょう。

6-3　抱えている悩みと解決のヒント

　以下では，「ひとり親家庭」に関する法制度を紹介します。年金等の手続きは社会保険労務士業務ですが，公的制度の仕組みについては，基礎知識として押さえておくことが業務の助けになります。

第 6 章　面談前の準備「ひとり親家庭」編

■1 共通

①　利用できる公的制度について知りたい

　ひとり親家庭の支援制度は多岐にわたります。支援サービスを受けるための申請は煩雑です。以下に，主な公的支援を①子育て・生活支援，②就業支援，③経済的支援に分類して整理します。

▶【図表 6-5】ひとり親家庭の支援制度

	制度名	窓口	※
子育て・生活支援	ひとり親家庭等生活向上事業（相談／情報交換／地域生活支援）	都道府県・市区町村の担当課	●○
	ひとり親家庭等日常生活支援事業		●○
	公営住宅への入居	市区町村の担当課	●○
	母子生活支援施設 ※児童（18 歳未満）とその保護者（母）が対象	居住地の福祉事務所	●
就業支援	母子家庭等就業・自立支援事業（就業支援／就業支援講習会／就業情報提供／在宅就業推進／就業環境整備支援）	住民票のある都道府県・市区町村の担当課	●○
	母子・父子自立支援プログラム策定事業	住民票のある都道府県・市区町村の福祉事務所等	●○
	ひとり親家庭高等職業訓練促進貸付事業（入学準備金／修学準備金／住宅支援資金貸付）	都道府県・指定年の担当課	●○
	ひとり親家庭高等学校卒業程度認定試験合格支援制度	住民票のある都道府県・市区町村	●○
	自立支援教育訓練給付金		
	高等職業訓練促進給付金		

経済的支援	児童扶養手当 ※ H22〜父子家庭にも支給	住民票のある自治体の福祉課・子育て支援課	●○
	児童手当		●○
	特別児童扶養手当		●○
	障害児福祉手当		●○
	遺族基礎年金 ※ H26〜父子家庭にも適用	住民票のある自治体の保険年金課・年金事務所	●○
	遺族厚生年金	年金事務所	●○
	ひとり親家庭等医療費助成	住民票のある市区町村の担当窓口	●○
	母子父子寡婦福祉資金貸付金		●○
	母子家庭等就業・自立支援事業（養育費）		●○

※●：母子家庭が利用できる ○：父子家庭が利用できる

　現在は，ほとんどの公的支援を父子家庭も受けることができます。2012（平成24）年には「母子家庭の母及び父子家庭の父の就業の支援に関する特別措置法」が制定され，「ひとり親支援＝母子家庭支援」というステレオタイプから脱しつつあります。

　これまで「未婚」のひとり親が除かれていた経済的支援も，すべてのひとり親家庭に対して公平な税制を実現する観点から見直しが行われました。これにより，令和3年度以降の所得所得税・住民税においては，すべてのひとり親に「ひとり親控除」が適用されることになります。

　行政書士が離婚協議書作成に携わる場合は，「その後」の生活について相談を受けることがあります。ひとり親家庭への支援・サービスは自治体ごとに異なるため，最新の情報を提供し，ひとり親家庭になってからの安心をサポートすることが大切です。

　また，「ひとり親家庭」の場合は「親亡き後」の不安も大きくなります。子どもが未成年の場合はなおさらです。そのような切実な不安には，遺言や信託が

第6章　面談前の準備「ひとり親家庭」編

有効です。第5章の「親なき後問題」も参考にしてください。

② 未成年の子どもを残してひとり親が亡くなり親権者が不在になった場合に子どもはどうなるのか

離婚後親権者（法定代理人）であった親が死亡したときは，未成年の子どもに対して未成年後見が開始します。未成年後見は，親権と同様に身上監護と財産管理の役割を果たす制度です。未成年後見人は，未成年者の監護教育，居所の指定，懲戒及び営業許可等について，親権者と同一の権利義務を有します。職務の遂行にあたっては，未成年者の心身の状態及び生活の状況に十分に配慮することが求められており，財産管理については，善管注意義務が課されています。

未成年後見の開始事由には以下が挙げられますが，「開始する」とは，「未成年後見人を置くべき状況が生じたこと」[9]をいうに過ぎません。つまり，後見が開始しても，事実上は親族や施設長等が親権を代行していることが多く，必ず未成年後見人が指定されるわけではないのです。

【未成年後見の開始事由】

> 未成年者に対して親権を行う者がないとき，又は親権を行う者が管理権を有しないとき（民838①一）
> ・単独親権者の死亡
> ・親権喪失・停止
> ・親権者の辞任
> ・親権者の成年後見開始の審判

離婚後の単独親権者の死亡は，一方の実親が生存していても，未成年後見の開始事由（親権を行使するものがいないとき）に当たります。未成年者に対して最後に親権を行う者は，遺言によって未成年後見人を指定することができます（民839②）。「指定未成年後見人」の場合，家庭裁判所の選任手続は必要ありま

290

6-3　抱えている悩みと解決のヒント

せん。未成年被後見人又はその親族その他の利害関係人の請求によって，家庭裁判所が選任する「選定未成年後見人」と異なり，速やかに職務に取り掛かることができます。

【Point 条項】

（未成年後見人の指定）

　遺言者は，未成年者である◆◆◆◆（○年○月○日生）の未成年後見人として，次の者を指定する。

住　　　所　未成年後見人の住所
職　　　業　未成年後見人の職業
氏　　　名　甲
生年月日　未成年後見人の生年月日

2　前項に指定した未成年後見人が死亡又は未成年後見人に就任しないときは，新たな未成年後見人として次の者を指定をする。

住　　　所　未成年後見人の住所
職　　　業　未成年後見人の職業
氏　　　名　乙
生年月日　未成年後見人の生年月日　　※未成年後見監督人も同様に指定可能

　以下の比較表にあるように，未成年後見制度の特徴的な点は，後見人に関する証明が未成年被後見人の戸籍の記載であることです。当該戸籍には，後見人の「氏名（戸籍筆頭者の氏名を含む）」と「本籍」が記載されます[注2]。

注2　法人の場合は，戸籍への記載は「法人名」と「法人住所」となる。

第6章　面談前の準備「ひとり親家庭」編

【図表6-6】成年後見制度と未成年後見制度の比較

	成年後見制度	未成年後見制度
選任手続	①家庭裁判所が職権で選任する ②成年後見人が欠けたとき ▶家庭裁判所が，一定の者の請求又は職権で選任	未成年後見人の指定がない／欠けたとき ▶家庭裁判所が，一定の者の請求により選任（民840①，841）
後見人の指定	不可	可能▶遺言による指定（民839②）
法人後見	可能	
複数後見	可能	
後見人の欠格事由	×未成年者 ×家庭裁判所で免ぜられた法定代理人，保佐人又は補助人 ×破産者 ×被後見人に対し訴訟をし，又はした者並びにその配偶者及び直系血族 ×行方の知れないもの（民847）	
後見人の辞任	可能▶正当な事由＆家庭裁判所の許可が必要（民844）	
後見人の解任	可能	
後見人に関する証明	成年後見登記事項証明書	未成年者の戸籍謄本等
終了事由 （絶対的終了）	被後見人の死亡 後見等開始審判の取消し	未成年被後見人の死亡 未成年被後見人の成年到達 養子縁組

　遺言で未成年後見人に指定された場合，後見人は，就任後10日以内に，未成年者・後見人の所在地のいずれかの市区町村役所に「未成年者の後見届」を届け出なければなりません（戸81・82・84・85）。家庭裁判所に対しては，未成年者の財産を調査し，1か月以内に財産目録を作成し，収支予定を立てる必要があります（初回報告）。

292

6-3　抱えている悩みと解決のヒント

【図表 6-7】未成年者の後見届

<table>
<tr>
<td rowspan="3" colspan="2">未 成 年 者 の
後　見　届

令和　　年　　月　　日届出

　　　　　長 殿</td>
<td colspan="2">受 理 令和　年　　月　　日
第　　　　　　　号</td>
<td>発 送 令和　年　　月　　日</td>
</tr>
<tr>
<td colspan="2">送 付 令和　年　　月　　日
第　　　　　　　号</td>
<td>　　　　　長 印</td>
</tr>
<tr>
<td>書類調査</td>
<td>戸籍記載　記載調査</td>
<td></td>
</tr>
</table>

<table>
<tr>
<td rowspan="2" colspan="2"></td>
<td colspan="2">後 見 を 受 け る 人</td>
<td colspan="2">後見（後見監督）をする人
□未成年後見人　　□未成年後見監督人</td>
</tr>
<tr>
<td>（ よ み か た ）</td>
<td></td>
<td></td>
<td></td>
</tr>
<tr>
<td rowspan="6" colspan="2"></td>
<td>氏　　　　名</td>
<td>氏　　　　　　名</td>
<td>氏　　　　　　　　名</td>
<td>氏　　　　　　　　　名</td>
</tr>
<tr>
<td>生 年 月 日</td>
<td colspan="2">年　　　月　　　日</td>
<td>年　　　月　　　日</td>
</tr>
<tr>
<td>住　　　　所
［住民登録をして
　いるところ　］</td>
<td colspan="2"></td>
<td></td>
</tr>
<tr>
<td rowspan="2">本　　　　籍</td>
<td colspan="2">番地
番</td>
<td>番地
番</td>
</tr>
<tr>
<td>筆頭者
の氏名</td>
<td>筆頭者
の氏名</td>
<td></td>
</tr>
</table>

字訂正
字加入
字削除

<table>
<tr>
<td rowspan="7">届 出 事 件 の

種 別 ・ 原 因</td>
<td rowspan="3">開　始
（就職）</td>
<td>□親権を行う人がいない</td>
<td>開始　　年　　月　　日</td>
</tr>
<tr>
<td>□親権を行う人に管理権がない</td>
<td rowspan="2">就職　　年　　月　　日</td>
</tr>
<tr>
<td>□未成年後見監督人が就職した</td>
</tr>
<tr>
<td rowspan="4">終　了</td>
<td>□未成年被後見人が成年に達した</td>
<td rowspan="4">終了　　年　　月　　日</td>
</tr>
<tr>
<td>□親権者が親権（管理権）を回復した</td>
</tr>
<tr>
<td>□未成年被後見人が親権に服することになった</td>
</tr>
<tr>
<td>□未成年後見監督人の任務が終了した</td>
</tr>
<tr>
<td>そ
の
他</td>
<td colspan="3"></td>
</tr>
<tr>
<td>届 出 人 署 名
（※押印は任意）</td>
<td colspan="2"></td>
<td>印</td>
</tr>
</table>

日中連絡のとれるところ
電話（　　　　）
自宅　勤務先　呼出（　　　方）

293

第 6 章　面談前の準備「ひとり親家庭」編

　未成年後見制度は，親権の補充・延長としての位置づけであるため，いわゆる「親代わり」としての役割も期待されます。しかし，専門職が未成年後見人に就任した場合，親と同等の愛情を持ち，同居・養育をすることは想定されていません。専門職が後見人となることの意義を考えながら，いかに未成年被後見人の意思を把握するかが課題になります。

　未成年後見人は，養育者である親族や福祉関係者等の就任が適当なケースが多いでしょう。しかし，行政書士が遺言で未成年後見人に指定されるケースも考えられます。そのような場合は，文案作成の段階から遺言者・子どもと面談を重ね，就任後「できること」と「できないこと」を理解してもらうことが肝要です。

Column 15

離婚カウンセラーとの連携

　家族法務分野の行政書士は，法的紛争問題に関わらない範囲で離婚業務を扱うことがあります。離婚協議書の作成がメインの業務になりますが，個々の夫婦（同性カップルも含む）の関係性やニーズを緻密に読み取る繊細さが必要な業務です。ここでは，離婚カウンセラーとして様々なカップルの相談対応をなさっている，笠原カウンセリングルームの笠原ノリ子さんに，「離婚」をめぐるカップル問題のイロハと，士業との連携方法について，お話を伺いました。

筆者：そもそも，離婚カウンセラーとはどのようなお仕事なのでしょうか。いわゆる心理カウンセラーとの相違は，どのような部分にあるのでしょうか。

笠原さん：「夫婦の間に起きた問題や課題に焦点を当てるのが離婚カウンセリングです。そのカップルの関係性に光を当て，双方の考えや価値観を探っていく手法をとります。心理カウンセリングは，ある関係性というよりも個人に焦点を当てることが多いですし，扱う相談の幅も広いですよね。それから，ゴールが明確で，それに向かって伴走支援するというのも離婚カウンセリングの特徴です。当然，「修復」に向かうのか，「離婚」に向かうのかというゴールや，そこへの道筋は，カップルに

6-3　抱えている悩みと解決のヒント

よって異なるわけです。それをコンサルティングしながら，必要な情報を提供して
いくという側面があります。

　心理カウンセリングは「心の健やかさ」をサポートしますから，離婚カウンセリ
ングと心理カウンセリングの両方を利用する方もいらっしゃいます。精神科や士
業，探偵事務所も連携先に入りますね。こういった専門家に関する情報提供も行い
ます。誰に何を頼めば良いか，士業の使い分けなどもアドバイスします。」

筆者：離婚カウンセリングを訪れる方たちの「主訴」や困りごとに特徴はありますか。

笠原さん：「ご来所くださる方は，既に色々な努力をしてきた方なのです。それでもう
まくいかない，関係性も変わらないとなると，「相手に問題がある」「相手に解決意
思がない」と思う方が多いようで，そもそもの原因に加え，責め合う対立関係がさ
らに問題を拗らせているケースが多いのが特徴です。そうしていらした方に，客観
的なものの見方を提供し，何が起こっているかを一緒に整理していきます。自分あ
るいは相手のせいと考え，こう着状態となっているところに，本当の原因を浮き彫
にする視点転換を行っていきます。カップルの間にある対話やコミュニケーション
がどのようなものなのか，客観的に整理しながら課題を探っていきます。

　カップルの組み合わせによって起こりやすい問題や課題のパターンもあります。
一方で，「その」カップルに焦点を当てるという意識も大切にしています。100組の
カップルには，100通りの問題や課題があるので，パターンに縛られないことも大
切ですね。カウンセラー自身の先入観やスティグマが，重要な要素を取りこぼして
しまうこともあります。そこは十分注意して，「白いキャンバスに絵を描いていく」
ような気持ちでお話を伺っています。」

筆者：カップルの間にあるものをじっくりと見つめ，整理し，ゴールに向かって伴走
していく。その支援手法は，私たち行政書士も学ぶところが大いにありそうです。
行政書士が離婚カウンセラーと連携する場合，どのような役割分担ができるでしょ
うか。

笠原さん：「一口に「離婚」と言っても，クライアントの方の中には，まだ気持ちの整
理ができていない方もいるのではないでしょうか。ご自身がどのゴールに向かって
いきたいのか，離婚するのならば妥協できない条件は何なのか，その辺りを言語化
できないと，離婚協議書の作成には至りませんよね。そのようなケースでは，まず

295

第 6 章　面談前の準備「ひとり親家庭」編

離婚カウンセラーの元で気持ちの整理することをおすすめいただくと良いかと思います。」

筆者：離婚カウンセラーから行政書士（紛争性がある場合は弁護士）へという流れができると，私たちの業務も非常にスムーズに進むと思います。どの専門職にも言えることですが，「なんでも一人でやろうとしない」というのはとても大切な姿勢ですね。最後に，現在の日本において，離婚をめぐる問題にはどのような特徴や課題があると考えますか。

笠原さん：「一昔前と違って，今はみなさん平等意識を持っています。人生の選択肢も多様ですし，カップル間でもパワーバランスに偏りがないように意識している方も多いと思います。一方で，昔と変わらないと感じるのが，離婚に対する社会的なスティグマの存在です。「一度結婚したら簡単に離婚したらダメ」とか，「子どものために離婚は避けたい」とか，離婚は本来避けるべきことという強烈な意識があると思います。様々な広告メディアの影響もあり，結婚が幸せの象徴であるというイメージも強く持っています。そのギャップに苦しむ方が多いです。

　それから，昔は仲人さんがいて，困りごとが生じたとき身近に相談先が多かったと思います。今のカップルの方々は，そのようなサポートを得られない状況にありますよね。クライアントの方も，昔は 50 代 60 代が中心でしたが，今は 20 代 30 代の方々が増加しています。皆さん，本当に真摯に悩んでいるんです。

　離婚率は高まっていますが，私は「簡単に離婚を選んでいる」とは思いません。皆さん，離婚問題（カップル間の問題）が起こってからの過程が苦しくて苦しくて，その辛さから逃げるように離婚しているのです。つまり，離婚原因そのものが問題なのではなくて，問題の解決過程が苦しすぎて，本質的解決に至らないまま離婚に至っているのです。私は，カウンセラーが関わることで離婚率は下がると思っているんですよ。しなくていい離婚もありますから。」

6-3 抱えている悩みと解決のヒント

引用・参考文献

第 6 章

(1) 川崎市男女共同参画センター『シングルファザー生活実態インタビュー調査』2016, 川崎市男女共同参画センター

(2) 浅沼裕治「父子家庭への効果的な社会的支援 父親の語りによるテキスト分析から」2020, p2

(3) 二宮周平『家族法 第 5 版』2018, 新世社

(4) 同上

(5) 養育支援制度研究会『子どものためのハンドブック 親の別居・親の離婚』

(6) 厚生労働省『ひとり親家庭支援担当職員向けひとり親家庭支援の手引き』2016, p10

(7) 川崎市男女共同参画センター『シングルファザー生活実態インタビュー調査』2016, 川崎市男女共同参画センター

(8) 赤石千衣子『ひとり親家庭』2014, 岩波新書

(9) 相原佳子・石坂浩『事例解説未成年後見実務』日本加除出版社, 2018, p32

第7章 新しい家族法務の「7つのポイント」

本書では，今後行政書士に期待される「新しい5つの業務」を総体的に紹介してきました。「家族」をキーワードとして現代社会を読み解くと，様々なニーズや専門職として求められる資質が見えてきます。

多様なニーズを持つ相談者と継続的に関わる行政書士であるためには，法務の知識以外の学びも重要になります。以下では，本書のまとめとして，家族法務のプロとして業務を遂行し続けるための7つのポイントを紹介します。ぜひ参考にしてください。

■ Point 1　日頃から自分の価値観を問い直す

普段から，自分の中に「〜すべき」「普通は○○」といった決めつけがないか点検しましょう。新しい見方によって自分自身が楽になるかもしれません。私たちはいつからでも学び直すことができます。

■ Point 2　「教材」は暮らしの中にある

テレビ番組や雑誌の特集，日常会話……，実務にのぞむための教材は周囲に溢れています。「家族」に関する事柄はそれだけ話題に上りやすいのです。何気ない小さな問いも，教材として解決の道筋を探ってみましょう。日頃からアンテナを張ることが，業務遂行のトレーニングになります。

■ Point 3　「ことば」を磨く

行政書士は「ことば」のプロでありたいものです。用語の選択・表現方法には常に気を配りましょう。職業倫理が定められた専門職ゆえに，「お詫びして訂正します」では済まされないこともあります。「差別語・不快語」を学ぶ書籍を手元に置いておくと安心です。

299

第7章　新しい家族法務の「7つのポイント」

■ Point 4　知識のインプットだけに時間を費やさない

　専門知識を身につけるためには，基本書・実務書でのインプットが必須です。しかし，「頭でっかち」では実務はこなせません。当事者会・ピアサポートグループ・自助グループ[注1]や，福祉関係のイベント等に出向くなど，フィールドワークを大切にしましょう。実際に見て，聞いて，肌で感じることは，知識のブラッシュアップに役立ちます。

■ Point 5　「当事者から学ぶ」姿勢を忘れない

　専門家だからといって，依頼者の「困りごと」から生じる苦しみや生きづらさを 100% 理解するのは困難です。視点を変えて，当事者（依頼者）を「抱えている困りごとのプロ」と捉えてみましょう。ひとりひとり異なる「困りごと」を丁寧に聞き取り，そこから学ぶ姿勢が重要です。

■ Point 6　一人で抱え込まない

　実務では，専門家が導き出した方針が必ずしも当てはまらないことがあります。方針が定まらないときは，あまり頑なにならず，アドバイザーやパートナーに相談しましょう。問題が複雑化しそうなときはチーム対応が有効です。「自分が 1 人でなんとかする」という力みは，燃え尽きリスクが高まります。自分自身のための相談体制を作っておきましょう。

■ Point 7　「まさか」への許容範囲を広げる

　「事実は小説よりも奇なり」と言うように，家族に関する事柄は奥深く，「想定外」なことがよく起こります。そのような意味で家族法務は，ルーティーンで業務をこなしたい人には向かない分野かもしれません。頭と心を柔軟に保つこと，心身のケアを怠らないことが，長く仕事を続けることに繋がります。

注1　自助グループのミーティングには，オープンとクローズドなものがある。オープンミーティングの場合は，家族や支援者等「当事者」以外の参加が可能。専門職として参加する場合は，必ず事前に問合せし，許可をとりましょう。

第8章 実務に役立つ資料

8-1 テーマ別「読みたい本」

執筆にあたり参照した参考文献と，テーマをさらに深く理解する為の書籍を紹介します。

1 相談論

・小瀬古伸幸『精神疾患をもつ人を，病院でない所で支援するときにまず読む本 "横綱級"困難ケースにしないための技と型』2019，医学書院
・髙山直子『働く人のための「読む」カウンセリング』2010，研究社
・団士郎『対人援助職のための家族理解入門　家族の構造理論を活かす』2019，中央法規出版
・信田さよ子『改訂新版　カウンセリングで何ができるか』2020，大月書店
・平木典子『新・カウンセリングの話』2020，朝日新聞出版
・堀越勝『ケアする人の対話スキル ABCD』2015，日本看護協会出版会
・水澤都加佐『仕事で燃えつきないために　対人援助のメンタルヘルスケア』2007，大月書店

2 家族問題

・落合恵美子『21 世紀家族へ—家族の戦後体制の見かた・超えかた（第4版)』2019，有斐閣
・神原文子／杉井潤子／竹井美知『よくわかる現代家族　第2版』2016，ミネルヴァ書房
・阪井裕一郎『結婚の社会学』2024，筑摩書房

第 8 章　実務に役立つ資料

- 筒井淳也『結婚と家族のこれから　共働き社会の限界』2016，岩波書店
- 永田夏来／松木洋人『入門家族社会学』2017，新泉社
- 比較家族史学会『現代家族ペディア』2015，弘文堂
- 日本家政学会編『現代家族を読み解く 12 章』2019，丸善出版
- 本多真隆『「家庭」の誕生―理想と現実の歴史を追う』2023，筑摩書房

3 おひとりさま編

- 麻鳥澄江／鈴木ふみ『女の遺言』2006，御茶の水書房
- 上野千鶴子『おひとりさまの老後』2011，文春文庫
- 上野千鶴子『男おひとりさま道』2012，文春文庫
- 上野千鶴子『おひとりさまの最期』2015，朝日新聞出版
- 上野千鶴子／小笠原文雄『上野千鶴子が聞く　小笠原先生，一人で家で死ねますか？』2013，朝日新聞出版
- 岸恵美子編『セルフ・ネグレクトの人への支援』2015，中央法規出版

4 セクシュアル・マイノリティ編

- 神谷悠一『差別は思いやりでは解決しない　ジェンダーや LGBTQ から考える』2022，集英社新書
- 木村草太『「差別」のしくみ』2023，朝日新聞出版
- 「結婚の自由をすべての人に」訴訟全国弁護士連絡会『同性婚法制化のための Q&A』2024，岩波書店
- ジェンダー法政策研究所『同性婚のこれから「婚姻の自由・平等」のために法と政治ができること』2024，花伝社
- 周司あきら，高井ゆと里『トランスジェンダー入門』2023，集英社新書
- 棚村政行／中川重徳『同性パートナーシップ制度―世界の動向・日本の自治体における導入の実際と展望―』2016，日本加除出版
- 谷口洋幸／斉藤笑美子／大島梨沙『性的マノリティ判例解説』2011，信山社

8-1 テーマ別「読みたい本」

・永易至文『ふたりで安心して最後まで暮らすための本』2015, 太郎次郎エディタス
・二宮周平『性のあり方の多様性』2017, 日本評論社
・森山至貴『LGBT を読みとく―クィア・スタディーズ入門』2017, ちくま新書

5 事実婚・内縁編

・今井多恵子／板和宏展／市井恭子／安井郁子／竹下さくら『事実婚・内縁・同性婚　2 人のためのお金と法律』2015, 日本法令
・小島妙子『内縁・事実婚・同性婚の実務相談　多様な生き方を支える法律, 社会保障・税金』2019, 日本加除出版
・阪井裕一郎『【改訂新版】事実婚と夫婦別姓の社会学』2022, 白澤社
・榊原富士子／寺原真希子『夫婦同姓・別姓を選べる社会へ～わかりやすいQ&A から訴訟の裏側まで～』2022, 恒春閣
・ジェンダー法学会『ジェンダー視点で読み解く重要判例 40』2023, 日本加除出版
・下夷美幸『日本の家族と戸籍：なぜ「夫婦と未婚の子」単位なのか』2019, 東京大学出版会
・杉浦郁子／野宮亜紀／大江千束『パートナーシップ・生活と制度』2016, 緑風出版
・二宮周平『事実婚の判例総合解説』2006, 信山社

6 親亡き後の問題編

・石川良子『ひきこもりの＜ゴール＞「就労」でもなく「対人関係」でもなく』2007, 青弓社
・石川良子／林恭子／斎藤環『「ひきこもり」の 30 年を振り返る』2023, 岩波書店

303

第 8 章　実務に役立つ資料

- 石川良子『「ひきこもり」から考える―〈聴く〉から始める支援論』2021，ちくま新書
- 上野千鶴子『当事者主権』2003，岩波新書
- 遠藤英嗣『新しい家族信託』2016，日本加除出版
- 斎藤環／畠中雅子『新版　ひきこもりのライフプラン「親亡き後」をどうするか』2020，岩波書店
- 堺泉洋『地域におけるひきこもり支援ガイドブック―長期高齢化による生活困窮を防ぐ』2017，金剛出版
- 鹿野佐代子／明石久美『障がいのある子が「親亡き後」に困らないために今できること』2020，PHP 研究所
- 信田さよ子『家族のゆくえは金しだい』2016，春秋社
- 畠中雅子『高齢化するひきこもりのサバイバルプラン』2012，近代セールス社
- 森公任／森元みのり／酒田素子『心の問題と家族の法律相談』2017，日本加除出版

7 ひとり親家庭編

- 阿部彩『弱者の居場所がない社会』2011，講談社現代新書
- 赤石千衣子『ひとり親家庭』2014，岩波新書
- 打越さく良『第三版　Q&A DV 事件の実務―相談から保護命令・離婚事件まで』2018，日本加除出版
- 遠藤正隆『戸籍と無戸籍』2017，人文書院
- 神原文子『子づれシングル』2010，明石書店
- 葛西リサ『母子世帯の居住貧困』2017，日本経済評論社
- 鈴木隆文／麻鳥澄江『ドメスティック・バイオレンス改訂版　援助とは何か援助者はどう考え行動すべきか』2004，教育史料出版会
- 高井翔／竹下龍之介／中村啓乃／宮崎晃／本村安宏『離婚協議書・婚姻契約条項例集―面会交流・養育費・財産分与・婚姻費用・年金分割，パートナー

304

シップ契約等』2023，日本加除出版

8 家族法

・梶村太市／岩志和一郎／大塚正之／榊原富士子／棚村政行『家族法実務講義』2013，有斐閣
・常岡史子『家族法』2020，新世社
・二宮周平『家族法　第5版』2018，新世社
・二宮周平『家族と法』2007，岩波新書

9 行政書士業務

・雨宮則夫／寺尾洋『Q&A遺言・信託・任意後見の実務　第2版』2015，日本加除出版
・新井誠／赤沼康弘／大貫正男『成年後見制度』2014，有斐閣
・竹内豊『行政書士合格者のための開業準備実践講座（第4版）』2024，税務経理協会
・竹内豊『新訂第3版　行政書士のための遺言・相続実務家養成講座』2022，税務経理協会
・日本公証人連合会『証書の作成と文例　家事関係編　改訂版』2017，立花書房
・日本公証人連合会『証書の作成と文例　遺言編（三訂版）』2021，立花書房
・日本司法書士連合会民事信託財産管理業務対策部『任意後見と民事信託を中心とした財産管理業務対応の手引き』2023，日本加除出版
・山本修『任意後見契約書の解説と実務』2014，三協法規出版
・吉村信一『死後事務委任契約の実務（第3版）』2023，税務経理協会
・雑誌『実践成年後見』民事法研究会（年6回発行）

第8章 実務に役立つ資料

🔟 ジェンダー全般

・井上輝子『新・女性学への招待』2011，有斐閣
・井上輝子／江原由美子『女性のデータブック［第4版］』2005，有斐閣
・飯田育浩『日本の女性・ジェンダーのいちばんわかりやすい歴史の教科書』
　2024，グラフィック社

8-2 テーマ別「役立つ Web サイト」

家族法務分野で役立つサイトを紹介します。URL 上に記載したキーワード
で検索が可能です。

・裁判所　後見ポータルサイト
　https://www.courts.go.jp/saiban/koukenp/index.html
・男女共同参画局
　https://www.gender.go.jp
・DV 相談プラス
　https://soudanplus.jp
・ひきこもり VOICE STATION
　https://hikikomori-voice-station.mhlw.go.jp/support/
・ワムネット（WAM　NET）
　https://www.wam.go.jp/content/wamnet/pcpub/top/
・LGBT 法連合会
　https://lgbtetc.jp
・あなたの支え（子ども家庭庁）
　https://anata-no-sasae.jp

306

おわりに

　本書は，初版出版当時から大きく変化した社会状況を反映して改訂されました。「新しい家族像」は常に更新され，多様でオルタナティブな現実が広がっています。私自身も，クライアントの方々との語りを通じて，想定を超えた困難や課題に出会いながら実務を重ねています。

　事務所開業以来，内向的な特性を自認する私も，様々な人との繋がりに救われ，助けられてきました。本書を貫くジェンダー課題や家族機能に関する問題意識は，女性学研究の第一人者である故井上輝子先生（和光大学名誉教授）に学んだ蓄積によるものであり，私の仕事の根幹を作っています。

　「相談」という現場知と経験知が重要になる分野において，日々多様な声を聴く方々の知見にも多くを学ばせていただきました。コラムで貴重なお話をお聞かせくださった，くにたち男女平等参画ステーションパラソル・ステーション長の木山直子さん，副ステーション長の川和さと美さん，笠原カウンセリングルーム代表の笠原ノリ子さんには，改めて感謝申し上げます。

　ファイナンシャルプランナーの皆川詠太さんには，家族法務ラボ／カナリアの会のメンバーとして，開業当初から強力なサポーターとしてお世話になっています。本書の相談者像を描いたエピソードは，互いに実務経験を語り合い，学び合い，アイディアを出し合うことで作られたものです。全体的な改訂作業においても，FPの視点から様々なご意見をいただきました。

　最後に，行政書士の大先輩として出し惜しみのない知識をシェアしてくださる竹内豊先生，長期間に渡って伴走してくださった税務経理協会の小林規明さんにもお礼を申し上げます。

　本書が，家族法務に関する専門知を身につけようとする行政書士の皆さんにとって，心強いガイドブックになれば幸いです。

307

2024（令和6）年　筆者

◆くにたち男女平等参画ステーション・パラソル
https://kuni-sta.com
◆笠原カウンセリングルーム
https://kc-room.com

索 引

□用語索引

【英】

Ally ································· 174
coming out ························ 15
DV ································· i
LGBTQ＋ ···························· ii
LGBT 理解増進法 ··············· 136, 137
living will ······················· 108
nonbinary ························· 130
Outing ···························· 15
QOL（Quality Of Life）············ 103
SOGI ······························· ii

【あ】

アイメッセージ ···················· 13
アウティング ················· iv, 15
悪意の遺棄 ························· v
足立区「生活環境の保全に関する条例」··· 71
アダルト・チルドレン ················ i
アドバンス・ケア・プランニング ······· 104
アライ ···························· 174
アンコンシャス・バイアス ············ 18
家制度 ························· iii, 3
育児休業，介護休業等育児又は家族介護を行
　う労働者の福祉に関する法律 ········· 109
意見表明権 ························ 283
意思決定支援 ······················ 260
異性装者 ·························· 132
遺贈寄付 ··························· 92
依存症 ···························· 80
一身専属 ······················ ii, 104
医療同意 ····················· 103, 104
姻族関係終了届 ····················· 86

氏 ································· iii
閲覧制限措置制度 ··················· 60
エルジービーティーキュープラス ·········· ii
応招義務 ··························· 94
オープンクエスチョン ················ 12
おひとりさま ························ i
親亡き後の問題 ······················ i
温情的庇護主義 ····················· 50

【か】

改正労働施策総合推進法 ············· 136
家族 ······························ 1
家族法務 ··························· i
カミングアウト ····················· 15
寄付 ····························· 92
境界線 ···························· 9
狭義のトランスジェンダー ············ 133
きょうだいリスク ·············· 263, 268
共同生活 ························· iv
近代家族 ··························· 3
国立市女性と男性及び多様な性の平等参画を
　推進する条例 ······················ 15
公営住宅法 ······················· 177
広義のトランスジェンダー ············ 132
合理的配慮 ······················· 258
行旅病人及び行旅死亡人取扱法 ········ 120
高齢化社会 ························ 36
高齢社会 ························· 36
高齢者に対する虐待の防止，高齢者の養護者
　に対する支援等に関する法律 ······· 75, 113
個人情報の保護に関する法律 ·········· 184
戸籍 ····························· 60
戸籍の附票の写しの交付に関する省令の一部
　を改正する省令 ···················· 60
子ども基本法 ····················· 283

309

索 引

子どもの権利条約 ……………………… 283
ゴミ屋敷 ………………………………… 71
孤立死（孤独死）…………… 115, 125
婚姻意思 ………………………………… iv
婚外子 …………………………………… 43
困難な問題を抱える女性への支援に関する
　法律 …………………………………… 62

【さ】

財産管理委任契約 ……………………… iii
祭祀財産 ………………………………… 86
祭祀主宰者 ……………………………… 86
在宅ひとり死 …………………………… 125
在留資格 ………………………………… 193
里親制度 …………………………… iv, 201
サバイバルプラン ……………………… 252
差別語 …………………………………… 14
ジェンダー ……………………………… 233
自己決定 ………………………………… 91
死後事務委任契約 ……………………… iii
死後離婚 ………………………………… 87
事実婚 ……………………………… i, 42
事実実験公正証書 ……………………… 108
シスジェンダー ………………………… 132
指定介護老人福祉施設の人員，設備及び運営
　に関する基準 ………………………… 94
児童福祉法 ………………… 50, 201, 282
自筆証書遺言書保管制度 ……………… 269
重婚的内縁 ………………………… iii, 241
住宅確保要配慮者に対する賃貸住宅の供給の
　促進に関する法律の一部を改正する法律
　………………………………………… 118
住宅セーフティネット法 ……………… 179
住民基本台帳の一部の写しの閲覧及び住民票
　の写し等の交付に関する省令の一部を改正
　する省令 ……………………………… 60
住民票 …………………………………… 60

障害者基本法 …………………………… 49
障害者自立支援法 ……………… 49, 259
障害者総合支援法 …………… 259, 264
障害者の権利に関する条約 …………… 255
障害者の日常生活及び社会生活を総合的に支
　援するための法律 …………………… 49
生涯未婚率 ……………………………… 33
少子化 …………………………………… 32
情動的共感 ……………………………… 8
職務上請求書 …………………………… 61
女性の再婚禁止期間 …………………… iv
自立生活運動 …………………………… 50
シングルファザー ……………………… 280
シングルマザー ………………………… 280
人生会議 ………………………………… 104
人生 100 年時代 ………………………… 68
身体障害者福祉法 ……………………… 49
信託 ……………………………………… 270
生活扶助義務 ……………………… v, 263
生活保持義務 ……………………… v, 263
精神保健及び精神障害者福祉に関する法律
　………………………………………… 49
性的志向及びジェンダーアイデンティティの
　多様性に関する国民の理解に関する法律
　…………………………………… 136, 137
性的少数者 ……………………………… 130
性的マイノリティ ……………………… 130
性同一性障害 …………………………… 132
性同一性障害の性別の取扱いの特例に関する
　法律 ……………………… 132, 136, 219
性分化疾患 ……………………………… 173
性別違和 ………………………………… 133
性別二元論 ……………………………… 131
性別不合 ………………………………… 133
セクシュアル・マイノリティ ………… i, 130
世帯単位の原則 ………………………… v
絶対的扶養義務 ………………………… 88

310

索　引

セルフ・ネグレクト ……………… i, 70
宣言型公正証書 …………………… 108
選択的夫婦別姓（氏）制度 …………… i
相対的扶養義務 …………………… 88
相談 …………………………………… 4
ソジ ………………………………… ii
尊厳死 ……………………………… 108
尊厳死公正証書 …………………… 108

【た】

対人援助職 …………………………… 4
男女共同参画社会基本法 ………… 234
男女共同参画センター …………… 20
男女雇用機会均等法 ……………… 234
嫡出規範 …………………………… 33
超高齢社会 ………………………… 36
超少子化 …………………………… 33
通称名 ……………………………… 168
デジタル遺品 ……………………… 97
当事者主権 ……………………… i, 50
同性婚 ……………………………… ii
同性パートナーシップ制度 ………… ii
ドメスティック・バイオレンス ……… i
トラウマ …………………………… 6
トランスヴェスタイト …………… 132
トランスジェンダー ……………… 132
トランスセクシュアル …………… 132

【な】

内縁 ………………………………… i
内縁関係 …………………………… 42
内縁準婚理論 ……………………… 229
内縁保護法理 ……………………… 227
任意後見契約に関する法律 ……… 99
認知的共感 …………………………… 8
ノーマライゼーション …………… 255
ノンバイナリー …………………… 130

パートナーシップ制度 …………… 137
配偶者からの暴力等による被害者を自ら防止
　するための警察本部長等による援助に関す
　る規則 …………………………… 62
配偶者からの暴力の防止及び被害者の保護等
　に関する法律 …………………… 56
配偶者暴力相談支援センター ……… v, 20
売春防止法 ………………………… 62
バウンダリー ……………………… 9
パターナリズム …………………… 50
8050 問題 ………………………… 48
発達障害者支援法 ………………… 50
パワハラ防止法 …………………… 136
犯罪被害者等給付金支給法 ……… 157
ひきこもり ………………………… 46
ひとり親家庭 ……………………… i
非法律婚 …………………………… 42
ファミリーシップ制度 …………… 168
福祉型信託 ………………………… 270
復氏届 ……………………………… 88
負担付遺贈 ………………………… iii
不貞行為 …………………………… v
不動産登記法 ……………………… 61
扶養義務者 ………………………… iv
ブルーボーイ事件 ………………… 140
法律婚 ……………………………… 155
母子家庭の母及び父子家庭の父の就業の支援
　に関する特別措置法 …………… 289
墓地，埋葬等に関する法律 ……… 120, 248

【ま】

未成年後見 ………………………… 290
見守り契約 ………………………… iii
身元保証人 ………………………… 93
身寄りがない人の入院及び医療に係る意思決
　定が困難な人への支援に関するガイドライ
　ン ………………………………… 95

311

索　引

無縁遺骨 ………………………… 119
明治民法 ………………………… 3, 228
モラルハラスメント ……………… 57

【や】

大和市終活支援条例 ……………… 121
ヤングケアラー …………………… ii
ユーメッセージ …………………… 13
行方不明者届の不受理措置 ……… 62
養育費 ……………………………… 285

【ら】

リビング・ウィル ………………… 108

□法令索引

行政書士法
1条 ………………………………… 279
1条の3第4号 …………………… 4
10条 ……………………………… 16
12条 ………………………… 11, 15

東京都行政書士会倫理規程
2条 ………………………………… 16

日本国憲法
13条 ……………… 91, 144, 145, 146
14条 ……………… 146, 160, 164
21条 ……………………………… 164
24条 ……………………………… 160
25条 ………………… 75, 91, 266
26条 ……………………………… 164

民法
7条 ………………………………… 195
653条 …………………………… 101
654条 …………………………… 102
709条 …………………………… 15

710条 …………………………… 159
711条 …………………………… 159
725条 …………………………… 88
728条1項 ……………………… 88
728条2項 ……………………… 88
731条 …………………………… 241
732条 …………………………… 241
733条1項 ……………………… 241
733条2項 ……………………… 241
734条1項 ……………………… 241
734条2項 ……………………… 241
735条 …………………………… 241
736条 ………………… 241, 206
739条1項 ……………………… 229
750条 ……… 230, 234, 235, 242
752条 ……………… 88, 158, 244
753条 …………………………… 230
754条 …………………………… 230
760条 ……………… 244, 229, 230
761条 ……………… 158, 230, 244
762条 ………………… 230, 244
766条 …………………………… 287
767条2項 ……………………… 234
768条 ……………… 159, 230, 244
772条 …………………………… 230
795条 …………………………… 201
799条 …………………………… 206
817条の2 ……………………… 158
817条の3 ……………………… 201
818条3項 ……………………… 158
820条 …………………………… 205
839条1項 ……………………… 205
839条2項 ………………… 290, 292
840条1項 ………………… 205, 292
841条 …………………………… 292
843条1項 ……………………… 273
844条 …………………………… 292

312

索　引

847 条 ……………………………… 292	
877 条 1 項 …………………………… 88, 287	
877 条 2 項 …………………………… 88, 230	
890 条 …………………………… 159, 230	
897 条 ………………………… 86, 159, 200	
903 条 1 項 ……………………………… 268	
903 条 2 項 ……………………………… 268	
903 条 3 項 ……………………………… 269	
1004 条 1 項 ……………………………… 198	
1005 条 …………………………………… 198	

戸籍法

20 条の 4 ……………………………… 216
34 条 2 項 ……………………………… 223
45 条 …………………………………… 223
49 条 1 項 ………………………… 131, 222
49 条 2 項 ……………………………… 222
49 条 3 項 ……………………………… 131
74 条 …………………………………… 235
81 条 …………………………………… 292
82 条 …………………………………… 292
84 条 …………………………………… 292
85 条 …………………………………… 292
87 条 1 項 ……………………………… 102
87 条 2 項 ……………………………… 102
95 条 …………………………………… 89
96 条 …………………………………… 89
107 条 2 項 ……………………………… 234
107 条の 2 ………………… 147, 212, 214
113 条 …………………………… 219, 221

戸籍法施行規則

35 条 16 号 …………………………… 216
39 条 1 項 9 号 ……………………… 216

家事事件手続法

116 条 ………………………………… 216

家事事件手続規則

76 条 1 項 5 号 ……………………… 216

精神薄弱者福祉法

1 条 …………………………………… 256

児童福祉法

1 条 …………………………………… 282
2 条 1 項 ……………………………… 282
38 条 …………………………………… 285
40 条 …………………………………… 256

児童手当法

3 条 2 項 ……………………………… 233

児童虐待の防止等に関する法律

2 条 4 号 ……………………………… 232

母子及び父子並びに寡婦福祉法

6 条 ……………………………… 52, 233

**配偶者からの暴力の防止及び被害者の保護等
に関する法律**

3 条 …………………………………… 232

**高齢者の虐待防止，高齢者の養護者に対する
支援等に関する法律**

1 条 …………………………………… 77

老人福祉法

1 条 …………………………………… 75
5 条の 4 第 2 項 ……………………… 75
10 条の 4 ……………………………… 75
11 条 …………………………………… 75

介護保険法

1 条 …………………………………… 76

索　引

115 条の 45 ……………………………… 76

育児休業，介護休業等育児又は家族介護を行
う労働者の福祉に関する法律
2 条 4 号 ……………………………… 232

健康保険法
3 条 7 項 ……………………………… 232

厚生年金保険法
3 条 2 項 ……………………………… 232
63 条 1 項 2 号 ……………………… 232

国民年金法
5 条 7 項 ……………………………… 232
7 条 1 項 3 号 ……………………… 158
37 条の 2 …………………………… 159
49 条 1 項 ……………………………… 232

雇用保険法
10 条の 3 第 1 項 …………………… 232
61 条の 4 第 6 項 …………………… 232

犯罪被害者等給付金による犯罪被害者等の支
援に関する法律
5 条 1 項 1 号 ………………… 159, 233

労働災害補償保険法
11 条 1 項 ……………………………… 232
16 条の 2 第 1 項 …………………… 232

公害健康被害の補償等に関する法律
12 条 1 項 ……………………………… 232
30 条 1 項 ……………………………… 232
33 条 2 号 ……………………………… 232

性同一性障害の性別の取扱いの特例に関する
法律
2 条 ……………………………… 143, 147
3 条 ………………… 143, 145, 146, 147, 148
4 条 2 項 ……………………………… 144

生殖補助医療法
1 条 ……………………………………… 202
2 条 ……………………………………… 202
3 条 ……………………………………… 202
9 条 ……………………………………… 203
10 条 …………………………………… 203

出入国管理及び難民認定法
19 条の 16 …………………………… 158

個人情報保護法
23 条 …………………………………… 184

所得税法
83 条 …………………………………… 158

相続税法
15 条 …………………………………… 159

地方自治法
96 条 1 項 1 号 ……………………… 163
244 条 ………………………………… 164

渋谷区人権を尊重し差別をなくす社会を推進
する条例
18 条 …………………………………… 188
20 条 …………………………………… 188

314

索　引

□判例索引

大連判大 4 ［1915］・1・26　民録 2149 頁 ··· 229

最二小判昭 33 ［1958］・4・11　民集 12 巻 5 号 789 頁 ······································· 229

東京地判昭 44 ［1969］・2・15　判タ 233 号 231 頁 ·· 140

名古屋高判昭 54 ［1979］・11・8　判タ 404 号 137 頁 ·· 220

名古屋家審昭 54 ［1979］・9・27 ·· 220

札幌家小樽支審平元 ［1989］・3・30 ·· 220

最判平元 ［1989］・7・18　家月 41 巻 10 号 128 頁 ·· 200

札幌高決平 3 ［1991］・3・13　家月 43 巻 8 号 48 頁 ·· 220

東京高判平 9 ［1997］・9・16　判タ 986 号 206 頁 ··· 164

水戸家土浦支審平 11 ［1999］・7・22　家月 51 巻 12 号 40 頁 ······················ 221

東京家八王子支審平 11 ［1999］・8・9 ··· 221

東京高決平 12 ［2000］・2・9　判タ 1057 号 215 頁 ·· 221

大阪高判平 21 ［2009］・11・10　家月 62 巻 8 号 75 頁 ····································· 211

高松高判平 22 ［2010］・10・12　家月 63 巻 8 号 58 頁 ····································· 212

静岡地浜松支判平 26 ［2014］・9・8　判時 2243 号 67 頁 ······························· 215

最大判平 27 ［2015］・12・16　民集 69 巻 8 号 2586 ·· 235

最決令 3 ［2020］・11・30 ··· 144

大阪地判令 2 ［2020］・3・27 ·· 197

東京高判令 2 ［2020］・3・4　判時 2473 号 47 頁 ·· 239

最大決令 3 ［2021］・6・23　家判 35 号 54 頁 ··· 235

東京地判令 4 ［2022］・9・30 ·· 194

最大決令 5 ［2023］・10・25 ··· 145

東京高判令 5 ［2023］・11・2 ·· 194

著者紹介

渡邉 愛里（わたなべ あいり）

行政書士／行政書士事務所メーヴェ代表

1989 年生まれ。

桐朋学園大学（音楽学専攻）を卒業後，和光大学オープン・カレッジぱいでいあにて，井上輝子先生の女性学講座を受講。同大学ジェンダーフォーラム読者会に参加し，女性学を学ぶ。2017年，既存の「家族のかたち」に息苦しさや困難を抱える人をサポートするべく，「家族法務」を専門とする行政書士事務所を開業。

現在，男女共同参画センタースタッフを兼業中。

（公財）日本女性学習財団 キャリア支援デザイナー

認定特定非営利活動法人ウィメンズアクションネットワーク（WAN）理事

https://moeweairi1030.wixsite.com/website

監修者紹介

竹内　豊（たけうち　ゆたか）

- 1965 年　東京生まれ
- 1989 年　中央大学法学部卒
- 同　年　西武百貨店入社
- 1998 年　行政書士試験合格
- 2001 年　行政書士登録
- 2017 年　LINE ヤフー（株）から「Yahoo! ニュースエキスパート」に認定される。テーマは「家族法で人生を乗り切る」。
- 現　在　竹内行政書士事務所　代表
　　　　　行政書士合格者のための開業準備実践講座　主宰
　　　　　http://t-yutaka.com/

【著書】

『行政書士合格者のための開業準備実践講座（第 4 版）』2024 年，税務経理協会
『そうだったのか！　行政書士』2023 年，税務経理協会
『新訂第 3 版 行政書士のための「遺言・相続」実務家養成講座』2022 年，税務経理協会
『行政書士のための「銀行の相続手続」実務家養成講座』2022 年，税務経理協会
『行政書士のための「高い受任率」と「満足行く報酬」を実現する心得と技』2020 年，税務経理協会
『質問に答えるだけで完成する［穴埋め式］遺言書かんたん作成術』2024 年，日本実業出版社
『親に気持ちよく遺言書を準備してもらう本』2012 年，日本実業出版社

【監修】

『行政書士のための「新しい家族法務」実務家養成講座（第 2 版）』2024 年，税務経理協会
『行政書士のための「補助金申請」実務家養成講座』2024 年，税務経理協会
『行政書士合格者のためのウェブマーケティング実践講座』2024 年，税務経理協会
『行政書士のための「建設業」実務家養成講座（第 3 版）』2023 年，税務経理協会
『行政書士合格者のための「産廃業」実務家養成講座』2022 年，税務経理協会
『99 日で受かる！　行政書士試験最短合格術（増補改訂版）』2022 年，税務経理協会

【取材】

ABC ラジオ『おはようパーソナリティ道上洋三です』～『遺言書保管法のいろは』2020 年 7 月 22 日
『週刊ポスト』～「人生最後の 10 年，絶対に後悔しない選択」2023 年 9 月 1 日号
『女性自身』～「特集　妻の相続攻略ナビ」2019 年 3 月 26 日号
文化放送『斎藤一美ニュースワイド SAKIDORI』～「相続法，どう変わったの？」2019 年 1 月 14 日放送
『週刊朝日』～「すべての疑問に答えます！　相続税対策 Q&A」2015 年 1 月 9 日号

『はじめての遺言・相続・お墓』2016年3月，週刊朝日MOOK
『週刊朝日』〜「すべての疑問に答えます！ 相続税対策Q&A」2015年1月9日号
『ズバリ損しない相続』2014年3月，週刊朝日MOOK
『朝日新聞』〜「冬休み相続の話しでも」2013年12月18日朝刊
『週刊朝日』〜「不動産お得な相続10問10答」2013年10月8日号
『週刊朝日臨時増刊号・50歳からのお金と暮らし』2013年7月
『週刊朝日』〜「妻のマル秘相続術」2013年3月8日号
『週刊朝日』〜「相続を勝ち抜くケース別Q&A25」2013年1月25日号
『週刊朝日』〜「2013年版 "争族" を防ぐ相続10のポイント」2013年1月18日号
『婦人公論』〜「親にすんなりと遺言書を書いてもらうには」2012年11月22日号
『週刊SPA!』〜「相続＆贈与の徹底活用術」2012年9月4日号　他

【講演】
東京都行政書士会，朝日新聞出版，日本生命，税理士法人レガシィ　他

［メディア］
　Yahoo! ニュースエキスパート　（テーマ「家族法で人生を乗り切る」）
　ヤフー　竹内豊 検索

行政書士のための
新しい家族法務 実務家養成講座(第2版)

2018年10月30日　初版発行
2024年12月30日　第2版発行

著　者	渡邉愛里	
監　修	竹内　豊	
発行者	大坪克行	
発行所	株式会社 税務経理協会	
	〒161-0033東京都新宿区下落合1丁目1番3号	
	http://www.zeikei.co.jp	
	03-6304-0505	
印　刷	美研プリンティング株式会社	
製　本	牧製本印刷株式会社	
デザイン	株式会社グラフィックウェイヴ（カバー）	
編　集	小林規明	

本書についての
ご意見・ご感想はコチラ

http://www.zeikei.co.jp/contact/

本書の無断複製は著作権法上の例外を除き禁じられています。複製される
場合は，そのつど事前に，出版者著作権管理機構（電話03-5244-5088,
FAX03-5244-5089, e-mail：info@jcopy.or.jp）の許諾を得てください。

JCOPY ＜出版者著作権管理機構　委託出版物＞
ISBN 978-4-419-06989-6　C3032

© 渡邉愛里・竹内豊　2024 Printed in Japan